論集 東大寺二月堂

—修二会の伝統とその思想—

ザ・グレイトブッダ・シンポジウム論集第八号

東大寺

表紙カバー　杉本健吉　画伯

序

東大寺からの情報発信の場として大仏開眼一二五〇年を記念して平成十四年に開始いたしました「ザ・グレイトブッダ・シンポジウム」（ＧＢＳ）も八回を数え、東大寺の年末行事の一つとして定着しつつあると感じています。

さて第八回シンポジウムは平成二十一年十二月十九日・二十日の両日、前回に引き続いて奈良教育大学講堂をお借りして開催、テーマを「東大寺二月堂―修二会の伝統とその思想―」といたしました。

二月堂周辺を舞台として行われる修二会は、「不退の行法」として創建以来一二六〇回を数えようとする東大寺で最も長い伝統を有し、約一箇月間にわたって行われる行法は現在では東大寺で最大の行事となっております。「お水取り」、「お松明」の名で人口に膾炙していることもあり、修二会や二月堂に関する研究も仏教史、建築史学・美術史学、歴史学をはじめとしてさまざまな分野や時代を対象として盛んに行われ、数多くの成果が挙げられています。

このような研究状況を顧み、この度のシンポジウムでは従来からの「華厳思想」、「建築史学・美術史学」、「歴史学・考古学」の三セクションの枠を取り払い、修二会、二月堂に多角的に光をあて、その実態に迫りました。

本論集はシンポジウムでの講演、報告をもととして書き下ろされた論文と討論会の記録を収録しております。本論集が従来からの研究を踏まえ、修二会、二月堂研究の新たな礎となることを期待いたしております。

平成二十二年十二月十八日

東大寺別当　北河原　公敬

目次

基調講演

全体討論会

英文要旨作成／原まや

中国の懺悔法・悔過法について

多田孝正

東大寺には古くから「懺悔法」「悔過法」の二法が伝えられていて、現在もそれが修法されているという。この二法が東大寺に伝えられる以前、中国ではどのように見られていたのかという基礎的な事柄を紹介してみたいと思う。

一　悔過法について

戒律という用語がある。これは仏教教団（僧伽）の修行規範を示す言葉である。

仏教の修行者は、在家も出家もすべて戒に基づいて修行する。

在家の信者は、仏教を修行しようと決心するとき、仏・法・僧の三宝に帰依し、比丘に従って、不殺生・不偸盗・不邪淫・不妄語・不飲酒の五戒を受ける。さらに出家して修行をしたいと欲すると、二十歳以下なら、比丘を師として十戒を受け、さらに二十歳以上になって、正規の出家修行者になろうと欲すれば、僧伽に入団許可を願い、和尚、羯磨師、教授師の三師と証明師よりなる、十人あるいは五人の比丘僧伽の審査を受け、許可されて比丘となる。この時、具足戒を受ける。

在家も出家もすべて戒に基づいて修行する。基本的な修行の項目を戒・定・慧の三学というが、戒の実行があってはじめて、禅定と智慧が得られるのである。

しかし、戒を受け、それを守ろうとすることは、修行者の自発的決心によるのであって、守る自信がないと自認した場合、捨戒し、教団を離れることに、なにびとの許可も必要としないのである。

ところで出家した場合、僧伽という集団生活の中で修行するため、集団の規則を守ることが要求される。比丘がその規則を自律的な戒の精神で守るところに戒律の意味がある。

律には、比丘個人の修行の規則と僧伽の統制の規則との二種類がある。

前者は比丘が入団のとき受ける具足戒であり、比丘に二百五十戒、比丘尼に三百五十戒ほどの条文があり、これを波羅提木叉という。比丘・比丘尼がこれらの条文を犯すと罪と認められる。

後者は、僧伽運営の規則であり、羯磨という。これには、僧伽入団の規則、布薩の規則、安居の規則、犯罪比丘に罪を与える方法、僧伽に諍いが起こった時の裁判規則など、多数の羯磨がある。

比丘の二百五十戒を類別して、五篇七聚とする、五篇とは、波羅夷、僧残、波逸提、波羅提提舎尼、突吉羅である。

一、波羅夷罪は断頭を意味し、最も重罪であり、婬・盗・殺・妄語の四つの禁を犯すと頭を断たれ生きることが出来ないように、比丘としての生命を失い、教団外に放逐される。

二、僧残とは、波羅夷に次ぐ重罪で、ほとんど比丘としての生命を失うが、わずかに贖罪の余地があるので僧残と名づける。僧衆に向かってこの罪を懺悔し一週間謹慎する。十三戒ある。

三、波逸提罪は、墮と訳す。これを犯して懺悔しなければ、墮獄の人となる。比丘には百二十戒ある。

四、波羅提提舎尼罪は、波逸提罪よりも軽い罪で、向彼悔と訳されるもので、また対首懺とも、あるいは悔過法とも訳され、受けてはならない食物を、誤って受けた場合に陥る罪で、懺悔を告白するのみで終る。四戒ある。

五、突吉羅罪は、悪作と訳される。所作の悪しきをいい、その罪はもっとも軽い。比丘に百九戒ある。

ところで、四の波羅提提舎尼であるが、サンスクリットでは、Pratideśanīyaと綴る。Pratiは「対する」の意、deśanīyaは「説かるべき」の意で、自己の罪を相手に告白する、という意味である。道宣は「向彼悔」と解している。漢訳では音訳して「波羅提提舎尼」とするのが一般的で、「提舎尼」と略す場合もある。また意訳して「悔過法」とも言う。

その四戒とは、受比丘尼食戒、比丘尼偏心授食戒、学家受食戒、阿練若安坐受食戒、である。

インドでは原則として沙門(修行者)は自炊は許されず、行乞で食を得る。比丘(男)は比丘尼(女)の手から、またその指図に依った食を受けてはならないし、信心厚く供養を積み破産に瀕する家に行乞すること、人里離れた修行処(阿練若)において食を受けること等も許されていないのである。

「受ける」とは食べる意味であるから、過ちを語る時はすでに食べてしまった後である。したがってこの戒には捨する物はない、ただその行為を告白することだけがある。

おそらく、提舎尼は、自己の犯したことを相手に告白するだけで、その許しを受けることは条件に含まれておらず、罪のつぐないという意味は持たないと思われる。

比丘たちが犯戒して、懺悔するのは、心の浄化のためである。罪を犯してそれをかくしておくことは、心をくらますことで、修行の妨げになる。人は悪を犯した場合、それを他人に語ることによって、心の安らぎを得る。

自己の悪を他人にさらけ出し、それを機縁として、再びかかる悪をなすまいと決心するのである。

それが、受食に関して犯戒した場合の「提舎尼」であり、「悔過法」と呼ばれるものである。

二　懺悔法について

中国仏教で使用している「懺悔」について、「懺」は「懺摩」という音訳語の「懺」をとったものであり、「悔」は「懺摩」の意味を表す「悔過」の「悔」を表している、とするのが、一般的な解釈である。

そして「懺摩」の原語は「クシャマ」（Kṣama）であると見られている。

義浄（六三五―七一三）は、「根本説一切有部毘奈耶」巻十五で「懺摩の訳語の割註で説明を加え、「懺摩と云うは、此方に正に訳せんに、容恕、容忍を乞うて、首謝するの義に当る」と説明している。ここで懺摩は寛大に思いやって許すことを受け入れて欲しい、と相手に対し首謝（あやまる）することである、と言っている。

義浄は、インドでは、人込みの中で誤って身体や肩などが触れ合うことがある時、相手に向かって合掌したりし、「すみません、失礼、怺えて堪忍して」といって、恕しを請い、瞋《いか》って私を責めないで下さい、と願うことがクシャマである、と述べている。

クシャマは他から加えられた悪を堪え忍ぶことで、忍辱波羅蜜の「忍辱」（Kṣanti）と同系統の言葉であり、他人に損害を与えた時、その容恕（ゆるし）を乞うことをいう。

次に「悔罪」について、「若し悔罪というは、本、阿鉢底提舎那（āpatti-deśanā）と云う。阿鉢底とは是れ罪、提舎那とは是れ説なり。応に説罪と云うべし」と説明している。他人に対して自分が犯した罪を述べ告白する、と説明されている。

「懺悔」については、「懺悔と云うは、懺は是れ西音、悔は是れ東語なれば、請恕にも当らず、復た説罪にも当らず、誠に由致なし」と説明している。義浄は「懺悔」を分解して、懺と悔に分かち、懺は懺摩で「忍」の意味、悔は追悔であるが、懺摩には追悔の意味はない、としているのである。

これは、義浄の先輩、道宣（五九六―六六七）の言う、「悔は是れ比の土の言にして、懺は是れ西方の略語なり。梵本の音の如きは懺摩なり」という懺悔の解釈をより詳しく説明したものである。

三　「懺」について

ところで、道宣のこの文章は「四分律」の解説の中で述べられているのであるが、この文章に続いて次のように述べられている。

「懺の字は、倉雅の陳ぶる所に非ず、近俗相い伝える故なるのみ」

要するに懺という文字は、漢代初期の辞書である三蒼、1 蒼頡篇、2 爰歴篇、3 博学篇と尓雅、には載せられておらず、世俗一般がこの文字を伝えているだけである、と言っている。

後漢の献帝（一八九―二二〇）の時、孝廉に挙げられた許慎の著した「説文解字」にも、この懺字は載せられていない。

おそらく、懺字は、後漢末の頃から、宗教の世界で作字され、用いられるようになったのではないかと想像される。

紀元前後、前漢の西域政策の結果、シルクロードが拓かれ、西方世界との交流が始まった。隊商達の手によって西方の文化が伝えられるようになった。

危険なシルクロードの交易に関わるには、隊員心を一つにして困難に当たらねばならなかったであろうし、信心も一つのものであったろう。

仏教徒で組まれた隊商もあったであろう。すでにその頃には仏像も出現していたので護持仏も携えており、あるいは仏僧も交じっていたこともあったであろう。

隊商は定められた居留地でテント生活をしつつ、斎日の行事も執り行っていたに違いない。

当時の中国は、「礼」を中心とした五常を実行していく中で、その窮屈さに少々辟易しはじめ、未来の吉凶禍福を説く予言書、未来記である讖書や、正統な儒教に対し、神秘的なことを説く緯書などが流行しはじめた時なのである。

暗いテントの中、灯を点し、仏像を中心に車座になった異国人が、低い声で律の文章を唱え合う有り様を見た中国の人達が、神異な感情を持ったとしても不思議ではない。

文献の上からは、最初に仏教を信仰した歴史上の中国人は、後漢の明帝（在位五七―七五）の異母弟であった楚王英であるといわれている。

明帝は、後漢建国の父、光武帝の跡を継いだ第二代皇帝で、光武帝の国内統一を受けて、とくに外交面に安定した時代を迎えた。

楚王英は西紀四一年に楚王となり楚国（湖北省）に赴任した。

賓客との交遊を好んだ楚王英が、自国に良からぬことを企んでいると訴えられたことがあった。それに対し、明帝は、「黄帝や老子の奥ふかく深遠なことばを誦し、浮屠（仏陀）をまつり、たっとび、斎戒すること三箇月、神と誓いをしたほどの英に嫌疑をかける必要などない」「贖罪の料として献納した絹をかえすから、それを優婆塞や沙門の供養のたしにするように」と命じ、それを諸国に公示させた。

楚応英は異国の聖者仏陀を、中国の聖人である黄帝（太古の伝説上の帝王）や老子と並んでまつったことがわかる。

「史記」には、「老子は享年百六十余歳といい、あるいは二百歳ともいう」とも「終りを知る人もいない」とも述べられ、すでに不老長寿の神仙思想に結びつきうる聖人として述べられている。

浮屠（仏陀）が、この不老不死の神仙と同様に見られまつられていたと思われる。

また明帝の原文には「浮屠の仁祠を尚ぶ」とある。仁祠と呼ぶからには、そこには、あるいは仏像がまつられていたのではないか、また、仁とは儒教の五常の一であるから、儒教とも何らかの関係を持っていたのではないか、とも考えられる。

また、「三月潔斉、神と誓いを為す」ともあるのは、神に身の潔白を誓うことによって、神意にかなうようにするため、何らかの宗教的行為や方法が存在していたのではないかとも思われるし、三月潔斉は、「儀礼」などに説かれる、服喪の斉戒沐浴、蔬食水飲を思い起こすし、また、晋代に入って仏教信者の間で行われた、三月、五月、九月の三長月斎の持戒生活がすでに行われていたとも考えられる。

原文では、「伊浦塞　桑門」とあるのは、おそらく西域からやって来た仏教僧（桑門・沙門）や仏教信者（優婆塞）であって、楚王英はこれらの人達を招き、言行を見聞し、指導を受けたものと見られる。

楚王英からおよそ五十年後、後漢の第十一世桓帝（一三二―一六七）の時、山東の学者襄階が帝に書をたてまつった。「帝は仏陀や老子をまつっておられるが、日頃の帝の行いは、ひたすら欲をほしいままにし、殺戮もたびたび重ねておられます。その行いは、清虚であって、無為をとうとび、生類を愛し、殺生を憎み、欲を少なくし、おごりを去ることも専らにする仏陀や老子の教えに背くものであります。したがって仏陀か老子の恩寵に浴することは到底できないでありましょう」と、帝の行動に警告を発した。

楚王英からほぼ五十年、中国の上流社会の中で、仏教は何を教えるものなのかということが少しずつ育っていたことを物語っている。

ところで庶民生活の中ではどうであったか、詳しいことはわからないが、桓帝の次代、霊帝の末期に、黄巾の乱が起こった。その時、徐州の刺史として活躍したのが陶謙（一三二―一九四）であった。その部下に笮融（―一九五）がいた。彼は資財を得て、それによって仏寺を建立した。その有様は陳寿の「三国志」に記されている。

「そこで大いに浮図（仏陀）祠を建てた。銅をもって人をつくり、黄金を身に塗り、錦のあやぎぬを衣せた。銅槃をたれること九重、したに重楼、閣道をつくった。（その中には）三千人余りもいれることができる。すべての人に仏経を読むことを課した。界のうちや、旁の郡の人で仏を好むものがあれば、仏道を受けることを聴し、その他の徭役を除いて、これを招致した。これによって遠近前後から来るもの五千余人であった。戸ごとに仏を浴し、多く酒飯を設け席を道にしくこと、数十里にわたった。人民が来て見学するもの、および食事につくもの万人にちかく、巨億の費用がかかった。」

と伝えられている。

三千人も容れられる大きな寺が建てられ、塗金の銅像が彫造され、多くの参詣者がおり、浴仏会のようなものの原型が行われ、酒飯をもって人々を饗応する斎会が設けられ、仏教経典が読まれていた等々が述べられている。

中国における仏教経典の翻訳がいつごろから始まったかについては種々問題があり、おそらく後漢の桓帝以後になって多数の訳経が行われ始めたことが事実と考えられる。もちろんそれ以前においても、典名の訳経者があったかもしれないが、それらは経文の断簡の少部分を訳したり、あるいは口授によってこれを伝承したものを漢語に訳したものであるにちがいない。

このような経典に類するものを読誦するに当たって誰がそれを指導したのであろうか。

仏教史上では、西晋の太康中（二八〇―二九〇）に晋人の出家は禁じられていたといわれる。それまで寺を建てたり、出家するのは西域人に限られていたが、仏図澄（二三二―三四八）が、七十九歳の時、西域から洛陽に入り、後趙王の石勒、石虎の尊敬を受け、国の大宝として崇敬されたため、石虎は中国人が出家することを公許した、とされる。

しかし、笮融の事例を見ると、おそらく西域沙門や優婆塞は当然そこにいたであろうし、漢人の半僧半俗と呼ばれるような私度僧的なものの存在も認めないわけにいかないであろう。

ところで、笮融も関係していた黄巾の乱についても、少し触れたい。後漢の六代安帝（一〇六―一二五）のころから王朝は内憂外患に襲われ続けた。内憂は外戚、宦官の横行による権力の腐敗であり、うちつづく自然災害による農村経済の破壊であり、外患とは周辺異民族とくに羌族の侵入であり、その戦乱は農村と国家におそるべき疲弊をもたらした。その結果として、一八四年二月、黄河下流を中心に広大な地域にわたって巨大な農民反乱が勃発した。黄巾の乱と呼ばれる。首領は張角、その旗印は、「蒼天すでに死す、黄天まさに立つべし」であった。

蒼天とは漢王朝、黄天とは太平道のことである。張角らは治病を中心とした布教活動を続け巨大な集団に成長していった。

太平道の教義の特色は、治病、思過、守一の三であると言われる。その内容を要訳する。

一、跪拝して過りを首（申）げしめ、符（おふだ）、水（霊水）、呪説をもって病を療す。
二、病人を叩頭せしめて過を思（追想）わしむ。
三、符・水を制作して以て病を療す。
四、天神は遣わすに好女を以てす。浮屠曰く「これ、ただ、革嚢に血を盛るのみ」と。ついにこれを眄（見）ず。その守一かくのごとくにしてすなはちよく道を成ず。

というものである。

ここに見える、〝過を思い、告げしむ〟とは、悔過の用語を思い起こさせる。また、叩頭は上古より伝わる、罪を償う方法の一つで、上位の人の命令を完全に実行できなかった時、上位の人の目前の床に跪拝（ひざまずく）し、床に額を打ち付け、上位の人の許が出るまで額を打ち続け、許が出なければやがて死に至る、という贖罪の仕方である。また、霊水を身体につけたり、飲ませたりする方法は、仏教の楊枝浄水を連想させ、浮屠（仏陀）の例をもって精神統一の実践を守一として説明するなど、ここには後に儒・仏・道三教となるものの要素が混然としている。

「老子化胡経」は三世紀末に出現するが、老子と浮屠を並べ祠るなど等のことを考えると、史記に語られる老子伝は、末尾に「去って終るところを知らず」と語られ、函谷関を去り西行し、インドの麻耶夫人の胎内に宿り、長じて釈迦となって、胡人を教化したという、老子化胡説の出発はかなり早いものと思われる。

また、過を思い、過を告げしむ、ということに関しても、ただちに仏教の悔過法と結び付けて考えなくてもよいのかもしれない。

例えば、「孟子」の万章章句に、古代の聖天子堯舜は禅譲によって位を譲った、それは天命だといわれることについて、天は言葉を出さず、その人の行為によって生ずる事態にて、天の意志を示す、と語った後で、世襲についても触れている。

そこでは、

「ひとたび天意によって天子の位が世襲に定まると、それがまた天によって廃止されるのは、必ず桀王や紂王のような悪虐無道の君主が出た場合に限られる。……

伊尹は殷の湯王を助けて天下の王者とした。湯王が死に、太子の太丁はまだ王位につかないうちに死んだので……太丁の子の太甲を立てた。ところが太甲は湯王の遺法をくつがえしたので、伊尹は太甲を湯王の墓のある桐に追放した。三年の後、太甲は過ちを悔い、自ら責めて修養し、桐で仁に身を置いて義へと移りゆく努力を積むこと三年、伊尹の訓戒をよく聴いたので、都の亳にもどり、王位を復することができた。」


と語られている。

ここに悔過の用語が用いられている。それが天と関係することが語られている。

後漢末から魏、晋と続く中国では、戦乱の絶える暇がなかったであろうことは想像できる。その中で王位に即く人物は、先に挙げた桓帝の例を挙げるまでもなく、過酷な人生を歩んでいる訳で、常に天命が離れ、人心が離れることを恐れている。

ところが、自らを責めて修養し、仁に身を置いて義へと移り行く努力を積む、ということは、具体的にどのようにしたらよいか意外と判りにくいことである。天に叩頭し死に至ってしまっては、どうにもならない。

そのようなところに、仏教的悔過法や宗教的儀礼の実践による心を清らかにする方法があることを知ると興味を持つということは、あるいは当然のことかもしれない。

先に述べた悔過法は、仏教教団内部の規則である、教団を構成するには四人以上の比丘が必要となる。今述べている時代は、漠然と中国に仏教が入り始めた百年から二百年位の間の事である。学問的でないことをお許し願いたい。

中国で中国人の手による教団が組織されるのは、正式には仏図澄（在華三一〇―三四八）の活躍以後の事であろう。

それまでの規模の大小はあろうが、笮融の仏寺をとりまく状態であったであろう。

インドにおいて在家信者を優婆塞（男）、優婆夷（女）という、「かしずく人」という意味で、出家者にかしずき、その生活の資具を布施し、その指導を受けて在家生活をなしつつ修行する。

三宝に帰依し信者となるが、さらに五戒を受ける人もある。五戒は、仏教独特のものではなく、他の宗教にもこれに類するものも存する。一、不殺生戒、二、不偸盗戒、三、不邪婬戒、四、不妄語戒、五、不飲酒戒、の五である。しかし在家の身で五戒を保つことは非常に困難な事であるので、一日一夜の期限を限って保つ戒がある。それは五戒の内の不邪婬戒（その日一昼夜、夫婦間の性交をも断つ）と、さらに、六、高座に坐り好床に臥さない。七、身に香油を塗らず装身具をつけず、演劇などの催物を見ない。八、正午を過ぎてから食事をとらない（離非食時戒）を加え八とし、八斎戒と呼び、これを毎月の布薩日（火または神に近住する日）として、信者が寺に集まって説法を聞き、僧を供養し八斎戒を守ろうとし、月の八、十四、十五、二十三、二十九、三十日を六斎日（諸説ある）として行われた。この習慣はインドの宗教で、古くから行われ、仏教でも準用されたものらしく、八の中では離非食時戒が中心とされている。

笮融の仏寺で行われた斎会などはこれに類することであったであろう。ただし、信者の五戒や八斎戒は義務ではないから、これを守らなくても罰を課せられることはないが、その様な行為を積むことによって、身心を慎んで清浄に保ち、行為を反省し緩んだ心を戒めるのである。

仏像を前にし、五戒を守れなかった自分の罪を正直に告白し、後悔していることを示し、是非、慈悲を持って我が罪を忍び許して欲しい、と願うことは自然の流れであろう。

ガンダーラにおいて最初に登場した仏像は、前二―一世紀、梵天勧請の姿をしているといわれ、それは人々の救済を願う気持ちから作製されたものであろうとも考えられている。

中国で作製された仏像もそのような意識の上で作られたものではないだろうか。

仏教の教理学に捉らわれずに、中国に伝えられ、中国人に認められた仏教のアウトラインをごく簡単に述べてみた。勿論不充分であることは承知の上である。

道宣の述べる「懺の字は、倉雅の陳ぶる所に非ず、近俗相伝える故なるのみ」ということの意味を考えるうち、現在存在する翻訳経論の文献からそれを追求しても、結局、義浄の述べるところに落ち着かざるを得ない。懺の字は経典が翻訳され初めから登場するので、道宣の言う近俗とは何かに目を向けて見たのである。

Buddhaの音訳の最初は、浮屠であったようである。この頃は、まだ仏陀とは何者であるかあまり理解できていなかったと思われる。音を中心に、卑字と見られる文字を当てたようである。次に登場するのは浮図で少し様子がわかってきて、屠では具合が悪いので、図を当てたと考えられる。

その次に登場するのが、佛陀である。実はこの佛の字も、説文解字には存在しない。この頃、佛字は作字されたものと思われる。佛陀とは何者なのかという理解が進んだ結果であろう。全くの俗説であるが、かつて聞いた事を述べると、イは人偏、人を表す。弗は否定の助字で「あらず」を意味する。両方合せて「人にして人にあらず」という意味を持っている、という。このように言うことを「近俗相伝えるのみ」ということになろうか。

懺字を考えてみる。kṣamatiを音訳するに当たって「懺摩」としたのは確かであろうが、なぜ、懺字は作字されたのであろうか。kṣaを音訳するに当たって　懺字を作字して音訳したのであるから、何らかの意図を持っていたに違いない。たぶんそれは、讖字と関係するのであろう。

韱字は、山にらの意を表す。形声字の音符になると、ほそい（纎）、とがる（櫼）、さす（讖）などの意を示す、と言う。

この字に言偏を付けると、讖字になるが、辞書によると、音符の韱は微細の意、一、しるし（験）、二、未来の吉凶禍福をあらかじめ知らせることば、予言、前兆。三、予言書、未来記、おみくじ、とある。

後漢時代に讖緯が流行したことは既に触れた。そのような社会状況の中で作られた懺字は、ある程度、その影響を受けているのではないか。

例えば、韱字は微細・微妙・不可思議などの意を持つとし、立心偏は心を意味するとしたら、懺字は、微妙、不可思議な心、あるいは、心を微妙、不可思議にすること、というイメージが浮かぶのではないか。

礼の上からは、叩頭し悔過しても、許されなければ死に至る、のであるが、懺は宗教上の観点から、仏陀という大人物は、罪を告白し許しを請うと、その慈悲により、堪え忍んで下さり、願いを聞きとどけて下さる霊妙な心の持ち主であり、その心を動かすには、自分も心底よりうそいつわりのない心を示し、仏の慈悲と一体となる、というような世界を想定したのではなかろうか。

少し時代が下ると懺は独立して用いられるようにもなる。

このような事を考えてみると、「懺悔」という熟字は、懺字はクシャマkṣamaの音訳「懺摩」の懺、許しを乞う、の意。悔はprati-deśanīya 悔過の意で、過ちを悔いること、の悔の意と考えられないことはない。

そうすると、懺悔という述語は、中国文化の影響を受けながらできあがった仏教用語ということができるかもしれない。

四　中国南北朝の仏教事情

(一)　道安と羅什について

三国時代が終りを告げ、司馬炎が晋王朝（二六五―四二〇）を開く。晋王朝は、西晋（二六五―三一六）、東晋（三一七―四二〇）とに分けられる。西晋の都は洛陽を魏からそのまま引きついだ。西晋は漢民族の国家であるが、魏の曹操のころ以来つづいてきた北方異民族の内地雑居が目にあまる事態になっていた。

加うるに、皇后賈什の独断政治による八王の乱（三〇〇―三〇六）と呼ばれる宮廷内の内紛による疲弊と異民族の台頭によって滅びることとなった。

晋王室の一族である司馬叡は、貴族の一団と軍を引きつれ南下し、呉の旧都の建業（南京）で自立を計り、西晋の都洛陽についで長安も陥落すると皇帝の位についた。元帝（在位三一七―三二二）である。これ以後の晋を東晋と呼ぶ。その後、四二〇年、徐州出身の劉裕は東晋の恭帝から禅譲を受け、国を宋（四二〇―四七九）と号した。南朝宋あるいは劉宋と呼ばれる。この南朝は宋・斉・梁・陳と次第して隋に至るのである。

八王の乱の頃、北の長城をこえたり、西方の辺境地帯をへて、華北の地に移住していた異民族は、モンゴル系の匈奴と羯《ケツ》、トルコ系といわれる鮮卑、チベット系の氐と羌で、五胡と総称された。彼等は、八王の乱で力を付け余勢をかって各地で蜂起した。

三〇〇年頃より、北魏がほぼ華北を統一するまでのおよそ一三〇年間に、この五胡が入れ替わり立ち替わって十六の国が消長したので、五胡十六国時代とも呼ばれる。

五胡の匈奴族の劉淵は、三〇四年山西省で自立し国を漢と号し、漢王と称した。漢王朝の劉氏を名乗り、その後継者たるを自任した。一族の劉曜と部将の石勒（二七四―三三三）は晋の都洛陽をおとした。劉曜は劉淵の死後自立し、長安を都とし、趙（前趙）を号し皇帝となり、石勒は河北省邢台において趙王（後趙）と自称した。後に石勒は前趙を破り皇帝に就いた。

中国文化を重んじ、また、インドから伝来した仏教にも厚い信仰をもち、西域の亀茲（クチャ）からきた高僧の仏図澄（二三二―三四八）を尊崇した。

石勒の死後、従子の石虎が後を継ぎ、都を鄴（河北省南部）に移し、仏図澄に帰依し、多くの仏寺を建てた。ここに釈道安（三一三―三八五）をはじめとする漢人高僧が活躍することとなる。

五胡の人々は漢人の儒教に匹敵するような宗教文化をもっていなかったので、ごく自然に仏教を受容することになった。

漢人の出家が公式に認められるのは、東晋と五胡十六国の時代であり、四世紀前半のことである。

漢人の出家が公式に認められると、仏寺と僧尼の数は増加し、仏教教団を成立させた。

仏教教団が成立すると、改めて儒教と、また次第に形成されつつあった道教との三教の、特に教理上の問題をどのように調整したらよいのかが問われるようになってきた。

また、教団の秩序を維持するために、インド伝来の戒律を、文化の異なる中国社会に向けて、どのように対応すべきか、という問題に直面することとなる。

この課題の解決に全力を注いだのが、仏図澄の弟子の釈道安であり、その弟子の盧山の慧遠であった。

道安は石虎の亡き後、前秦苻堅の要請に従い長安に至り、数千の僧徒を化導した。めぐまれた環境の中で経典の序文を書いたり、経典研究に打ち込むことができたが、苻堅が淝水の戦で敗れ、姚萇に殺される三箇月前、東晋太元十年（三八五）、七十四歳で没した。

道安の業績の第一は、それまでの経典翻訳には時々誤謬があり、経典の深意を見失い、意味が充分に通じないところがあったので、それを講義するに当たって、ただ経典の大意をとるだけか、ただ声を出して読誦しているだけであった。それに対し道安は、経文の真の意味を究め、その深奥をさぐって真意を発揮させるために仏典に注釈を加えた。般若部・禅部等々、序文・正宗分・流通分の三科を定め、注釈した経典は二十余部に及んだ。

中国仏教史上、仏典注釈者の祖といわれる。

また、道安は、経典がどのような過程を経て訳出されたかという経典の由来が、経典の解題や、経律論についての自己の見解を発表した。彼の経序は十五篇にも及んでいる。

その第二は、後漢から西晋に至るまでの訳経の時代、訳人を検索し、仏典の真偽を判別するため、「綜理衆経目録」一巻を撰した。

その第三は、三国の魏の時代以来、律も伝えられ授戒の法も行われるようにはなっていたが不完全なものであったので、彼は戒律の整備と研究に意を用い、「僧尼規範」を制定した。

それは、⑴行香・定座・上経・上講の法。⑵常日六時行道飲食唱時の法。⑶布薩・差使・悔過等の法、を内容としている。

⑴は、後世の仏教儀礼の内容から、上座の僧が衆僧に香を与え、それを受けて焼香すること、そこに当然座席における上座の規定があり、それらと読経や講経に関する規定などであろう、と理解されている。

⑵は、毎日、昼間の朝・昼・晩と、夜の初夜・中夜・後夜の六時に行道勤行すること、正午以後食を取らないというインド以来の規定や食事作法、およびその時の唱える儀式であろうと見られている。

⑶は、毎月十五日と晦月との二日、衆僧が集まり、一人が戒本を読み、その他の者がそれを聞きながら、自ら反省し、半月中に戒律に違犯があれば告白し、教団の処置を受ける儀式を布薩という。自ら犯した罪を衆僧の前で説き告白し、罰を受けることを悔過、というようである。差使には諸説あり、罪業を癒す、とも理解されている。

ともあれ、「僧尼規範」の中で「悔過」がとり上げられていることは、中国の仏教儀礼を考える上で、大きな手掛かりとなることは間違いない。

⑴⑵⑶に関しては実は確実にこれという解釈は未だ与えられていないのが現実で、後世の状況を見て推察するのみである。

「僧尼規範」に述べられる「悔過」についても同様で、その実態はなかなか明らかにならない。

教理教学の研究は進展する一方、仏教文化の方面からの中国仏教の解明の足は遅いように思われる。

(二) 懺悔悔過に関する南北朝の資料

a 出三蔵記集

ところで、関中で勢力をはった前秦苻堅は、三八二年、将軍呂光を亀茲に遣わした。呂光は亀茲王室を滅ぼし鳩摩羅什を虜とした。帰路、苻堅が淝州の戦に敗れ、部下の姚萇に殺され前秦が滅んだことを聞き、涼州を平定し、後涼国を建てた。そのため羅什は十六、七年間涼州に停まった。

後秦の姚興は、弘始三年(四〇一)、後涼を討ち、羅什を長安に迎えた。

羅什は弘始十五年にかけ十二年間に、三百巻以上もの経論を翻訳するという大事業をなしとげた。

インドの中観仏教や主要な大乗経典を中国に移植した最大の功績者で、後の「成実学派」「三論宗・天台宗・浄土教・弥勒信仰・菩薩禅・大乗戒・律」等々、全てに亘って影響を受けなかったものはないといえる。

懺悔や悔過についても、羅什の影響を語らねばならないが、あまりにも広範囲に及ぶので、ここでは、羅什没後に編纂された、梁の僧祐(四四五—五一八)の「出三蔵記集」に集録されたものを一応紹介してみる。

「出三蔵記集」は、南斉の天監九年(五一〇)以後に成立したものと見られる、後漢より梁までに漢訳された現存する最古の経律論の目録であり、その縁起・序記と翻訳者の伝記なども付されている。十五巻から成るもので、縁起五篇、録十七篇、序百十篇、雑録十篇(巻一二)、伝三十二人の五部で構成されている。

経録は道安の綜理衆経目録を校訂増補して、散逸している道安録の一端を伝えている。

雑録の十篇も名称を知ることができるのみで、本文は失われている。雑録の第三篇は「釈僧祐法集総目録序」であって、僧祐の仏教観を十項目に分け、その第七項目の出家在家者の福徳の根源になる仏教斎会の諸行事、作法を網羅するために、法苑の諸行事・作法の由来を説く因縁話篇としての「法苑雑原始集目録」の「法宝集下巻」に、仏教行儀二十九首の名称が挙げられている。そのうちの七首は、明らかに懺悔・悔過と関係すると思われるものである。

一、呪用楊枝浄水縁起第一(請観音経に出ず)
二、弥勒六時懺悔法縁起第七(弥勒本願経に出ず)
三、普賢六根悔法第九(普賢観経に出ず)
四、観世音菩薩所説救急消滅罪治病要行法第十(観世音経に出ず)
五、虚空蔵懺悔記第十一(虚空蔵経に出ず)
六、方廣陀羅尼七衆悔法縁起第十二(彼経に出ず)
七、金光明懺悔法第十三(金光明経に出ず)

等である。

ここでは、浄水・治病・懺悔法・懺法・悔法等の用語のあった事が知られる。

b 広弘明集

唐代に入り、道宣(五九六—六六七)は、出三蔵記集や「弘明集」の編纂の態度を踏襲し、新たに発見された文献も加え、「広弘明集」三十巻を完成した。この書は、各事項の項目を挙げるのみでなく本文も残されている。

その悔罪篇には、福は富饒（とみさかえる）、罪は摧折（打ちくだく）にあり、として仏教讃仰の文や、願文、懺悔文等が載せられている。

一、勅して為に涅槃の懺を建つるを謝す啓、梁簡文帝（五五〇—五五一）

二、六根懺文、簡文帝

三、高慢を悔むる文

四、懺悔文、沈約（陳武帝の臣）

五、群臣陳の武帝に請う懺文、陳江総

六、摩訶般若の懺文、梁武帝（五〇二—五四九）

七、金剛般若懺文、梁武帝

八、勝天王般若懺、陳宣帝（五六九—五八二）

九、妙法蓮華懺文、陳文帝（五六〇—五六五）

十、金光明懺文、陳文帝

十一、大通方広懺文、陳文帝

十二、虚空蔵菩薩懺文、陳文帝

十三、方等陀羅尼斎懺文、陳文帝

十四、薬師斎懺文

十五、娑羅斎懺文

十六、無礙会捨身懺文、陳文帝、皇太后の為に宝位を大捨す。

これらは、皇帝や高官によって作られた懺文がほとんどである。懺文とは、懺悔を主とする法会に際し、罪障を摧破されんことを仏前に申し述べることで、表白、啓白、唱導などと同意のものである。

ここに見られる懺文は、簡明に経の要旨がまとめられているので、開白文とみることもできる。その現在利益も経典の性格に基づいて、現益を誇張して述べることもなく、仏教の理解が士大夫、民衆にまで浸透した南朝の仏教事情がしのばれる。

おそらく経典に依拠した懺悔法もできていたことであろう。例えば、金光明・方等陀羅尼経は天台智顗による懺法も現存し、観虚空蔵菩薩経そのものも懺法として行ぜられる性格をもち、大通方廣経が現存する大通方廣懺悔滅罪荘厳成佛経を指すとすれば、仏名経と同様、礼佛と懺悔滅罪の内容をもつものである。この経は偽経の疑いをもたれるもので、陳代には成立していたものと見られる。

すでにこの時代、懺悔し滅罪を祈り、荘厳された成佛を獲得する、という意識が中国社会の中にある程度広まって、その為に偽経が作成されたものであろうか。

涅槃懺に関しても、滅罪と降福を予想したものとなっている。

c　浄住子浄行法門

梁の簡文帝の六根懺文に注目してみたい。それは、懺文からは実際にはどの様な儀礼が行われていたのかはなかなか明らかにならないからである。

経典の名を付した懺は、たぶん、三礼を頭にその経典の誦読を主体とした行法であろうと思われるが、六根の行法とはどのようなものであろうか。

そこで、広弘明集を見直すと第二十七巻、その誡功篇に「浄住子浄行法門」を見ることができる。実は「出三蔵記集巻」十二、斉太宰竟陵文宣王法集録序第二に、浄住子十巻、右第一帙上、浄住子、右第二帙下、と二十巻本として記載されているもの、それに当たるのではないかとも考えられるが、あまりに巻数に違いがある。別に

「浄住子次門」一巻の名が見えるので、おそらくこれを指すのではないか、とされる。現在の研究によると、この法門を紹介する道宣の序によって広弘明集に集録された「浄住子浄行法門」はほぼ文宣王の法門作成の真意を伝えるもので、大きな改変はなかったのではないか、との意見が大勢を占めているようである。

道宣の序によると、文宣王蕭子良が斉の永明八年（四九〇）、夢に東方普光世界天王如来が浄住浄行法門を樹立したのを感じ開衍したのがこの浄行法門であるという。

浄住とは三千威儀経によると布薩を意味し、身口意を浄らかに住し、身を潔く、意を戒にかなうようにする、身口意を浄め、戒を奉じて清浄に生きる仏道の行と理解してもよいであろう。

浄住子浄行法門は三十一門から成り立っている。

1皇覚弁徳門は仏道の勝れること、仏徳の偉大なことを示し、仏道を行ずることにより清浄度門を具足すること。**2**開仏帰信門、**3**滌除三業門、**4**修理六根門は身口意と六根の懺悔が説かれる。**5**生老病死門、三業の纏う所、六根の惑う所、生老病死は実に大苦なり。**6**剋責身心門、**7**検覆三業門、心口を剋責するのは八正の路、身行を検察するのは解脱の道ととく。**8**訶詰四大門、仏教の四大（地水火風）を説明し老病生死の大海に流転してはならない、と説く。

次は世の苦楽や善悪の相状や、出家在家の所行を述べる。**9**出家順善門、**10**在家従悪門、**11**沈冥地獄門、地獄の有無論と地獄の相状、**12**出家懐道門、**13**在家懐善門、出家は妙行を行し清浄広大にして寂静に安住し、在家は六時行道し、兼ねて六斎を修し、年に三長斎を行い、五戒八戒十戒を授かることを勧める。

次は、**14**三界内苦門、**15**三界外楽門、世間の楽と考えられるものは結局苦の本であり、世の外に出れば常楽我浄あって八自在を具足するとして因縁の諸行を述べる。**16**断絶疑惑門、顚倒した疑惑を断除することを説き、世人の惑事をいましめる。

次に**17**十種慚愧門、**18**極大慚愧門、慚愧の心を以て自省するという慚愧の普遍的解釈を行う。

次に、**19**善友勧奨門、**20**戒法摂生門、善友を勧奨すれば勇猛の心疾し、因を行ずること戒をその始となす。とし、三帰戒の重要性と大乗の三聚浄戒が強調される。

次に、**21**自慶畢故止新門、**22**大忍悪対門、以上のように考え行じてくると罪障を捨てることができ、八難を免れたことを自慶し、浄国でなく穢土にこそ修福の地があり、忍辱の中に功徳の本がある。

次の**23**縁境無礙門、菩薩は自利を求めずただ受生を利益せんと欲す、と利他を勧める。

24一志努力門、此処までを総括し、在俗共に努力精進することを勧める。

さて次の**25**礼舎利宝塔門、**26**敬重正法門、**27**奉養僧田門、**28**勧請僧進門、**29**随喜万善門、**30**廻向仏道門、**31**発願荘厳門、は一連のものと考えられる。実修行法の形式を整えているのみならず、多くの礼賛懺悔に関する経典に類似の形式と内容を持つ。これに懺悔門が加わると、後の懺法の五悔形式になる。この形式の嚆矢となるとも考えられる。

25、**26**、**27**は仏法僧の三宝、以下の勧請・随喜、廻向、発願は懺悔を加え、十住毘婆沙論に詳しく述べられ、昼夜六時に、右膝著地祖於右肩合掌恭敬心すべき行法形式として説かれ、内容も浄行法門に引用されている。

また、懺悔門に関しては、一般に六根懺悔と言われるように、浄行法門では初めの1から7までの門において既に示されているところであるので、五悔を具えているものと言ってよいと考える。

浄行法門の特色の一つは、一般中国人のため、日常生活に実修できる仏教を説いていることであって、仏教を中国人に理解しやすい形に書きかえ、仏教用語を中国の用語と思考に翻案し直す努力をしていることで、ほとんど高度な仏教専門用語は用いられていない。

南北朝は非常に混乱した時代を迎え、漢代の現世肯定の生活を支えていた儒教では、現世の矛盾に対応できなくなり、改めて人々に宗教心を呼び起こした。その心を捉えるのに重要な役割を演じたのが仏教であったから、高邁な仏教理論を振りかざすよりも、日常生活で用いられる言葉をもって語る必要があったとも思われる。

そのため、この法門は仏教教理の研究を中心とする仏教学から、長い間、省みられなかったと言われる。しかし、中国文化の中の仏教を研究する好材料である。

五　天台智顗と懺悔について

陳、隋に掛けて活躍した僧の一人に天台智顗（五三八―五九七）がいる。彼の著作には、所謂、懺悔法に類するものが数多く見られる。

智顗の書簡等を集めた雑録には、一、立制法（山内の規則）、二、敬礼法、三、普礼法、四、請観世音懺法、五、金光明懺法、六、方等懺法などが集録され、また別行して、方等三昧懺儀、覚意三昧、法華三昧懺儀が伝えられている。

天台智顗が懺悔に対してどの様な見解を持っていたのか、に関しては、彼がまた金陵（南京）で講筵を張っていた頃の作品であろうとされる「釈禅波羅蜜第法門（次第禅門）」に述べられている。

「懺悔について説明するに当り、自ら二つの意味がある。一には、懺悔の心を運ぶ（運心）ことを明らかにすること、二には正しく懺悔の方法を明らかにすること、である。

第一に、どのようなものを懺悔の心を運ぶ、と名付けるかというと、もし人ありて、その本性自ら悪を作らなければ、その時は、罪を悔いなければならないということはない。

しかし、修行する人は既に、戒を保持することが出来ない事は決定していることである。或は、中間において悪縁に値遇して、その時、戒を破毀することもあるであろう。若しくは軽、もしくは重に戒を破ってしまうことになるので尸羅（戒）不浄になり、結局、三昧は生じないのである。

譬えれば、衣に垢がつき油がしみ込んでしまうと、染色ができないようなものである。この故に、よろしく懺悔しなければならない。懺悔をするから、戒品は清浄になって三昧が生ずることができる。衣の垢や汗をもし浣って清潔にすれば、これを染めようとすると著色出来ると同じである。

行者は、是の如く思惟しなさい。若し自分の戒が清浄でなければ、必ず懺悔します、と。

是の故に、経には、仏法の中には二種の健児がある。一には、本性から悪を作らない者。二には、悪を作してしまって能く悔ゆる者とである。今は、過りを造って悔ゆることを知る者を健人と名付ける、と。

さて、懺悔とは、懺は三宝及び一切衆生に罪とかを悔いてあやまる（懺謝）と名付け、悔は慚愧（はじる）と名付ける。

過ちを改め、哀（いつくしみ）を求め、我れ今、此の罪、若し滅することを得るならば、将来の時に於て、むしろ身命を失するとも、終に更にこのような苦業を造ることはしません、ということである。

比丘が仏に曰すが如く、我れ寧ろ是の熾然（もえさかる）の大火を抱こうと、終に敢えて如来の浄戒を毀犯することはしません。

是の如きの心を生じ、ただ、三宝の證明、摂受を願う。是を懺悔と名付ける。

復た次に、懺は外に覆蔵せず、悔は内心に剋責することである。

懺は罪の悪たるを知るに名付け、悔は則ちその報を受けることを恐れる。

このように、懺悔の意味は衆多であるので、ここでは、これ以上広く説かない。

要を挙げてこれを言えば、法は虚妄なりと知りて、永く悪業を息め、善道を修行する。是を懺悔と名付けるのである。

（次第禅門巻二、大正四六・四八五・中）

この解釈は、おそらく現存する中国仏教文献において初めて試みられたものである。懺悔を戒定慧の三学から位置づけて論究しているのであって、単に律の中の懺悔・悔過という意識とは異なっている。義浄の見解は先に示したが、漢訳仏典が出現してかなり早い時期からこの懺悔という言葉は出現している。義浄の意見に従うと、この懺悔という言葉の意味を日本語で伝えることが不能となってしまうのではなかろうか。学問と文化との接点をどこに見つけることができるのか、むずかしい問題である。

ところで天台智顗の「法華懺法」はよく知られた懺悔法の一つであろう。これは「法華三昧懺儀」の一部分が独立したものである。「法華三昧懺儀」の構造は、a勧修、b前方便、c精進方法、d修行方法、e修相、の五項目からできあがっていて、d修行方法が細分化され、1厳修道場、2浄身方法、3修三業供養法、4請三宝方法、5讃歎三宝方法、6礼佛方法、7懺悔六根及び勧請・随喜、廻向、発願（五悔）方法、8行道法、9誦経方法、10坐禅実相正観方法、の十条から成り立っているものである。

そして、天台の修行方法の位置づけとしては、摩訶止観の五略（総説）1発大心、2修大行、3感大果、4裂大網、5帰大處、の中の2修大行に四種三昧が示される。①常坐三昧（一行三昧）、②常行三昧一般舟（仏立三昧）、弥陀を念ず、③半行半坐三昧（方等三昧・法華三昧）、④非行非坐三昧（隋自意三昧・覚意三昧）の中の③半行半坐三昧である。

日本天台の勤行作法として顕経の法要においては、法華三昧と例時作法が最も一般に実修されるもので、「あしたには懺法をよみて六根を懺悔し、夕には阿弥陀経をよみて西方の九品往生を祈る」といわれ、朝題目夕念仏といわれる訳である。ところがたぶん、時代の影響を受けていると思われるがこの法華三昧と例時作法が何故、四種三昧の中から選ばれたのかの議論をまだ聞いたことがない。この日本での実修については慈覚大師円仁に帰せられている。

現行の法華懺法は、法華三昧懺儀のdの修行方法の3修三業供養法から8行道法までを引き抜いたものである。原則はそうであるが、発見される古諸本に異同が多いのも事実である。

このことは、三昧修行の実修から宗教儀礼の儀則にと次第に勤行形式となっていったからに他ならないのである。それは日本仏教だけにおける変化ではなく、中国仏教の中にもその要素が内含されていたからに他ならない。

例えば先に示した国清百録所収の敬礼法は「三階教之研究」五一三頁の七階礼懺等に酷似している等々、更に検討を加えなければならない。

また、例時作法については、常行三昧の記述に、弥陀を念ず、とのみあって懺儀等は示されておらず、円仁の作と言われたこともあったが、現行の形になったのは後世になってからだと考えられているが確定はしていない。

日本でも奈良仏教以来、講経・悔過その他の仏教儀礼は行われていたから、中国の儀礼作法やあるいは梵唄なども伝来していたと見るべきである。

また、悔過法について触れることが少なかった。悔過法は懺悔法に先行するものという考え方があるが、別の視点から考察する必要があると思われるので、別に論じたいと思う。

懺悔とか悔過とかいった面を考えていくと、今まで、自分が日本文化、中国文化と仏教の関係を解明することを置き去りにしてきた感がして非常に残念に思いながら、この様な中途半端な論文を提出することになってしまい、本当に申し訳なくお詫び申し上げる次第であります。

（ただ　こうしょう・大正大学教授）

参考文献

・平川彰著作集　第7巻『浄土思想と大乗戒』（春秋社、一九九〇年）
・平川彰著作集　第9巻『律蔵の研究Ⅰ』（春秋社、一九九九年）
・平川彰著作集　第10巻『律蔵の研究Ⅱ』（春秋社、二〇〇〇年）
・三石善吉著『中国の千年王国』（東京大学出版会、一九九一年）
・世界歴史大系『中国史2—三国～唐』（山川出版社、一九九六年）
・世界の歴史2『中華文明の誕生』（中央公論社、一九九八年）
・鎌田茂雄著『中国仏教史　第一巻　初伝期の仏教』（東京大学出版会、一九八二年）
・塩入良道著『中国仏教における懺法の成立』（山喜房佛書林、二〇〇七年）

修二会と二月堂
―その相互関係をめぐって―

山岸常人

はじめに

練行の諸衆、大聖の威神力を仰いで六時の行法を勤修すといふとも、具縛の凡夫なるがゆえに、ややもすれば、威儀を破り、次第を乱ず、懺悔せずんばあるべからず、

この東大寺二月堂修二会の数取懺悔の際に大導師が唱える祈願の章句は、法会の特質をきわめて端的に示している。法会が実効力を持つためには、威儀と次第を確保することが不可欠である。その威儀と次第の整った法会を執行する場が仏堂であり、仏堂は同時に威儀を整えるための不可欠の装置でもあった。仏堂空間が法会と密接に関係を持ちつつ、長い歴史を刻んできた実例として、この東大寺二月堂とそこで行われる修二会がある。

既に二十五年も前に、両者の関わりに注目し、建築空間の変遷を論じたが[1]、改めて史料を再検討し、威儀を守らんとする練行衆の意識に注目しながら、修二会と二月堂との関わりについて見直してみたい。東大寺修二会関連の史料は一括して重要文化財に指定されており、その史料紹介もなされているが[2]、筆者としては再度、根本史料とも言うべき、「二月堂修中練行衆日記」[3]（以下「日記」と略記）を中心に検討を加える。この日記は保安五年（一一二四）から始まり、現在まで書き継がれている。

一　二月堂の沿革

二月堂の創建は「東大寺要録」[4]雑事章の「東大寺権別当実忠二十九箇条事」によって、天平勝宝四年（七五二）に実忠の手で創建されたと考えられる[5]。この時の二月堂の規模は、「三間二面庇瓦葺」（「東大寺要録」）であったと想定する。そして降って保安五年からは「日記」が残されることになる（表一参照）。

平重衡が南都を焼き討ちした治承四年（一一八〇）の兵火では東大寺境内の大半が焼失したが、二月堂は一部被災したにとどまった。その二十六年後の元久三年（一二〇六）には供養会が行われている

表一　二月堂の略沿革

年　号	出　来　事
天平勝宝四年（七五二）	実忠による創建
治承四年（一一八〇）	火災で一部被災
元久三年（一二〇六）	供養、専阿弥陀仏・礼阿弥陀仏の内陣修理カ
建保七年（一二一九）〜嘉禄二年（一二二六）	心阿弥陀仏・良阿弥陀仏（良暁）の三面庇造営
康元二年（一二五七）	火災、仏壇上の水引の炎上
文永元年（一二六四）	上棟の御祈
建治三年（一二七七）以前	円照上人が大床・食堂・湯屋建立
――〈文永七年から文保二年（一三一八）まで日記欠落〉――	
延文三年（一三五八）以前	円範僧都が三面局建立
永正七年（一五一〇）	火災　古御輿・仏壇上屋根の焼失
永禄十二年（一五六九）	火災、破風・妻飾の焼失
寛文七年（一六六七）	火災で焼け落ちる、九年十二月には再興

（「東大寺続要録」[6]）。これが単に治承の被災の修覆の完了を示すのか、それとは別の工事が行われたのか判然としない。二月堂修二会でも読み上げられる「東大寺上院修中過去帳」から、専阿弥陀仏・礼阿弥陀仏によって修理が行われたことが知られ、「日記」の仁治三年（一二四二）条にも、先例として専阿弥陀仏・良阿弥陀仏が（礼阿弥陀仏の名はない）が内陣の修理を行ったことを記している。「諸作法記」[7]には「内外之礼堂ハ俊乗上人ノ弟子礼阿弥陀仏・専阿弥陀仏両人、大仏ノ余木ヲ以建立」と記している。これが事実とすれば、礼阿弥陀仏・専阿弥陀仏は重源の弟子であり、治承兵火後の東大寺復興事業の一環として彼らが内礼堂・外礼堂を造ったことになる。これは二月堂の建築形態のかなりの改変であった可能性がある。この内礼堂・外礼堂については後述する。

この元久の供養会からさして時を経ない頃、心阿弥陀仏・良阿弥陀仏（良暁）が三面庇造ったと「過去帳」は記している。「日記」によれば良暁は建保七年（一二一九）から承久四年（一二二二）と元仁二年（一二二五）・嘉禄二年（一二二六）に練行衆として参籠している。内陣の工事のためには造営担当者が練行衆として修二会に参籠するのが慣例である事は、先の「日記」仁治三年条に記されていたことであるから、三面庇は建保七年から嘉禄二年の間に造られたことになる。

次に第二度目の火災として康元二年（一二五七）の修二会中の出火が、「日記」に記されている。甍から煙は出たものの、仏壇上の水引や御厨子下の仏壇が焼けたのみであった。修覆も直ちに行われている。

文永元年（一二六四）に上棟の祈禱が行われているの[8]は、この康元の火災に伴う修理の可能性がある。また、円照上人が大床・食堂・湯屋を建立したという記録もある[9]。円照は建治三年（一二七七）に五十八歳で没しており、正嘉元年（一二五七）から文永七年まで大勧進職に補せられているので、文永の上棟は円照の携わった工事に関係する可能性が高い。

この後の文永七年から文保二年（一三一八）までは、「日記」が失われていて二月堂の動向を窺うことはできない。

南北朝期になって、「諸作法記」は円範僧都が三面局を建立し、おそらくその功績の故であろう、彼を「中古之本願室ノ円範僧都」と呼んでいる。「日記」によれば、円範は嘉暦四年（一三二九）に修二会の練行衆の新入となり、延文三年（一三五八）に死去している[10]。十四世紀の前半に三面の局が付加されたのであろう。

永正七年（一五一〇）には三度目の火災に見舞われる。今回も古御輿と仏壇上屋根が焼失したと記録され、二月堂そのものが回禄したわけではない。

永禄十二年（一五六九）には四度目の火災に遭う。南破風・妻飾に火が付いたが満寺の大衆の力で焼失を食い止めた。

五度目の火災が寛文七年（一六六七）の修二会修中の二月十三日晨朝の後に起こった。今回は二月堂は完全に焼け落ち、建立以来様々な改造と修理を重ねながら伝わってきた二月堂は灰燼に帰した。しかし火災前から幕府へ修理を願い出ていたこともあって、二年十箇月ほど後の寛文九年十二月には再興された。この時の建物が今も修二会の舞台となっている二月堂である。

二　堂内の構成の変化

前節で見たように二月堂は改造を重ねて近世にまで至ったのであるが、その過程で堂内の空間の構成に変化が生じている。一般に仏堂内部は、内陣・外陣・礼堂などに分かれているのが通例であるが、二月堂内の部分を示す用語を「日記」から抽出すると表二のようになる。

これを通覧すると、十四世紀までは内陣・礼堂（外陣とも記されるが同義と推定）という用語しか見られないのに対して、元応二年（一三二〇）に外礼堂、正中三年（一三二六）に内礼堂という用語が加わって見られるようになる。つまり、(1)十四世紀以前は二月堂は内陣と外陣（礼堂）から成り立っているが、(2)十四世紀以後は内陣・内礼堂・外礼堂の三部分から成る形式に変化したことを示している。もっとも文永七年（一二七〇）から文保二年（一三一八）までは「日記」が欠落しているから、この変化が何時生じたのか、確定することは容易ではない。

前節で述べたように、「諸作法記」は「内外之礼堂」、つまり内礼堂・外礼堂は大仏の余木を使って重源の弟子が建てたとする。治承兵火後の重源の東大寺復興事業の一連の工事であるとすれば、(1)から(2)への変化は、元久三年の供養の際、すなわち十三世紀初頭に生じたことになる。しかし「外礼堂」「内礼堂」の用例は、少なくとも元久の供養から百年余りの間は見られない。そしてこの変化は、二月堂堂内の空間に対する法会執行上の要求に基づく改造なのか、このような空間の変化の結果として、それを利用して法会が実施されたのか定かではない。あるいは「諸作法記」の記事が誤謬である可能性も考えられる。

元久供養以後とすれば、建保七年（一二一九）から嘉禄二年（一二二六）の造営、文永元年（一二六四）の上棟に伴う造営、同じ頃の円照上人による造営が、(1)から(2)への変化の時期として想定できる。しかしいずれも具体的な工事内容を確認できない。

ところで、(1)の時代の礼堂の使い方に注目すると、以下のような事が知られる。すなわち、修二会期間中の五日に法華経講問が行われるが、その問者は練行衆が勤める場合と、非練行衆が勤める場合がある。十二世紀以来、非練行衆が問者を勤める場合、その問者は礼堂にいて、礼堂衆とも呼ばれていた（「日記」保延七年・仁平三年条他）。一方、康治二年（一一四三）の山科寺別当の参籠は礼堂で行われ、修二会続行の危機に瀕した嘉禎二年（一二三六）には、七寺の大衆が上洛して寺社は閉門するという異常な事態の中ではあ

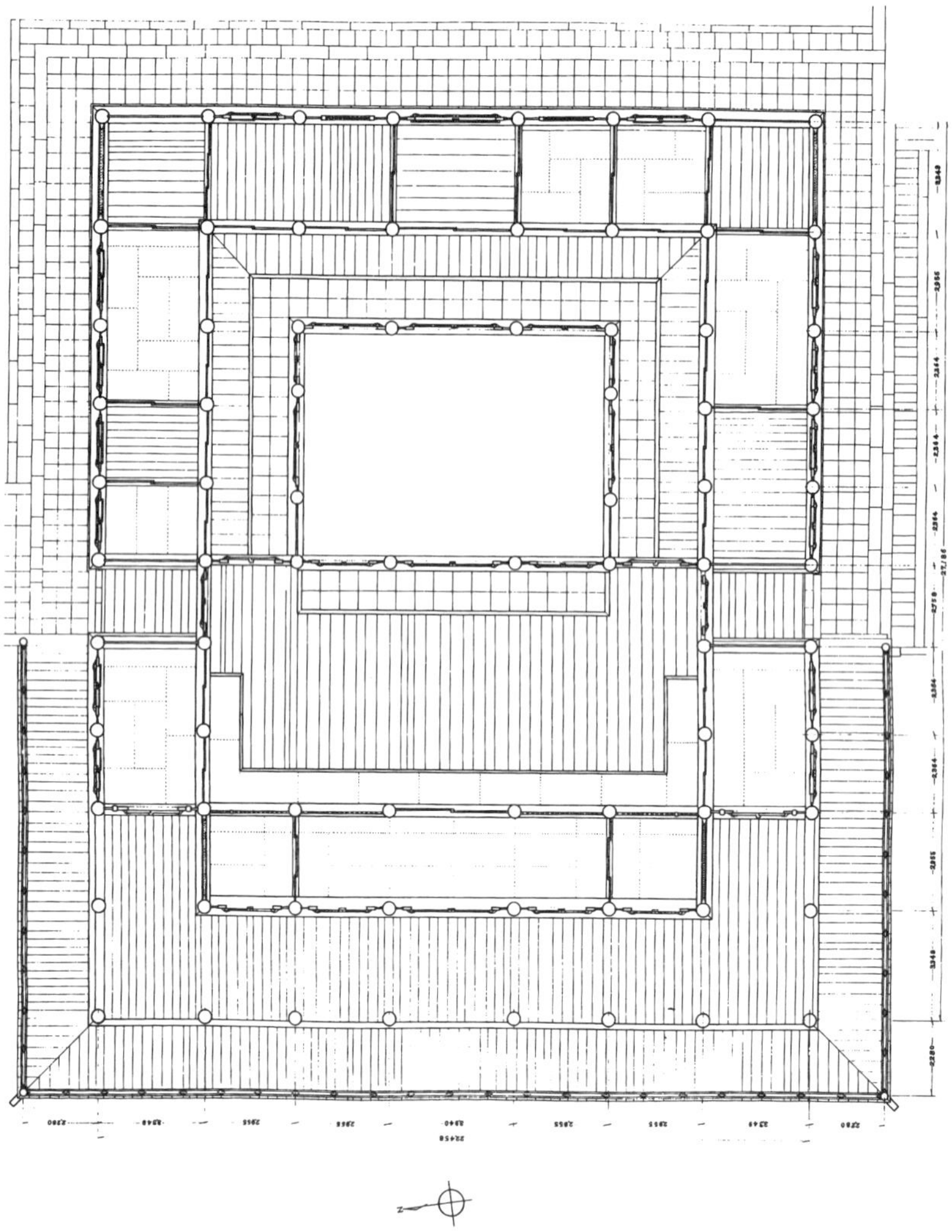

図一　二月堂現状平面図

図二　二月堂現状断面図

るが、礼堂に「参籠結縁人」がいた。

このように、結縁者と非練行衆とはいえ修二会に一定の繋がりを持った僧侶と練行衆とが共に礼堂にいる状況が生じていたことになる。おそらくは、多様な僧俗が出入りする礼堂の複合的な性格を整理するために、礼堂を内礼堂と外礼堂に二分したのではなかろうか。このことを確認する史料はないが、そのように想定するのが妥当であろう。

内礼堂と同時に例時間という用語も見えているから、元久三年から約七十年間の最大四度の造営[11]の結果として、ほぼ現状に近い平面構成になっていたことになる。

なお、十五世紀の「二月堂処世界日記」（以下「処世界日記」と略記する[12]）には、内礼堂についてはその南北と東西に戸があったことを、「日記」嘉禎二年（一二三六）条には「南北造合戸」があったことを記す。内陣と礼堂の境に堂内への戸口があったことを示している。ただし、これらを同じものと見るのか、建築構造に改変があったのかは判明しない。

では、この外礼堂と内礼堂が具体的にどのよう使い分けられていたのか、練行衆の罪科と関連して史料に現れてくるので、その点は次項で論じたい。

三　二月堂の性格と規範意識―内陣と礼堂

内陣は、練行衆が修二会を執行する場であった。現行の修二会がそのように行われており、十五世紀の「処世界日記」でもそのように記述されている。同書所収の内陣絵図（図三）もおおむね現状の設えと差がない。それ以前については「日記」の断片的な記述からこのことを否定する材料はない。

残存する「日記」の冒頭部の頃、つまり十二世紀前期には二十人前後の練行衆によって修二会が実施されていたが、長承三年（一一三四）には御堂が狭いために練行衆は二十六人を超えないことが定められ（「日記」同年条）、その規程は長く遵守された。その内、堂家（禅衆）は八人を超えてはならないと定められており（「日記」延文五年条）、二十六人のうち十八人が学衆、八人が禅衆という内訳は、多少の増減がある年はあるものの、概ね守られている。しかし、近世に入って練行衆の数は徐々に減り始め、今日では十一人が参籠している。現状の二月堂の内陣の規模が十二世紀以来変化していないとすると、現在の倍以上の数の練行衆が内陣に着座し、修二会を勤めるには、相当窮屈な状態であったと考えられる。

内陣での着座位置は、現状では図四のようであり、大導師は例外として、堂衆の役（和上・南衆之一・権処世界）は南座に、学侶の役（呪師・総衆之一・処世界・堂司）は北座に着座する。この座配りは長禄三年にもほぼ同様であったようであり（「処世界日記」）、内陣の南半分が堂衆、北半分が学侶の着座すべき場と認識されていたようである。もっとも二十六人が参籠した時代にはそれでは学侶の座があまりに輻輳することになったであろう。

礼堂においてもこの学侶と堂衆での空間の使い分けがあった。修二会中の鎮守社への社参の儀式である神所について、「処世界日記」の記述では、学侶は北の出仕口から、堂衆は南の出仕口から出入りし、指懸の脱ぎ方についても、堂中央部から北の出仕口へ向けて学侶が、南の出仕口へ向けて堂衆が、上座から順に脱ぐことが定

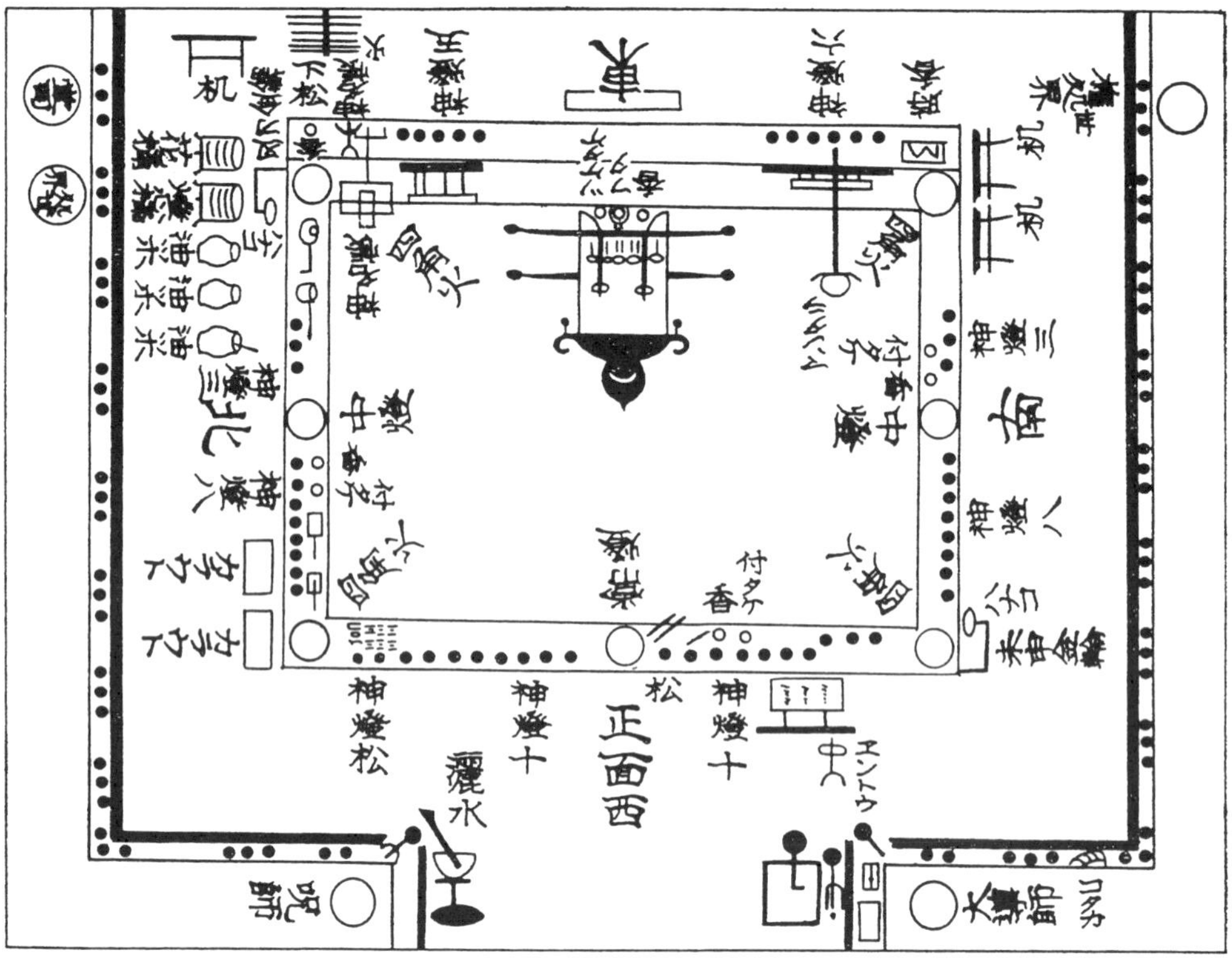

図三　「二月堂処世界日記」所収内陣の指図

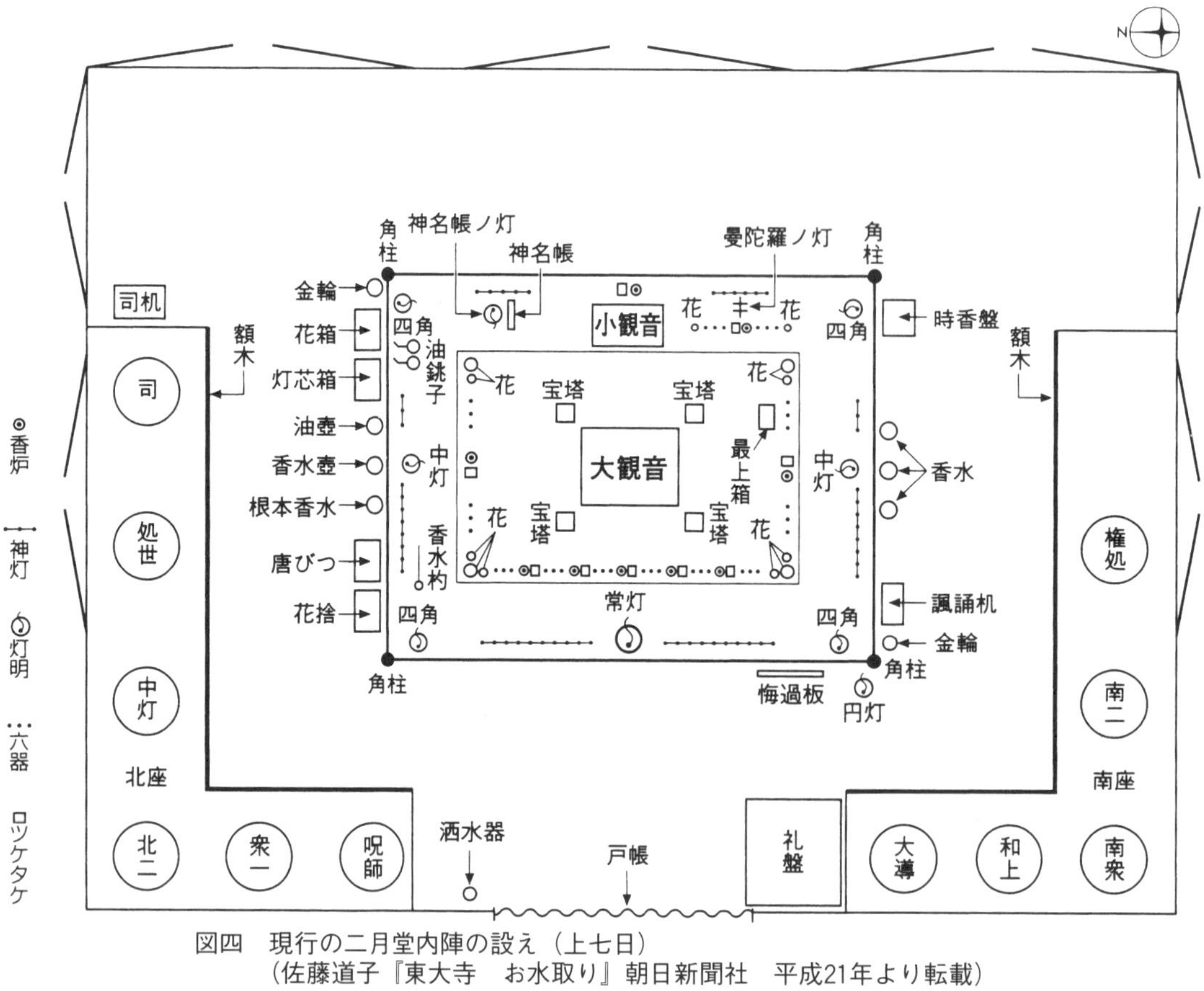

図四　現行の二月堂内陣の設え（上七日）
（佐藤道子『東大寺　お水取り』朝日新聞社　平成21年より転載）

められている。「日記」にも以下のように記す。

〈史料一〉「日記」元和六年（一六二〇）条

十八日観音講・二十三日煤払・新八座敷鬮取・十五日涅槃講等、堂方出時者必限柱南居、従柱北江学衆烈事、世不知人無之、（略）但修中懺悔之時者、従柱北ニモ禅衆上座一両輩者居、従五面北《カ》江者学侶衆居也、

礼堂での参籠は堂衆は南側へ、学侶は北側へ着座するのが原則であった。

内陣も礼堂も、北と南に区分して、学侶・堂衆が使い分ける伝統があったと言えよう。

四　二月堂の性格と規範意識―内礼堂と外礼堂

次に礼堂が内礼堂と外礼堂の二部分に分割されたことに伴う空間に対する意識に注目したい。このことが顕在化するのは、修二会中の懺悔の場面である。懺悔は、現在は数取懺悔とも呼ばれ、五日・七日・十二日・十四日に日中の勤行の後に行われる。本稿冒頭に引用した大導師の祈願の唱句に明確に示されるように、練行衆の犯す罪過に対して、回数を数えて懺悔する法要である。

「日記」では修中の練行衆の犯した罪過に対して、科された処分が多数記されており、その要点を抜粋したのが表三である。罪過の種類は多様であり、行法中の手順の過ち、作法の失敗、体調の不調、死穢に伴う練行衆辞退などが問題とされる。その罪過の程度に応じて唐櫃際・内礼堂・外礼堂・宝前（本尊の前）のいずれかの場所で、回数を指定して懺悔をさせる習慣が継承されてきた。

罪科を科されるか否か、その考慮の対象となるのは、時代により、状況により、差があり、画一的に判断されていたものではない。大局的に見れば罪科が科される要因は、主に、体調の不調、行法の手順の誤りや次第の混乱、穢の三種に分類できる。

㈠　体調不調による罪科

まず、体調不調について見ると、修二会の行法中に起こした体調の不調が、行法の威儀を乱し規式に反するものとして、罪科を科すべきか否かが検討される場合がある。現代的な感覚からみれば、体調不良に罪があろうはずもないと思われるのであるが、中世の意識は異なるものであった。

元応二年（一三二〇）の事例を見ておきたい。

〈史料二〉「日記」元応二年条（下線・番号は著者が付した、以下も同様）

抑十二日夜、寛専立初夜時行道之処、行道初返於本座前俄殺入、仍諸人雖引立猶不叶、枚敷上平臥、雖然即時蘓生、不遂行道之節、還入本座、堂司則以別儀令飲香水、其後漸複本、雖然猶不得立、行道首尾漏散花並行道畢、于後無別子細遂下七日参籠了、①抑十四日懺悔之時、可行件仁於科之由治定、就其案彼科、相闕行道闕散花之上者大過之条勿論也、然而及殺入等珍事者之上、更不同有心位依誤等犯之過、是無力次第也、仍雖闕散花並行道無さ右処、軽過則於外礼堂令行礼拝畢、②而十五日練行衆評定候、此条雖無力次第、已及行法違乱、向後尤可処重科也、爰被体及如此珍事、③定有穢気哉之由相尋之処、其夜為晴儀有自外召寄下人、相具彼下人食鹿合火云々、

問題の僧侶寛専は少なくとも前年以来（それ以前は日記欠失）練行衆を勤める学侶で、その後も正慶二年（一三三三）まで続けて参籠し、正慶二年には和上を勤めている。

上の史料によれば、散花・行道ができなかったことについて、十四日の懺悔（現行の数取懺悔）の際、体調不調はやむをえないが行法の違乱は許されないので、まずは軽過と判断され、外礼堂での礼拝（懺悔と記される場合もある）をすることが科された（傍線①）。その後、十五日練行衆評定では「無力次第」ではあるが、「行法違乱」に及んだのであるから今後は重科に処すべきものと定められた（傍線②）。

多少の体調不調が容認されうるものであるとの認識もあったが、最終的には、以後重科と判断された。そして問題の焦点は体調不調そのものではなく、「行法違乱」を起こしていることが罪科を科す根源と考えられたことにある。まさに、冒頭に記した大導師の句「威儀を破り、次第を乱ず」が修二会にふさわしからざる行為なのであった。

さらに、最終的に寛専の体調不調となって現れたことについて、穢が原因でこのような事態を招いたであろうとの推測がなされ、果たしてその通りであったことも判明した（傍線③）。そのことが重科に処すべきとの判断変更の背景にあったと推察される。

つまり、罪科を科す要因として示した、体調の不調、手順・次第の混乱、穢は連動していることが判明し、根源には穢が存在したと見ることができる。穢が体調の不調を呼び、そのことによって手順・次第の混乱が生じるという連動である。

体調不調の場合の措置に戻ると、上記のような例がある一方で、「出堂」「退出」（以下「出堂」と一括する）という措置で済まされる事例も見られる。体調不調の際に懺悔を科される事例と、「出堂」の措置で終わる事例を比較すると、ほぼ同数である。この「出堂」「退出」の措置は、体調不調に堪えきれず、二月堂を出て、練行衆を辞する事を意味している。それらは、元応二年の例のように練行衆の治定や練行衆評定によって決せられるのではなく、当該僧侶の自発的意志で行われたようである。実際「出堂」の措置を決するための評定の有無について記載のない事例が多い。しかし十五世紀にはこの措置についても練行衆の厳格な処分として行われるようになる。その初例は文安三年（一四四六）で、幸重和上が途中で出堂したことについて「言語道断珍事、先代未聞重事也、仍練行衆評定云、行法之違乱背以往掟間、雖可有擯出練行衆」と記している。造作奉行として貢献した僧侶であった事も考慮されたが、結局今後の参籠はとどめられた。練行衆から擯出し、以後の参籠を禁ずるという厳しい処置であった。同様の措置は文亀三年（一五〇三）にも見られるが、結局、これらは例外的な措置であった。穢に由来することの確認できない体調不調などは、通常は「出堂」の措置で穏便に済まされたものと思われる。

なお体調不調に重科を科す事例は内礼堂・外礼堂の区分が設けられる以前にも見られる。寛喜四年（一二三二）に実寛が修中に病に陥った際、評定により懺悔が科された。事情を確かめたところ、精進（別火のことか）中に病人を訪ねたためだとしている。しかし、ここでの罪科としての懺悔を行う場所は明らかでない。

㈡ 手順・次第の誤りや混乱

修二会中の手順・次第の誤りや混乱を生じた場合は、厳重な罪科が科された。それは基本的には千返から五千返程度の回数の懺悔を行わせるのであるが、その場所は外礼堂か内礼堂か唐櫃際か御宝前（御仏前とも）のいずれかと定められていた。

唐櫃際とは朱唐櫃の傍の意味であろう。朱唐櫃は「日記」文和五年・延文三年（史料三に引用）条にもあるように、二月堂草創期の聖武天皇宸筆華厳経・光明皇后御筆大般涅槃経・実忠自筆二十九箇条・式帳・過去帳等の宝物が納められた櫃である。二月堂の由緒を保証する重宝であり、本尊に次いで崇敬すべきものであった。

ちなみに「日記」の欠落する以前、即ち文永六年（一二六九）以前では乗輿・乗輦という罪科はあったが、場所の指定はなされていない。建久六年（一一九五）の例では乗輿とともに食堂での礼拝も科されているから、数と場所を定めた、後の懺悔と同種の罪科であったと推定されるが、実態は定かではない。乗輿・乗輦の意味も不明である。

さて場所を指定した懺悔は、唐櫃際が五千返（延文四年他）、外礼堂では四千返か五千返（文明七年他）、内礼堂では三千返か一千返が多い。この懺悔の回数を基準に考えるならば、唐櫃際→外礼堂→内礼堂の順に罪が軽くなると見られる。実際、「日記」延文三年（一三五八）条には以下のように記す。

〈史料三〉「日記」延文三年条

禅衆禅祐為踰宝物唐櫃壇供之条希代不思議事也、凡此櫃者過去帳以下入之処、以外之由有衆儀、則五日之懺悔之時於内礼堂、蓮覚房禅祐令勤仕千返礼残畢、猶衆儀云、於向後者可為外礼堂歟并唐櫃際之由、有評定、言語道断自由之条、以外之次第也、

不可不処重科也、

すなわち、最初は内礼堂での懺悔が命じられたが、再度衆議があって、今後は外礼堂か唐櫃際で行わせると判断された。上記推定の序列を確認できよう。

どのような要因がどのような罪科に対応するかも判然としない。「日記」から二・三の実例を挙げておきたい。

〈史料四〉「日記」応永十六年（一四〇九）条

於良専者、九日日没之後謬減常燈畢、以外事也、雖然任応永十二年光覚之例、於唐櫃際致五千返過畢、

〈史料五〉嘉暦三年（一三二八）条

抑寛清、居南座為行十二日〻中時、取隠時導師香呂、爰審円得業存被取隠時導師香呂之時、乞請大導師香呂行時之先規有之歟之由、（略）仍諸衆評定候、此条専為行法之乱、為向後宜処科、但不存知先例之上者、無左右雖定其科、然而免無先規之上者、尤為重科歟、仍於外礼堂加増一千返之行礼拝畢、

〈史料六〉「日記」康永三年（一三四四）条

抑永賢、六日夜以仏名之時、為成用事出外陣之処、内陣諸衆不知之免、始互為加持、彼体其後、自外陣入内陣、此条背先規、諸衆悉参集始之故也、仍七日懺悔之時令永賢於外礼堂五千□畢、本座・仏前・内礼堂・外礼堂之上加一千返令礼之故也、

〈史料七〉「日記」永正十七年（一五二〇）条

五日夜走時、呪師之次仁摠而堂司打五体、着本座訖、（略）今度之次第依背例、為食堂評定、十四日懺悔時於内礼堂致千返礼拝

取返数事、任先例之、

応永十六年の例は応永十二年の先例に倣い、十二年は更に貞和三年の先例に倣って決定されたものである。概ね堂内の常燈等の荘厳に関わることが原因ならば、唐櫃際での懺悔が課され、行法の手順の誤りなどが外礼堂、走りの順序などの軽微な手順の誤りが内礼堂と仕分けられていたようである。

康永三年条に見られるように本座・仏前・内礼堂・外礼堂のそれぞれで懺悔を行っていたようであるが、これは現行でも練行衆が本座・仏前・礼堂に分かれて懺悔を行っているのと対応していて、伝統が継承されていることを窺わせている。現行では数取懺悔の際に、礼堂と西局の境の格子戸がわずかに開かれるが、これはかつて指摘したように、西局が外礼堂に当たり、懺悔の際に外礼堂へ出る僧がいたことを形骸的に残したものと見てよい。

なお、より厳しい罪科として擯出の措置があった。文明五年（一四七三）には根本香水を飲用したとしてこの処分を受けた例がある。当然のことながらその僧侶は、以後、練行衆となることはなかった。

この他、単純に僧侶が穢を被った事だけが記録される例が少なくないが、それらはほとんどが親族の逝去によるものである。こうした服忌については問題とされることはなく、修中にそのような事態が発生すれば評定や堂司との協議が行われる場合もあるものの、基本的にはその穢を帯びた練行衆が二月堂を退出すれば許されることであった。外礼堂や内礼堂を使った懺悔などは行われていない。以上のように見ると、体調や穢だけでは罪科に処せられず、その結果として行法の違乱が生じた場合が問題とされた。罪科の判断の根本は行法の違乱を排除することにあったといえよう。

以上、修二会中の懺悔の際の、罪科の軽重に注目したが、それは二月堂内のどの場所を使って懺悔を行わせるのかという面と密接に関わっていた。本尊（宝前・仏前）・朱唐櫃を中心に外礼堂、内礼堂という順に、そこで科される罪科の程度が重いものから軽いものへと変化していることが知られた。本尊・朱唐櫃は内陣にあるから、本尊を中心にして内陣→内礼堂→外礼堂の順に罪科が軽くなるのが自然に思われるが、そうはなっていない点が興味深い。この点について一つの解釈を与えるとすれば、内礼堂・外礼堂の形成の過程と関わっているのではないかという想定が可能である。第二節で述べた⑴から⑵への変化によって、ある時期に外礼堂が二月堂に付け加わったと見ることができる。その後発的な空間を重罪・重科の場として設定したのであろう。本尊からの距離の論理と歴史的な形成過程の論理が交錯して、このような不自然な空間の序列が生まれたのであろう。

五　懺悔の際の罪科判定の手続き

前節で見た懺悔の際の罪科判定の手続きについて、更に検討を加えたい。罪科についての意識の時代的な変化と罪科判定の意志決定方法について注目する。

㈠　時代による変動

厳格な規範意識に裏付けられて、修二会の「威儀」を守ることが千年以上に亘って続けられてきたわけであるが、罪過に対する判断は時代によって変動がある。

　応永十四年（一四〇七）に練行衆の光盛が行道の際、腹痛のために「殺入」し、結果的に威儀を乱した事があった。穢については記していないので、単なる体調不調であり、これまでは懺悔を科した例がほとんどなかった。しかしこの時は元応二年（一三二〇）の先例に従って、外礼堂での懺悔が罪科として科せられた。

　応永年間はこうした先例による判断が散見され、先に第四節㈡項で引用した応永十六年の唐櫃際での懺悔を科した例は史料四の応永十二年の先例に倣い、更に十二年は貞和三年（一三四七）の先例に倣っていた。また三十年あまり後の嘉吉三年（一四四三）には、応永十六年の例が倣うべき先例として取り上げられている。

　応永年間は修二会の威儀を厳重に守ろうとする意識の強く働いた時期ではなかっただろうか。厳罰を科した元応二年・貞和三年の数少ない先例を持ち出し、その基準に従って罪科を決定してゆく時期であった。このことは、寛英五師が応永十年から三十四年（一四二七）まで、長らく堂司を勤め、更に呪師を務めて、練行衆を主導する立場にあったことと無縁ではあるまい。強力な先導者が厳しい規範を守らせようとしたのであろう。

　一般に、宗教上の規律は時代が降ると共に弛緩してゆく。二月堂でも罪科の判断は同様の傾向が見られる。

　文亀三年（一五〇三）に練行衆順円が発病したことに対し、憐愍の思いがあるが、結局厳格に後年の参籠停止する擯出と決定された。憐愍の思いが罪過の内容決定に顧慮されたのである。そしてより顕著な例は江戸時代に入って見られる。寛永四年（一六二七）には罪科の評議の場に懇望して軽減を願い出る例があり、同十五年には、同様に懇望して、罪過を科さず沙汰なしと処理された例まで現れる。むろんこのような状態は、近世の仏教界に普遍的なことであった。同時に、このように規範意識の強さに強弱の波があるものの、今日まで修二会が滞りなく継承されてきていることは、結果的には一定の厳格さを保ってきたものともいえよう。

㈡　意志決定の方法

　練行衆の罪過に対して、科すべき罪科をいかにすべきか、その決定は堂司が行っていたと推定される。「処世界日記」には懺悔の仕方を「依堂司ノ下知、各過ヲ申ス、其後又、依堂司ノ下知、指懸ヲ手ニ持テ、懺悔之処ヘ行テ、礼拝アリ」と記していて、これを遡及させて考えて大過ないと考えられる。

練行衆評定　しかし実際問題としては、通常の手順で決しがたい問題が生ずると、練行衆が集まる様々な種類の集会・評定によって評議がなされた。例えば先に引用した「日記」延文三年条（史料三）には、衆議が二度行われて、当面の罪科と、今後同じ事が生じた際の措置が定められている。貞治三年・明応四年・永正二年にも同様の例が見られる。いずれも「練行衆評定」「練行衆惣評定」「練行衆一同之評定」などと呼ばれていた。

娑婆練行衆・古練行　更に重大な罪過については練行衆以外が評議に加わることになる。

〈史料八〉「日記」応永十二年（一四〇五）条

　於光覚者、五日夕観音経之後、如例若輩等作堂荘厳之処、謬而消於常燈畢、以外珍事、未曾有事也、（略）然而七日夕古練行数輩被□（参カ）于御輿役之時、於大宿所集会被評定云、

〈史料九〉「日記」長禄四年（一四六〇）条

当和上重円法印六日日中諸衆不調、楚忽入内陣、被着座了、
（略）乍去於御堂旧老之間、当修中者不能出堂、又未来練行衆
擯出之儀者不可有之通、非常参娑婆練行衆少々於宿所、与当参
衆相共評定了、

以上の「日記」の二箇条[15]は、常燈を消した事件と、和上が手順を錯誤したという、共に未曾有の珍事であった。そしてここでは古練行とも娑婆練行衆とも呼ばれた僧侶が大宿所または宿所に集まって評定を行っている。当該年の練行衆ではないが、かつて練行衆を勤めた寺僧が、娑婆練行衆・古練行であったと考えられる。つまり先例を知り尽くし、手抜かりなく修二会を勤め上げた老練の先輩練行衆が評定を行ったわけである。その際、宿所が使われたのは、彼らは二月堂内には入れなかったからであろう。

　練行衆や練行衆経験者等による評定によって、二月堂修二会中における遵守すべき規範からの逸脱が処理され、そのことを通じ、厳格な規範に裏付けられた修二会の聖性が保たれたのである。練行衆評定と娑婆古練行衆の評定の存在は、練行衆という修二会中にのみ形成される臨時の一時的な僧団組織が、自治的運営手段を持っていたことを示している。しかも一時的に形成されていながら、古練という繋がりに基づいて、完全ではないものの、ある種の継続的な僧団組織ともなっていたことは興味深い。

　練行衆が自治的組織であることは、集会・評定が罪科の決定に関してだけ行われたわけではないことによってより明確となる。以下に罪科決定以外の練行衆の評定の実例を列挙する。

・仁治三年（一二四二）の内陣修理の際に、専阿ミタ仏・良阿ミタ仏両名の造営・勧進担当僧を練行衆として参籠を許すか否かについて、「練行衆宿房会合」「大湯屋大衆集会」「惣寺評定」が行われた。
・嘉暦四年（一三二九）には大導師を誰に充てるかについて「惣練行衆評定」が行われた。
・明徳二年（一三九一）には宿所が頽落したので、「練行衆之評定」を経てその修理を大勧進に申し出た。
・明徳四年には修中の大炊職の人選に「練行衆之評定」、宝徳三年（一四五一）には堂司の人選に「練行衆惣評定」、寛正四年（一四六三）には堂司決定に「練行衆惣評定」、文明二年（一四七〇）には呪師決定に「練行衆惣評定」が行われた。
・天文十一年（一五四二）には古練が二十六人（練行衆の上限数）いる場合の新入の参籠の可否を「練行衆一同之評定」によって決した。

以上は練行衆への参入、あるいはその諸役の決定に練行衆評定が行われている事例といえる。練行衆は自治的組織であるとはいえ、あくまでも修二会に関してだけ一定のまとまりを持つ僧団であった。従って練行衆僧団内部の運営について自ら意志決定ができるが、他の組織に対する意思表明はできないという特性を持っている[16]。練行衆評定はあくまで練行衆内部にとどまる意志決定機構であった。

惣寺評定　仮に練行衆以外の他の組織との関与が必要となる場合があれば、それは別の方法で決定される。上記仁治三年の例はその好例である。専阿ミタ仏・良阿ミタ仏を練行衆として受け入れるか否かは練行衆評定で決定できるが、造営担当の寺僧を練行衆として送り込むか否かは惣寺の問題であるので、「大湯屋大衆集会」「惣寺評定」が並行して開催されているのである。練行衆側が一方的に意志

決定しても、惣寺はそれだけでは従うことはできない。惣寺側も意志決定をして初めて、この異例の措置が実現したのである。練行衆の評定は、他の組織から示された意志を受諾するか否かについてのみ効力を持っていた。

探　「如此難儀出来之時、被探当堂之例也」（「日記」元応四年条）とあるように、練行衆評定で決しがたい問題が生じたときは、「探」が用いられることもあった。「探」は語義としては籤のことを意味する。「日記」元応二年条によれば、「探」は三度行って結論を出したようである。

「日記」嘉暦四年（一三二九）条によれば、賢俊律師は第二臈である故に和上を勧めることを勧められたが、病気で任に堪えかねる虞があるために「探」に頼ることとなった。

〈史料十〉奉任大聖御意、可被探云々、①即自於宝前被探之処、当出衆被探畢、仍実円即留賢俊可出之由②評定之刻、③惣練行衆伝聞此事評定云、（略）於賢俊律師者、猶参籠可勤仕下七日和上役之由以使者触送畢、彼律師返答云、雖為私之儀免、奉任大聖被探之上者、可為出衆之条勿論事也、然而練行衆之命難背之上者、④為惣練行衆之沙汰今一度可致被探、

賢俊の「探」では二月堂から退出すべきとの結果が出てそのように評定しようとしたが（①②）、惣練行衆がこれに反対し、惣練行衆の沙汰としての「探」を行って（③④）、賢俊が勤めるべきとの結果が出た。この結果を受けて、大聖の御意は惣練行衆の判断と一致しているので、今後の四職の選任についても、私の「探」ではなく惣練行衆の判断に依るべきだとされた。

「探」は宝前で行い、大聖の御意を反映するものと認識されていた。つまり二月堂本尊の御前で行う本尊の意志を探る行為、それが「探」であった。それ故、最も権威ある判断のように思われる。延文四年（一三五九）にも堂司に穢気があるために、「大聖之素意」を探るための「探」を行って、参籠を決定している例を見ると、一般的には「探」によるのが最終の決定方法のようではあるが、史料十のように、実際に難しい人選を判断する場合は、やはり惣練行衆という人の意志が決め手となった。

ちなみに「日記」応永二十年条では「探」と同様の行為を「鬮」と呼んでいる。

(三)　評定の場所

練行衆評定の行われた場についてみておきたい。「日記」永正二年（一五〇五）条に五日懺悔の時に評定があったことを記す。懺悔の際に二月堂外に出る余裕がないであろうから、二月堂内と推定されるわけである。実際、文保三年（一三一九）には二月六日に礼堂で評定を行った事を明記している（「日記」同年条）。すなわち、練行衆評定は基本的には二月堂内で行っていると考えられる。しかしそれ以外に二月堂での評定の場を明確にする史料はない。

一方で、大宿所・大導師宿所・湯屋・食堂における集会・評定が見られる。大宿所は現在の呼称から遡及させると大導師宿所と推定される。

文保三年には新入の練行衆僧の決定方法について、正月晦日に大導師宿所で集会が行われている。元弘四年（一三三四）には堂司が修中に死去して新たな堂司を選任するに際し、大導師宿所で評定を行った。史料八に引用した応永十二年には、二月七日の夕刻に古練

行による大宿所集会が行われている。永正七年（一五一〇）には、別火の最終日の正月晦日に堂司の病気により代役を選任するにあたって大導師宿所で集会評定が行われている。

このように大宿所での評定は、別火中・修中のいずれの期間においても行われている。上の例のように所役の決定について行われることが多いが、その他についても評議されている。

湯屋・食堂における評定も状況は同じである。文明五年（一四七三）には法会の手順誤りについて、二月十日に湯屋にて評議の後、食堂にて当参集会が行われた。永正四年（一五〇七）にも法会の手順誤りについて十四日に湯屋評定が行われた後、娑婆古練の食堂集会が行われている。勿論、湯屋と食堂の評定が常に併用されるわけではなく、例えば嘉暦四年（一三二九）には正月二十三日の「御湯之時評定」が行われている。

別火の期間から修二会終了時まで、湯屋・食堂は練行衆の集まる場であり、娑婆古練も集まりやすい場であったために集会・評定に使われたのであろう。

結

以上のように、修二会実施の基盤は二月堂を中心にして、その付属施設である湯屋・食堂・宿所に及んでいた。それらの堂舎施設を利用しつつ、練行衆という臨時の僧団が自治的な意志決定の機構である評定を随時開催して、修二会の威儀と次第を守り、継承し、法会の効果を有効ならしめるための努力を重ねてきた。臨時の僧団である練行衆は、同時にその経験者（娑婆の古練行衆）をその外縁部に擁した組織でもあって、それ故、僧団の存在は修二会実施期間にのみ限定されるものでもなかった。そして時にその外縁部の娑婆・古練から僧団としての意志が発露される場面もあった。これも勿論、先規をふまえた規範の遵守意識が背景となっている。

僧団の自治的運営と実際の修二会の催行に際して、とりわけ内陣・内礼堂・外礼堂等の空間に分かれた二月堂は、それぞれの空間が有効に活用されており、それぞれの空間の特質と形成過程を反映して、使い分けがなされていた。その実態は既に詳述してきたとおりであるが、こうした法会と仏堂の緊密な相互関係は東大寺二月堂において特に顕著なものである。八世紀の創建以来の仏堂が改修・増築を繰り返しながら十七世紀まで使い続けられてきたことが、連綿と続く修二会の規範意識と相俟って、緊密な相互関係を保持続けさせた要因であろう。一方で、臨時の僧団が一年の特定の期間だけ限定的に二月堂を用いるという特殊性はあるが、僧団が仏堂を利用する実態としては、様々な規範と施設に規定されつつ自治的に運営されたという点で、中世寺院の普遍的あり方を示していると言うこともできる。

補記　寛文焼失前の二月堂　［図三］

寛文七年に焼失する以前の二月堂の建築形式について述べておきたい。焼失以前の二月堂の平面を示す絵図として仁和寺所蔵の「大和伽藍図」がある。これについてはかつて簡単な紹介をしたが、[17]ここで改めて取り上げておきたい。

この史料は興福寺・東大寺の堂舎の平面図が覚書風に並べられ、寛永十二年（一六三五）に描いた奥書がある。二月堂については下

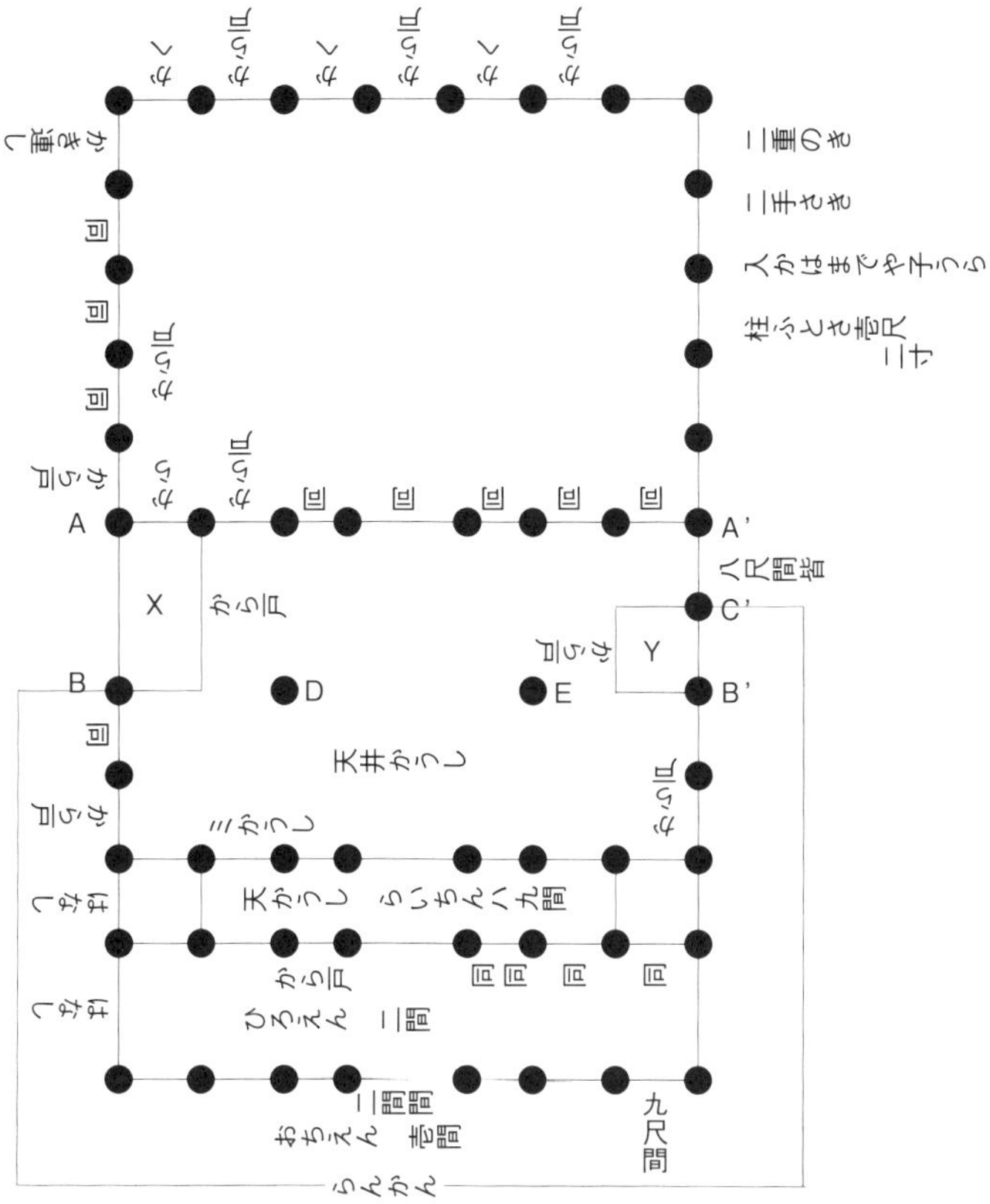

図六　図五の描き起し

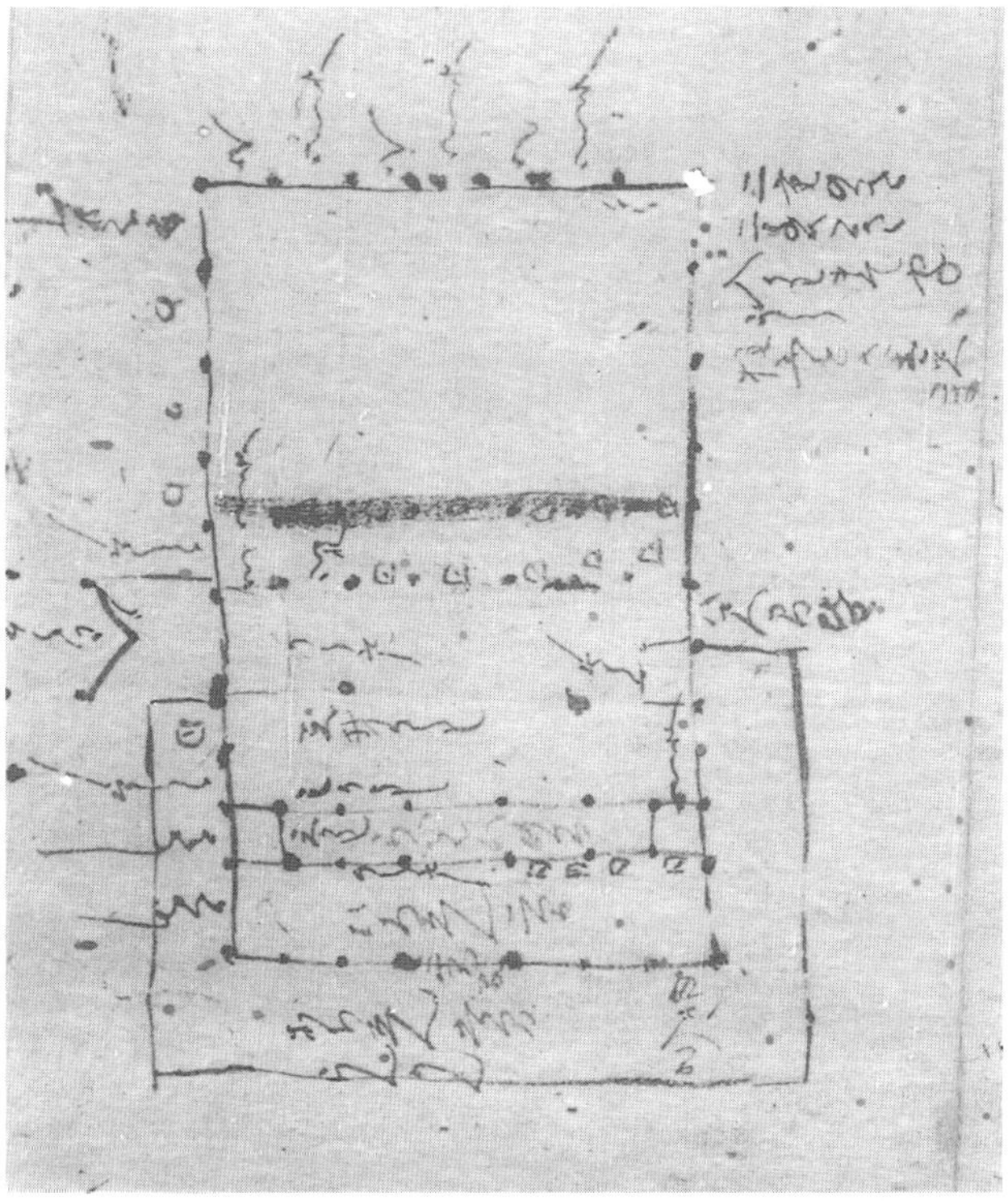

図五　仁和寺蔵「大和伽藍図」所収二月堂平面図下書
（御経蔵第百三十六箱第二号文書）

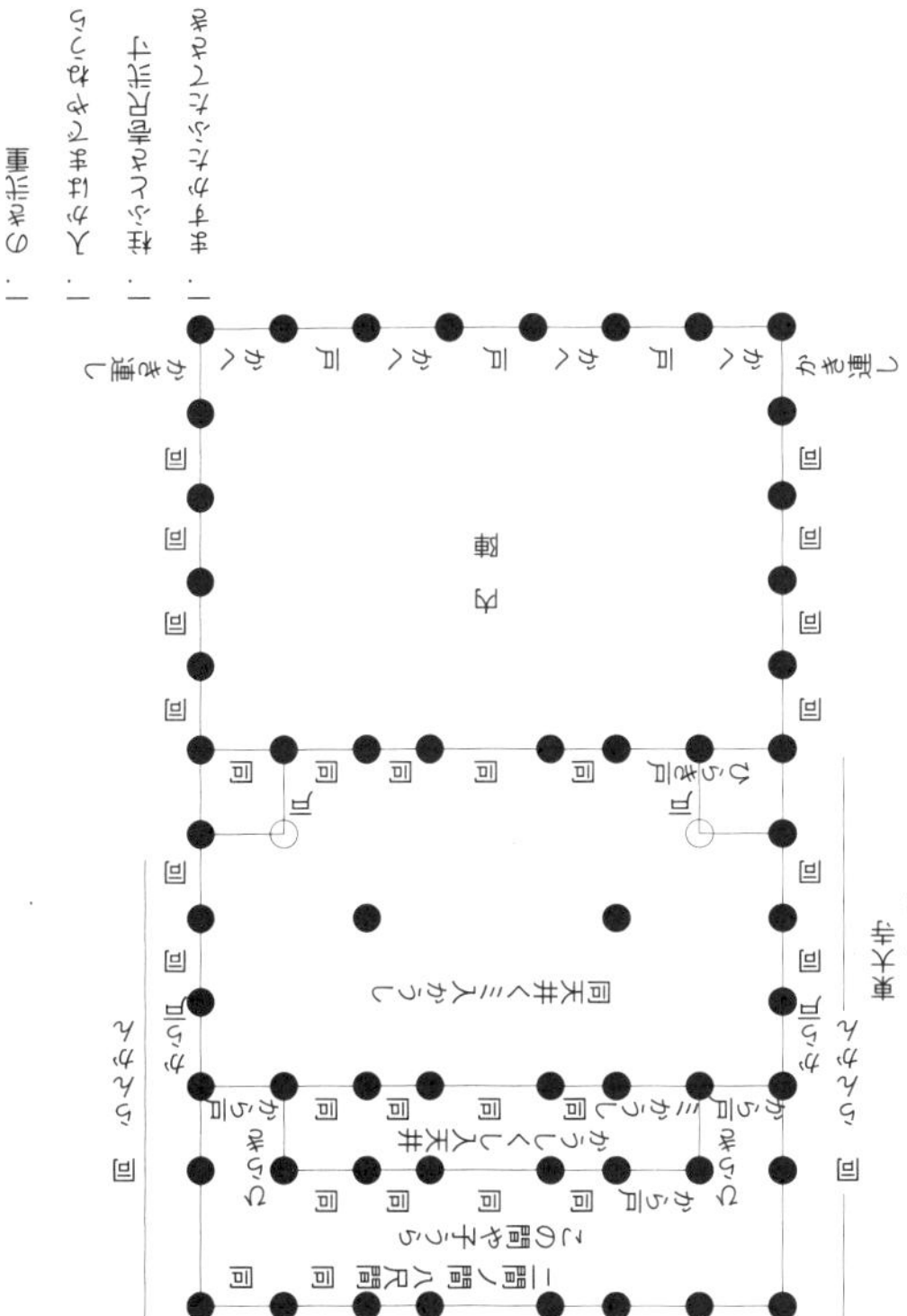

図八　図七の描き起し

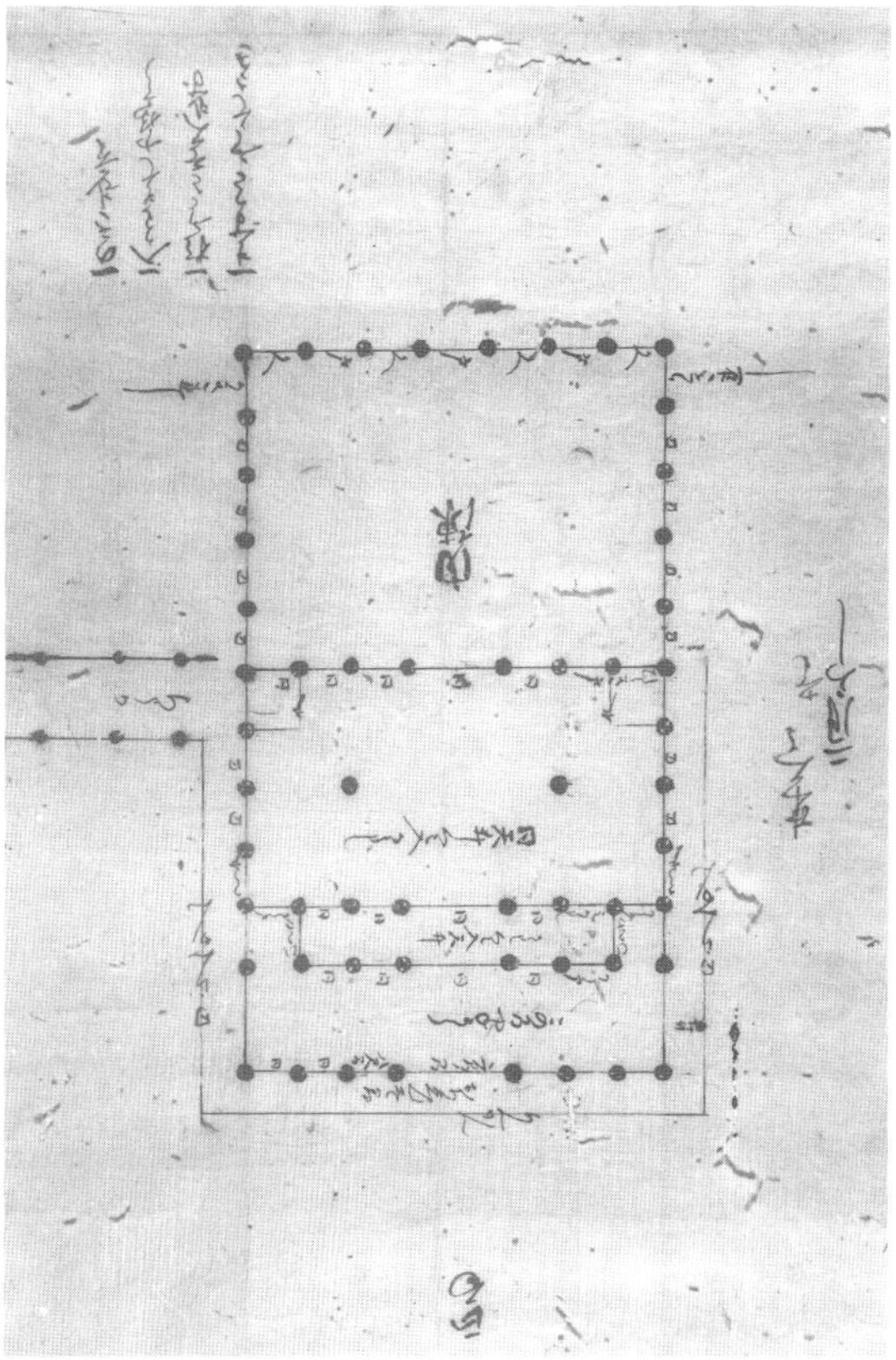

図七　仁和寺蔵「大和伽藍図」所収二月堂平面図浄書
（御経蔵第百三十六箱第二号文書）

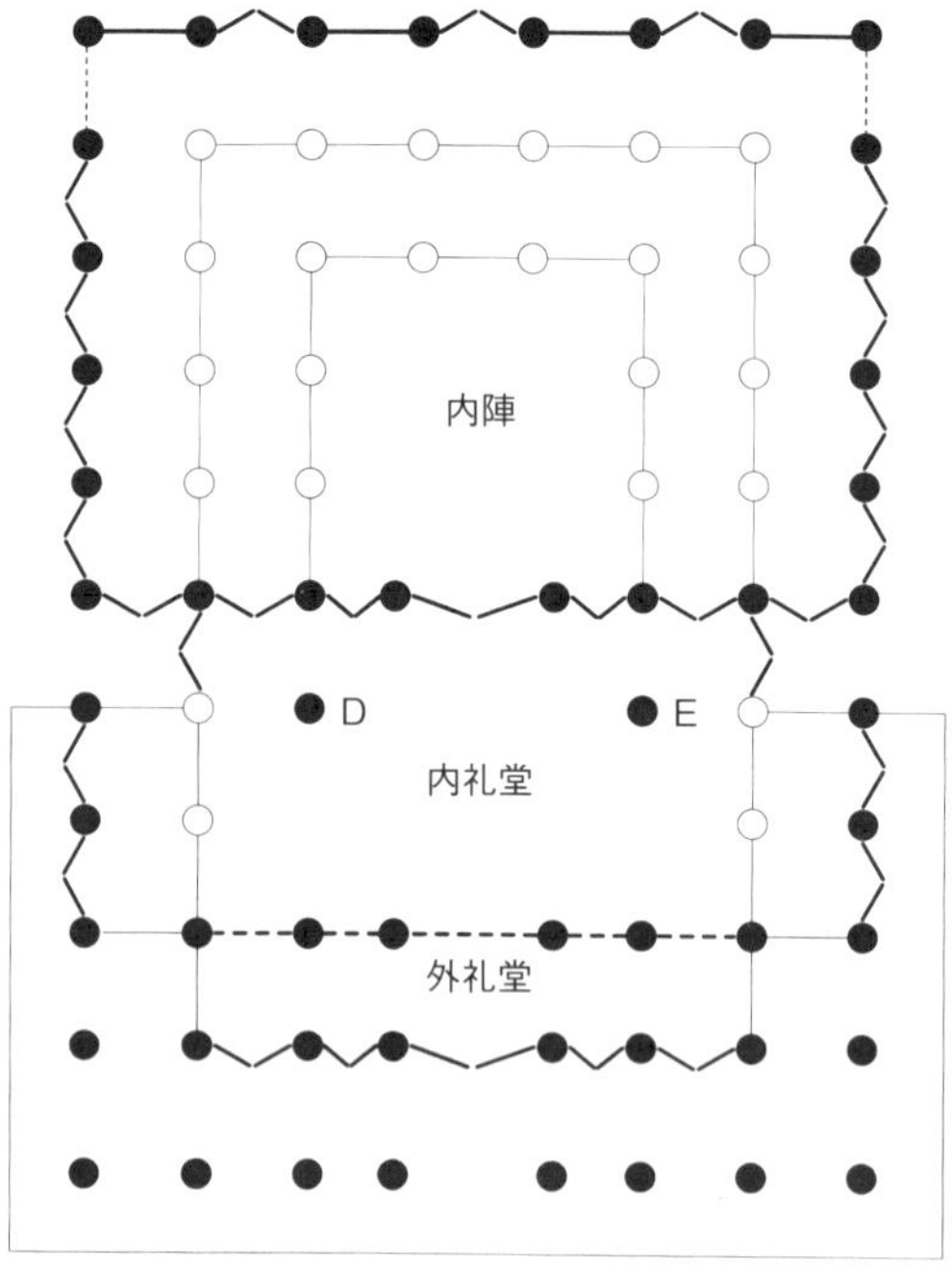

図九　寛文焼失前二月堂推定平面図
（○は想定される柱）

書（図五、描き起しは図六）と浄書（図七、描き起しは図八）の二種の図がある。描かれた時期から、寛文焼失以前の平面を示す。

　下書は現在の出仕口（練行衆が堂内に出入りする扉口）の柱間を、北側は広い一間に描くが（AとBの柱間）、南側は二間に描く点（A′とCとB′の柱間）で整合性が欠けている。出仕口と想定される部分（XとY）の規模も異なって描かれている。浄書はこれを整理して二間として描いている。どちらが正しいか判断する根拠史料はないが、現状と規模が同じだとすれば、出仕口部分は一間と考えられる。その修正を行って、入側の柱も現状と同様にあったと仮定して○で描いたのが図九である。このように復原した場合、寛文焼失以前の二月堂には、出仕口を入った内側に二本の柱がある（D・E）ことが重要な特徴であろう。

　現在の二月堂の内陣は間口三間、奥行三間で、切妻造の屋根を架けているかのように作られている。現状は寛文再建の建物であるために内陣回りの柱は小屋組まで伸びて、屋根は形式的にそれらの柱に取り付けられているだけである。しかし「日記」によれば、永正七年（一五一〇）の火災の際に天井に登った練行衆の談として「仏壇上屋祢」があった。永禄十二年（一五六九）の火災の際にも、堂内に入ると南破風や妻飾（「棟木持舛形」）に火が付いたこと、内陣二階があったことを記している。つまり中世には屋根を持った独立した建物として内陣が形作られていたことを示す。現状は外見としてはそうした中世の伝統を継承していると見られる。

　つまり中世には独立した内陣の前に別に礼堂が建てられ、それらの周囲にも増築が重ねられたと考えられる。内陣前のD・E二本の柱は内陣とは別構造の礼堂が立っていたことを示すものといえよう。「日記」正中三年（一三二六）条の、内礼堂を経て例時間へ入った族の記録を勘案すると、図九に示した部分がそれぞれ内礼堂・外礼堂であったと見ることができよう。さらに、「大和伽藍図」は二月堂の組物が二手先であったと記している。中世の折衷様の建物には二手先がしばしば用いられており[18]、寛文焼失以前の二月堂に重源の考案した大仏様の影響を受けた建築様式が用いられた可能性を示唆する。それは側周りの増設時期を示唆するが、その年代を推定するのは、あまりに推測を重ねることになるのでここでは避けておきたい。

（やまぎし　つねと・京都大学大学院工学研究科准教授）

表二　二月堂の部分名称（「日記」による）

年号	西暦												
長承三年	一一三四	御堂											
保延四年	一一三八				礼堂								
保延七年	一一四一				礼堂衆								
永治二年	一一四二				礼堂								
康治二年	一一四三				礼堂								
久安四年	一一四八								観音御宝殿		食堂		
仁平三年	一一五三				礼堂衆								
仁平四年	一一五四				礼堂								
応保三年	一一六三				礼堂								
嘉応二年	一一七〇	御堂									食堂	住房	
承安四年	一一七四				礼堂								
治承四年	一一八〇	御堂・本堂									食堂	宿房	
文治二年	一一八六			外陣							食堂		
文治三年	一一八七				礼堂								
文治五年	一一八九				礼堂								
建久二年	一一九一										食堂		
建久五年	一一九四				礼堂（以下法華経問者についての註記の「礼堂」は略す）								
建久六年	一一九五		内陣	外陣							食堂		
貞永二年	一二三三	御堂	内陣		礼堂北戸				仏壇		食堂		
嘉禎二年	一二三六	本堂四面			礼堂（参籠結縁人）				南北造合戸		食堂	宿房	
仁治三年	一二四二											宿房	大湯屋
仁治四年	一二四三										食堂		
寛元二年	一二四四								打板				
建長三年	一二五一										食堂		
康元二年	一二五七				礼堂							宿房	
文保三年	一三一九				礼堂正面間								
元応二年	一三二〇				礼堂		外礼堂					堂司宿所	

年号	西暦												
正中二年	一三二五								後戸				
正中三年	一三二六		内陣			内礼堂			例時間				
嘉暦三年	一三二八						外礼堂						
嘉暦四年	一三二九						外礼堂						
元徳三年	一三三一		内陣		礼堂								
元弘二年	一三三二				礼堂								
元弘四年	一三三四										食堂南床	大導師宿所	
建武三年	一三三六	御堂								唐櫃之蓋			
建武四年	一三三七		内陣								食堂		
暦応三年	一三四〇								参籠南面之東謁				
暦応四年	一三四一							朱唐櫃					
康永二年	一三四三				礼堂						食堂	二月堂宿所	
康永三年	一三四四		内陣	外陣		内礼堂	外礼堂						
康永四年	一三四五		内陣		南面礼堂								
貞和三年	一三四七		内陣										
貞和六年	一三五〇		内陣		南面礼堂								
文和三年	一三五四	御堂											
文和五年	一三五六	御堂											
延文三年	一三五八					内礼堂	外礼堂	唐櫃際					
延文四年	一三五九							唐櫃際	後戸		食堂	大宿所集会所	
貞治二年	一三六三		内陣										
貞治三年	一三六四						外礼堂						
貞治六年	一三六七		内陣								食堂		
貞治七年	一三六八		内陣										
応安二年	一三六九		内陣（以下法華経問者についての註記の「内陣」は略す）										
応安八年	一三七五				礼堂								
至徳二年	一三八五										食堂		
嘉慶三年	一三八九										食堂		

明徳二年（三年条）	一三九一		内陣		礼堂	内礼堂	外礼堂					宿所	
明徳四年	一三九三												
応永六年	一三九九										食堂	宿所	
応永八年	一四〇一		内陣後戸壁書										
応永十年	一四〇三										食堂		
応永十二年	一四〇五										食堂	大宿所	
応永十四年	一四〇七						外礼堂					宿所	
応永十六年	一四〇九				礼堂			唐櫃際					御堂湯屋
応永二十年	一四一三				礼堂								
応永二十二年	一四一五									湯屋			
応永二十四年	一四一七						外礼堂		例時之床				
応永二十五年	一四一八					内礼堂							湯屋
応永二十六年	一四一九									湯屋			
応永二十七年	一四二〇						外礼堂						
応永二十八年	一四二一						外礼堂						
応永二十九年	一四二二			外陣（以下法華経問者についての註記の「外陣」は略す）									
応永三十三年	一四二六										食堂床		
応永三十四年	一四二七									御堂登廊			
嘉吉三年	一四四三							唐櫃際					
文安三年	一四四六								登廊造作奉行				湯屋
文安五年	一四四八										食堂	僧坊	
宝徳三年	一四五一										食堂		
宝徳四年	一四五二												
享徳三年	一四五四												湯屋
長禄三年	一四五九		内陣	外陣	礼堂	内礼堂			例時之間				
長禄四年	一四六〇		内陣				外礼堂					宿所	
寛正五年	一四六四		内陣										
応仁三年	一四六九		内陣									宿所	
文明三年	一四七一			外陣									

年号	西暦												
文明三年	一四七一		内陣	外陣					不浄所			童子宿所	
文明五年	一四七三		内陣								食堂		湯屋
文明七年	一四七五		内陣				外礼堂						
文明九年	一四七七		内陣										
文明十七年	一四八五							唐櫃際					
明応四年	一四九五							唐櫃際			食堂		
明応五年	一四九六							唐櫃際					
文亀二年	一五〇二							唐櫃際					湯屋
文亀三年	一五〇三		内陣						例時之間		食堂		
永正二年	一五〇五						外礼堂				食堂		
永正三年	一五〇六						外礼堂						
永正四年	一五〇七		内陣		礼堂						食堂		湯屋
永正七年	一五一〇		内陣		礼堂						食堂	宿房・大導師宿所	
永正十三年	一五一六							唐櫃際					
永正十七年	一五二〇					内礼堂					食堂		
大永六年	一五二六										食堂		
天文六年	一五三七		内陣外之切石										
天文十二年	一五四三		内陣	外陣			外礼堂						
天文十二年	一五四三			外陣			外礼堂		後戸				
天文十九年	一五五〇								南方出入北口				
天文二十一年	一五五二		内陣	外陣								大宿所	
天文二十二年	一五五三										食堂	大宿所	
永禄五年	一五六二								後門局		食堂		
永禄十二年	一五六九		内陣						二階倉			宿所	
天正三年	一五七五											大宿所	
慶長七年	一六〇二				礼堂			唐櫃際					
慶長八年	一六〇三										食堂		湯屋
慶長十年	一六〇五											大宿所	

慶長十四年	一六〇九							唐櫃之際					
慶長十八年	一六一三					内礼堂	外礼堂						
慶長二十年	一六一五										食堂		湯屋
元和三年	一六一七										食堂		湯屋
元和四年	一六一八										食堂		湯屋
元和五年	一六一九											宿所	湯屋
元和六年	一六二〇				礼堂							宿所	
元和七年	一六二一						外礼堂						
元和八年	一六二二	本堂						唐櫃際			食堂		
寛永四年	一六二七						外礼堂						
寛永六年	一六二九		内陣		礼堂						食堂		湯屋
寛永七年	一六三〇		内陣										
寛永八年	一六三一				礼堂之南畳								
寛永十一年	一六三四		内陣										
寛永十三年	一六三六		内陣										
寛永二十一年	一六四四			外陣									
正保四年	一六四七									大床			
正保五年	一六四八					内礼堂	外礼堂						湯屋登廊
慶安二年	一六四九												湯屋
慶安五年	一六五二												湯屋
明暦三年	一六五七									後戸			
万治四年	一六六一										食堂		湯屋
寛文二年	一六六二										食堂		湯屋
寛文三年	一六六三		内陣	外陣									
寛文七年	一六六七		内陣								食堂	宿所	湯屋

表三　修二会修中の罪科とその処置（日記による）

年号	西暦	場所	内容	要因	人名	諸役等
大治六年	一一三一	食堂カ	如法数百反	罪科を糺されかえって諍言	覚印カ	新入・修学者
保延四年	一一三八		出堂	体調不良	戒珎	?
保延四年	一一三八	乗輦	乗輦せしむ	不明	勢鑑	?
保延五年	一一三九		懺悔す	達陀の手順間違い	隆範	呪師
保延七年	一一四一		七日食堂に着かず出堂	腫物で体調不調	有信	?
久安四年	一一四八		食堂以前に退却、練行衆永停止	走の時、観音の宝殿を打ち敷く	維順	新入
承安三年	一一七三		退出	兄死去	玄助	大導師
文治二年	一一八六		呪師解除を加える	入れず	増玄	新入
建久六年	一一九五	乗輿		不浄金剛を脱がず内陣に入る	俊実	?
建久六年	一一九五	乗輿・礼拝	乗輿と食堂評定、しかし礼拝とす	日没五体の手順間違い	俊実	?
貞応三年	一二二四		惣寺衆議により十一日日没以前に出堂	次第を乱す	良慶	?
寛喜四年	一二三二		懺悔	病悩により存命し難し、精進加行の時病人を訪ねる穢	実観	?
貞永二年	一二三三		六日食堂以後日中以前退出	病悩重くなる、別火に穢気物と同宿	長尊	?
貞永二年	一二三三		出堂、後に逝去	腹病二度、不法多々	運性	?
貞永二年	一二三三	乗輦	六日日没以後乗輦	四日日没燭四角火?	弁俊	?
仁治三年	一二四二		退出	母逝去により十三日食堂以後不参	栄円	?
建長三年	一二五一		解除二度、平減せず退出	復中違乱	定重	?
建長四年	一二五二		出堂	親父死去	定重	?
文保三年	一三一九		罷出	違例気出来、その後増大	観舜	和上
元応二年	一三二〇		退出	伯父逝去の穢気	源覚・俊覚	学侶　?・処世界
元応二年	一三二〇	外礼堂	無力次第として、軽過により礼拝を行う／その後の練行衆評定で今後は重科とす	散花行道を欠き殺入、原因穢	寛専	学侶
元応三年	一三二一		退出	病悩気しきり	顕円	法
元亨四年	一三二四			俄に絶え入る、精進中不法	寛専	学侶
正中二年	一三二五		懺悔	後戸で俄に絶え入る、精進中不法	寛専	学侶
嘉暦三年	一三二八		言語道断とされるのみ	俄に絶え入る、原因は汚れた銭を加供に	寛専	学侶
嘉暦三年	一三二八		行わず	十二日の用事の手順間違い	寛専	学侶
嘉暦三年	一三二八	外礼堂	一千返加増して礼拝	香炉につき先規に違う	寛清	学侶

嘉暦三年	一三二八	外礼堂	他の犯課ありて別に行わず	用事の手順間違い	寛専	学侶
嘉暦四年	一三二九	外礼堂	懺悔	十二日日中御行道の時次第を乱す	俊覚	学侶　神名帳
元徳三年	一三三一		懺悔もせず、重科・重過	下々を履きながら内陣に入る、仏前供華す	順詮	中門堂衆　新入　処世界
元弘四年	一三三四		退出	母逝去により	定忠	堂司
暦応四年	一三四一		過去帳　奉納朱唐櫃畢			
康永二年	一三四三	礼堂	退出、懺悔罪障の為上七日礼堂に参籠	腹病、下人の舎兄の死穢による	慶忠	学侶　和上
康永三年	一三四四	外礼堂	七日懺悔の時外礼堂で五千返礼（本座・仏前・内礼堂・外礼堂に一千返加）	六日仏名の時外陣に出て互為加持に遅れる	永賢	中門堂衆
康永三年	一三四四	外礼堂	同前五千返礼す	五日五体の後内陣に入らず用事す	賢済	学侶　神名帳
貞和二年	一三四六		退出	異例の心地	慶忠	学侶（大導師）
貞和二年	一三四六		退出	親父死去	範秀・頼賢・頼印	学侶
観応三年	一三五二		退出［以後死穢の退出は略す］	舎兄死去	順禅・弁公	？
延文二年	一三五七		五千返礼拝す	時導師の香炉を奪う	俊兼	法華堂衆
延文三年	一三五八	内礼堂	千返礼拝、今後は外礼堂・唐櫃際にて	唐櫃にうずくまって壇供を積む	善祐	中門堂衆
延文四年	一三五九	唐櫃際	五千返礼拝す	大導師のまねをする	覚？行兼	禅衆　法華堂衆
貞治三年	一三六四	外礼堂	四千返礼拝す、今後は重科とす	香水桶に中燈盤を落とし香水捨てる	覚舜	？
貞治六年	一三六七		練行衆評定（九日以前）			
貞治七年	一三六八		重科に処し、今後は擯出	次第五体で錯乱	慶海・弁玄	学侶　神名帳・過去帳、学侶
応安七年	一三七四		重科、厳重の告文により許さる	病気を理由に参籠を難渋、理由不分明	行兼・弁実	非練行衆
永和二年	一三七六		重科、厳重の告文により許さる		寛成	？
至徳二年	一三八五	宝前	千返懺悔す	堂司、自連の料紙などの用意せず	専暁	堂司
明徳元年	一三九〇		退出	足損		
明徳三年	一三九二		九月室町殿下向　練行衆内々の評定			
応永十二年	一四〇五	唐櫃際	五千返礼拝	五日荘厳を行っていたところ常燈を消す	光覚	学侶
応永十四年	一四〇七	外礼堂	元応二年例に任せ懺悔	散花の後、行道の刻、本座にて殺入	光盛	学侶　新入
応永十四年	一四〇七	外礼堂	光盛と同過	心身痛悩行道途中で本座に入る	融舜	学侶　神名帳
応永十六年	一四〇九	唐櫃際	応永十二年の例に任せ、五千返礼拝	常燈を消す	良専	法華堂衆
応永十九年	一四一二		退出	達陀水天役で歩行できず	良専	法華堂衆
応永二十四年	一四一七	外礼堂	懺悔	初夜行道の際、本座で絶え入る、精進中心に懸かる事あったと懺悔	盛賢	学侶
応永二十六年	一四一九		呪師、解除す	五日穢に関わって、童子と共に病気	春専	？

年号	西暦	場所	内容	要因	人名	諸役等
応永二十七年	一四二〇	外礼堂	懺悔	異例の気出来し、行道できず	経祐	学侶　新入
応永二十八年	一四二一	外礼堂	懺悔	異例の気出来し、行道できず	経祐	学侶
応永三十三年	一四二六		八日日没以後退出	痢病、長座に絶えず	正恵	学侶　新入　処世界
永享三年	一四三一		御堂を出立	病気日々倍増	覚延	学侶　処世界
嘉吉三年	一四四三	唐櫃際	応永十六年の例に任せ五千返礼拝	常燈を消す	重尋	学侶　処世界
文安元年	一四四四		以後堅く停止	寺外にて別火精進、五日に懺悔す	延超	学侶　神名帳
文安三年	一四四六		退出、練行衆を擯出	初夜の後行道の時、復中煩いにより用事に出る	幸重	学侶　和上
文安五年	一四四八		出堂、練行衆を擯出	半夜の後行道の時、復中煩いにより用事に出る	英豪	学侶　堂司
長禄四年	一四六〇		後年の参籠停止	諸衆整わぬうちに時導師立ち、「和上為満衆帳之外被出了」	重円	学侶　和上
長禄四年	一四六〇	外礼堂・御宝前	外礼堂で千返増と評定、その後古職により御宝前で数返増	和上より遅参	延営	学侶　過去帳
応仁三年	一四六九		厳罰？	しばしば体調不良、童子の穢気と牛玉紙蝕穢の屋から買得	永範	？
文明三年	一四七一			体調不調、その後出堂	順実	呪師
文明五年	一四七三		出堂	九日半夜五体の手順を誤る	顕実	学侶
文明五年	一四七三		擯出・出堂	根本香水を飲用す	行盛	学侶
文明七年	一四七五	外礼堂	礼拝四千返の外、千返増し	十三日初夜上鐘念仏堂の鐘より先に撞く	順友	学侶　処世界　新入
文明九年	一四七七		擯出	六日初夜の五体で内陣に入る手順間違い	宗順	学侶
文明十七年	一四八五	唐櫃際	五千返懺悔	走りの時四角の火を消す	順円	学侶
明応四年	一四九五	唐櫃際	五千返礼拝、今後は擯出	虫気病悩により白飯を食べず粟飯を堂童子に持たせ食べる	実友	学侶　神名帳
明応五年	一四九六	唐櫃際	五千返礼拝	十二日後夜時導師の宝号で声でず	良英	法華堂衆
文亀二年	一五〇二	唐櫃際	五千返礼拝	三日湯屋にて剃髪	祐実	中門堂衆　処世界
文亀二年	一五〇二	唐櫃際	五千返礼拝	七日晨朝散花行道後、四職着座前に鈴振る	剛憲	法華堂衆
文亀三年	一五〇三		参籠を停止すべき、練行衆擯出、その後死去	発病し所作できず、内陣の出入を繰り返す	順円	学侶
永正二年	一五〇五	外礼堂	四千返の外、千返増し	食堂で反吐	英算	学侶
永正三年	一五〇六	外礼堂	四千返の外、千返増し	食堂で反吐	英算	学侶
永正四年	一五〇七		擯出	十二日五体、和上の指示より前に内陣に入る「行法の違乱」	行賀	？

永正七年	一五一〇		司病気につき娑婆会合評定			
永正十三年	一五一六		是非に及ばず	初夜行道途中から病気により叶わず	英海	学侶　大導師
永正十三年	一五一六	唐櫃際	五千返礼拝	掃除の時、常燈を消す	定禅	学侶　処世界　新入
永正十四年	一五一七	御仏前	古練たるにより、御仏前で礼拝	去年、十二日晨朝の和上・呪師掛け合いの宝号、呪師に替って沙汰	長僘	学侶
永正十七年	一五二〇	内礼堂	五日以後、司の不手際を食堂評定により千返礼拝	五日の走りの手順を誤る	浄憲	学侶　新堂司
大永三年	一五二三		用事のついでに出堂、後年参籠を誓う	発病し勤行困難	英秀	学侶　神名帳
天文六年	一五三七		参籠二カ年停止	昨年達多香炉役で内陣外切石に香炉落とす	実雅	学侶
天文八年	一五三九		退出	病起こり、走りの払除の時退出	春祐	学侶
天文十二年	一五四三	外礼堂	千返礼拝	神輿移動を禅徒役ではないと主張	禅徒役	
慶長七年	一六〇二	唐櫃際	三千返礼拝、重科の時は湯銭を出すこととする	七日夜走りの時、御帳をひく堂童子答えず		堂童子・二徳法師カ、堂司真海カ
慶長十四年	一六〇九	唐櫃之際	千返礼拝	去年、十四日日中南座の格子から牛玉杖取る、和上詫言	真快・清秀	中門堂衆
慶長十八年	一六一三	外礼堂	三千返礼拝	内陣へ入る手順を誤る	?	?
慶長十八年	一六一三	内礼堂	千返礼拝	走りの手順誤る	訓秀	学侶　新導師
元和七年	一六二一	礼堂	外礼堂で懺悔すべきを、礼堂に出て二千返すべきだが、故実により千返礼拝	十四日入堂の時、堂司三礼中前を横切り南座に入る	良宥	法華堂衆
元和八年	一六二二	唐櫃際	五千返懺悔	半夜呪師結界の時、腹調を崩し宿所へ下る	実盛	学侶
寛永四年	一六二七	外礼堂	望により三千返礼拝	十二日走りの時、上座より前に落ちる	実寅	法華堂衆
寛永六年	一六二九	礼堂	一同評議により、三千返礼拝	十三日半夜五体の時、和上の指示の前に内陣に入る	英祐	学侶
寛永十五年	一六三八		評議するも懇望により沙汰無し	五日走で宝号終わる以前に落ちる　十四日走りも同様	真快	法華堂衆　和上
寛永十五年	一六三八		評議するも懇望により沙汰無し	堂司の落ち度	実清	学侶　堂司
正保五年	一六四八	外礼堂	三千返礼拝	袈裟失念して上堂	実賢	三論衆　神名帳
正保五年	一六四八	内礼堂	三千返懺悔	法式不守備	浄憲	三論衆　堂司
慶安二年	一六四九		湯銭を課す	湯屋掃除に沙汰無く黒煙を上げる	駈仕力長・堂童子木守	
慶安五年	一六五二		湯銭を課す	夜中に熊野比丘尼呼び入れ乱舞	湯屋役人等	
寛文二年	一六六二		桜木植える	施食の皿、香水荷失念	堂童子二徳	
寛文三年	一六六三		懇望により厳科を除く	風落ちの花餅で荘厳	弁真	法華堂衆

註

（1）山岸常人「二月堂建築空間の変遷とその意義」（『南都仏教』第四八号　昭和五十七年、後に山岸常人『中世寺院社会と仏堂』平成二年　塙書房に補訂して再録）

（2）徳永聖子「史料紹介　「二月堂両堂練行衆日記」第一冊」（『南都仏教』第八九号　平成十九年）

（3）元興寺文化財研究所編『東大寺二月堂修二会の研究』（昭和五十四年　中央公論美術出版）史料篇所収の翻刻による。

（4）筒井英俊校訂『東大寺要録』（昭和四十六年　国書刊行会）による。

（5）山岸常人「東大寺二月堂の創建と紫微中台十一面悔過所」（『南都仏教』第四五号　昭和五十五年　後に前掲註(1)拙著『中世寺院社会と仏堂』に収録）

（6）『続々群書類従』第十一（明治四十年　国書刊行会）による。

（7）佐藤道子氏のご教示による。東大寺地蔵院蔵本。

（8）「二月堂法華堂上棟御祈仁王講請定」（『鎌倉遺文』九〇七九号）

（9）「諸作法記」、「円照上人行状」（『続々群書類従』第三　明治四十年　国書刊行会　所収）

（10）いずれも「日記」当該年条。なお円範は「日記」文和五年条では美濃僧都と呼ばれている。

（11）既に記したように、いくつかの造営は一連の工事であった可能性がある。

（12）長禄三年（一四五九）の奥書を持つ。横道萬里雄「二月堂処世界日記注解―長禄本処世界日記―」（東京国立文化財研究所芸能部編『芸能の科学　芸能論考Ⅰ』昭和四十七年　平凡社）に拠る。

（13）現行では、本座は大導師・和上・呪師と新入（五日のみ）、仏前は衆之一・南衆・北二・南二、礼堂は中燈・権処・処世界となっている。

（14）前掲註(1)拙論

（15）この他に、貞治七年（一三六八）・文安五年（一四四八）・文明五年（一四七三）・永正四年（一五〇七）・永正七年・寛永十四年（一六三七）・寛永二十一年などにも見られる。

（16）練行衆評定の結果は惣寺に申し送る場合があった（「日記」永和二年条）

（17）前掲註(1)拙著において、藤井恵介氏のご教示を得て、その写真と書き起こした図を示し、若干の言及を行った。

（18）近畿地方の実例を一部列記する。霊山寺本堂（弘安六年建立）、松生院本堂（永仁三年）、大福光寺本堂（嘉暦二年）、室生寺本堂（鎌倉後期）、常楽寺本堂（延文五年頃）、鶴林寺本堂（応永四年）、円教寺大講堂（永享十二年）。

二月堂本尊光背図像と観音の神変

稲本泰生

はじめに

奈良時代後期に造立された二月堂の本尊、銅造十一面観音像（大観音）は、二週間の修二会の本行では前半の上七日の本尊となる。大観音はほぼ等身の像だが、周知の通り絶対の秘仏であり、練行衆といえどもその姿を目にすることはできない。その一方でかつてこの像に付属していた舟形光背が別保存されており、現在奈良国立博物館に寄託されている。この光背は頭光部と身光部（図1）からなり、現状は寛文七年（一六六七）の二月堂焼失時に焼け出された断片を復原的に配列したものであるため欠損部があり、また裏面は現状では拓本によってしかみることができないが、表裏全面に様々の図像が線刻されている（図2・3）。本品は奈良朝の金属工芸の名作としてのみならず、数少ない当時の仏教絵画の現存作品として、さらに奈良朝における観音悔過（あるいは十一面悔過）の実態や、当時の仏教理解の全体像などを考える上でも、絶大な価値を有している。

筆者は以前、この光背に描かれた複雑な図相の包括的な解読を試み、私見を発表したことがある（稲本二〇〇三、同二〇〇四。以下特に断らない限り、二〇〇四年の論考を「前稿」と呼ぶ）[1]が、その後の検討からいくつかの重要な補正を加える必要に気づいた。小稿ではその一端を紹介することとしたい。なお二月堂の創建年次については、修二会の創始者とされる実忠の事蹟に対する解釈ともあわせて議論があるが、大観音の造立年代については光背の線刻をその様式から大仏蓮弁よりやや遅れるものとみなし、天平宝字年間（七五七～七六五）頃とする年代設定を、ひとまず支持しておきたい[2]。

一　二月堂光背図像の基本構想
―補陀落山における観音の神変と図中の千手観音の姿をめぐって

二月堂本尊は十一面観音だが、光背身光（小稿では身光の図像のみを問題とする）表側中央には大きく千手観音の姿が描かれている。そこでまず、タイトルにも掲げたこの光背図像全体の主題、また基

図１　東大寺二月堂本尊光背（身光部）（撮影：森村欣司氏）

観音ゆかりの諸仏と、付き従う菩薩たち。

千手観音と五十二仏。『華厳経』に説く、善財童子の善知識訪問の全過程（五十三段階）が、補陀落山の観音との出会い（『華厳経』では第二十八段階）を介して成就することを示す可能性が高い。

補陀落山における観音の神変の場に居合わせた菩薩たちを代表する十四尊。

大悲心陀羅尼を護持する者を護る、三十四尊の眷属群。

図２　二月堂本尊光背　トレース図　身光部表側（作図：中神敬子氏）

三層構成の仏菩薩図。上層・中層は釈迦に関係する過去仏の世界を示すとみられ、下層中央に菩提樹下でさとりを開く釈迦仏をあらわす。

二十二段で表現された天界。上十八段が色界の諸天（梵天など）、下四段が欲界六天中の「空居四天（兜率天など）」にあたる。「地居二天（四天王天と忉利天）」はその下の須弥山図中に組み込まれている。

環状の山脈（鉄囲山《てっちせん》）に囲まれた大海の中に、四大洲（四大陸）が浮かぶ。世界の中央に、七金山で囲まれた須弥山がそびえる。四大陸のうち、南の大陸が我々の住む世界（閻浮提）で、インド亜大陸を思わせる逆梯形に表される。最下部には、地獄図がみえる。

図３　二月堂本尊光背　トレース図　身光部裏側（作図：中神敬子氏）

本構想が「観音の神変」であることを、主たる所依経典となっている伽梵達摩訳『千手経（千手千眼観世音菩薩広大円満無礙大悲心陀羅尼経）』（T二〇・一〇五以下）のストーリーに沿い、改めて確認しておくこととしたい。

舞台は補陀落山観世音宮殿宝荘厳道場。釈尊の説法を聴聞すべく、諸尊が集会した。そのとき諸衆の中にいた観音菩薩が、突然光明を放った。

釈尊は総持王菩薩に光明の主が観音であることを告げた。観音は釈尊の前に進み、大悲心陀羅尼を説きたいと申し出る。観音は遠い過去において、過去仏である千光王静住如来からこの陀羅尼を授かり、同尊から摩頂を受けて「この心呪を持して、未来の悪世の衆生を救済せよ」と未来を託された。すると修行階梯は初地より八地を超え、歓喜の余り「もし私が一切衆生を救うに堪える者であるなら、今すぐ千手千眼を具足せしめよ」と誓言を発した瞬間、千手を具足して千手観音となり、十方の大地が震動し、十方の千仏がことごとく光明を放って観音の身と十方無辺の大地を照らした。これ以降観音は、無量の仏所において重ねてこの陀羅尼を聴き、歓喜して無数の生死を超越した。以来観音は、この陀羅尼を護持していたおかげで常に仏前に蓮華化生として生まれ、胎蔵の身を受けなかった。

観音はいう。「この陀羅尼を受持したい者は、まず衆生に対する慈悲心を起こし、以下の願を発しなければならない（「南無観世音」以下の偈文）。発願後、私の名を唱え、私の師である阿弥陀仏を思い、しかる後に陀羅尼神呪を唱えよ。そうすれば身中の百千万億劫の生死重罪が消滅するであろう」。（以下、陀羅尼の功徳が列挙されたのち、陀羅尼の文言が述べられる）。

観音が陀羅尼を説き終わるや、大地は震動し、天から宝華が降り、十方諸仏は歓喜し、一切の会衆の階位が向上（四沙門果から十地まで）し、無量の衆生が菩提心を発した。

『千手経』の「千手千眼」は観音が過去に現した姿だが、二月堂光背の千手観音の周囲の十四菩薩が、同経所説の補陀落山の釈迦説法を聴聞した、観音以外の十四菩薩に比定されること（稲本二〇〇三）などから、同光背図像が「補陀落山における観音の神変」を表現していることは明白である。個々の図像の意味するところの詳細については前稿を参照されたいが、本図表側には千手観音の周囲に十四体の菩薩、三十四尊の眷属（梵天・帝釈天・四天王と、二十八部衆の原形に相当する二十八尊）、五十二体の坐仏が表現される。裏側は世界図で、最下層に無間地獄（阿鼻地獄）が配され[3]、須弥山図の上方に天界が展開する様子が線刻される[4]。そして表裏とも上部に三層の区画を設けて仏菩薩の図像が表現されている。

前稿で詳述した通り、二月堂光背の図像はすべて『千手経』所説の観音の神変と有機的に関連づけて説明できる。大悲心陀羅尼の力で観音が千手千眼を備え、観音が放つ光明（観音の救い）が全世界を照らし出し、光のうちに諸仏菩薩や眷属の諸尊などが姿を現す様子などが表現されている。ここでは大観音を前に悔過を行った者が、まのあたりにしたいと願った奇蹟の図像化がなされているといえるのであり、神変によって現れる千手観音の姿は、十一面観音たる大観音の秘めた潜在的な可能性を示すものに他ならない。

ところで補陀落山が観音の住処であるという認識については、観音が補陀落山に住まうとする『華厳経』入法界品の記事（『六十華厳』は「光明山」、『八十華厳』は「補怛洛迦山」と表記）との関連がまず注目されるが、奈良朝においてこの認識がかなり一般的であったことは、天平勝宝六年（七五四）三月十五日の日付をもつ大仏殿東曼荼羅（観音像。西曼荼羅は不空羂索観音像）の左縁文にみえる「是以疑神極楽之区、降跡補陀之岫」という対句（『東大寺要録』巻八）や、天平宝字五年（七六一）『法隆寺東院資財帳』にみえる「二副画像補陀落山浄土壹舗」という記載（『大日本古文書』四―五一〇）などが示すとおりであり（長岡二〇〇九）、二月堂光背においても、場所としての「補陀落山」が強く意識されていることを、まずは強調しておきたい。

二月堂光背では、補陀落山の観音が神変によって現す姿として、千手千眼の図像（さらに十一面が加わっている）が表現されているが、次にこの観音の姿が補陀落山において「自在天」の姿で顕現するという信仰と関わりをもつ点に目を向けておきたい。自在天とは大自在天（摩醯首羅天）のことであり、インドの最高神であるシヴァ神に相当する。これがインド現地における信仰に裏付けられ、その情報が唐代の中国にもたらされていたことは『大唐西域記』巻十の、

・『大唐西域記』巻十　秣羅矩吒国「秣剌耶山東有布呾洛迦山。山径危険巖谷敧傾。山頂有池。其水澄鏡流出大河。周流繞山二十匝入南海。池側有石天宮。観自在菩薩往来遊舎。其有願見菩薩者。不顧身命。厲水登山。忘其艱険。能達之者蓋亦寡矣。而山下居人祈心請見。或作自在天形。或為塗灰外道。慰喩其人果遂其願」。　（T五一・九三二a）

という記載から明白である（浅井一九九〇、彌永二〇〇二）。摩醯首羅天は『法華経』普門品に説く、観音の三十三応現身の一つとしても登場し（T九・五六a）、その姿が基本的に三目八臂（騎牛）であるとの説が『大智度論』にみえ、この説は法蔵『華厳経探玄記』でも引用されている。

・『大智度論』巻二「如摩醯首羅天。秦言大自在。八臂三眼騎白牛」。　（T二五・七三a）

・『華厳経探玄記』巻二「三十四摩醯首羅者。依智論此云大自在天。有八臂三眼騎大白牛。知大千界雨渧数。以於大千界中最極自在、更無過故、立名也（下略）」。　（T三五・一三六b）

この像容と法華堂不空羂索観音像の姿の一致（騎牛ではないが、三目八臂である）が注目され、法華堂像にインドにおけるシヴァ信仰の隆盛が名残をとどめていることが指摘されている（浅井一九九〇）が、中国法相宗第二祖の慧沼『十一面神呪心経義疏』には、

・「不空羂索経曰。是観自在菩薩乃現八手而被鹿皮。又曰。千手千眼大自在王十一面観自在菩薩。此菩薩或現大自在天身故、現此身也」。　（T三九・一〇〇四c）

という記事がある。これと完全に適合する記載を不空羂索関連経典中に同定することはできないのだが（彌永二〇〇二）、この記事が唐

代における変化観音信仰の、状況の一端を反映していると解することは許されると思われる。法華堂本尊が三目八臂の姿をとることも、現存する不空羂索関連経典中に典拠を見出すことはできないものの、かかる情報が唐から伝えられていたことに基づくと考えて差し支えなかろう。また右の『義疏』の「千手千眼大自在王十一面観自在菩薩」という名称を説く一節は、三目八臂だけでなく、観音の「千手千眼十一面」の姿も摩醯首羅天と同じであると、慧沼周辺で考えられていたことを物語る文言といえるだろう。「十一面」千手千眼観音は二月堂光背中の千手観音の姿にも一致するものであり、これも「補陀落山に摩醯首羅天の姿で顕現する観音」を意識した図像と考えてよかろう[5]。さらに『千手経』所説の大悲心陀羅尼の文言の大部分がシヴァ信仰に由来するものであることも、先行研究に指摘されるところである（坂内一九八一、彌永二〇〇二）。

以上述べたところから、「補陀落山における神変によって生じた観音の姿」を表したと考えられる本図表側中央の千手観音像（及び法華堂本尊も）の上には、インドで流行し、唐にもその情報が流れていた摩醯首羅天信仰が深い影を落としていることを、改めて確認することができるだろう[6]。ただし本図に描かれた千手観音（などの変化観音）と摩醯首羅天の関係については、その姿の共通性だけでなく、場としての「摩醯首羅天」との関わりからも注目する必要があると考える。この問題は前稿でも取り上げたが、理解に明瞭さを欠く部分もあったので、次節で改めて要点を整理し、再説することとする。

二　天界中の摩醯首羅天（大自在天）とはどのような場所か

摩醯首羅天の居場所、ないし場としての摩醯首羅天について考えるにあたり、まず目を向けておかねばならないのは『華厳経』及び『十地経論』の以下の記載である。

・『華厳経』（六十華厳）巻二十七・十地品「佛子。是名菩薩摩訶薩第十法雲地。菩薩住是地、多作摩醯首羅天王」。（T九・五七四c）

・『十地経論』巻一「二種利益者。現報利益、受仏位故。後報利益、摩醯首羅智処生故。如経正受一切仏位故。得一切世間最高大身故」。（T二六・一二五c）

前者は第十地の菩薩が多く摩醯首羅天の姿となることを説くもので、法華堂本尊の像容との関係で、以前から注目されてきた記載（浅井一九九〇）である。菩薩の修行階梯として最もよく知られる五十二位説では、十地の上にさらに等覚・妙覚という階位が加わるのだが、「仏位を受ける」ことと「摩醯首羅智処に生ずる」ことを表裏一体の関係として説く後者の記事は、摩醯首羅天が十地の菩薩と仏の接点をなすとの認識が存在したことを物語る。他方、色界の頂上に「菩薩行を完遂した結果成仏を遂げた仏（報身仏、他受用身）の居場所すなわち浄土（報土、他受用土）」があるという、「菩薩の色頂成仏説」が存在し、これを明確に説く仏典の記載として、以下のような事例を挙げることができる。

・『大乗起信論』「又是菩薩、功徳成満、於色究竟処、示一切世間最高大身。謂以一念相応慧、無明頓尽、名一切種智。自然而有不思議業、能現十方、利益衆生」。　（T三二・五八一b）

・元暁『起信論疏』巻下「初中言功徳成満者、謂第十地因行成満也。色究竟処示高大身、乃至一切種智等者。若依十王果報別門、十地菩薩第四禅王。在於色究竟天成道。則是報仏他受身。如十地経摂報果中云。九地菩薩作大梵王、主二千世界。十地菩薩作魔醯首羅天王、主三千世界。楞伽経言。譬如阿梨耶識。頓分別自心現身器世界等。報仏如来如是。一時成就諸衆生界。置究竟天浄妙宮殿修行清浄之処。又下頌言。欲界及無色、仏不彼成仏。色界中上天、離欲中得道」。　（T四四・二二〇c）

『起信論』及び新羅の元暁による同論の疏では、十地の菩薩が成道する場所について「色究竟処」「色究竟天」という表記がなされているが、この「色究竟天」は色界最上部に位置する、五浄居天の最高天の名称に他ならない。そこでこの色究竟天と摩醯首羅天がどのような関係にあるのかについて、改めて所見を述べたい。

色界の構造とその図化の問題は、二月堂光背線刻図だけでなく、大仏蓮弁線刻図[7]（図4）の研究史上においても長らく重大な論点となってきたが、両図に図化された諸天の内訳については筆者が前稿で示した解釈によって、すでに解決済みである。色界の構造に関する主要仏典の説は、別表（六二～三頁）を作成したので、併せて参照されたい。両図には二十二層で天界の図像が表現されているが（ただし大仏蓮弁の場合、この上に何も描かれない三層が付加され、計二十五層となっている[8]）、これは欲界六天（名称はひとまず『倶舎論』による。下から順に四天王衆天、三十三天、夜摩天、覩史多天、楽変化天、他化自在天）の空居の四天（夜摩天以下）の上に色界十八天を表したものである。結論のみを示せば、両図に図化されている色界の十八層は、下から順に初禅の三層（梵衆天・梵輔天・大梵天）、第二禅の三層（少光天・無量光天・極光浄天）、第三禅の三層（少浄天・無量浄天・遍浄天）、第四禅の九層（無雲天・福生天・広果天の三天、ついで無想天、そのさらに上に無煩天・無熱天・善現天・善見天・色究竟天の五浄居天）に比定される[9]。これは唐代の仏教類書『法苑珠林』に掲げられる色界十八天説に一致し、色界に対する当時の最大公約数的な理解に対応しているとも考え得る。

・『法苑珠林』巻二「第二色界有十八天者。初禅有三天。一名梵衆天。二名梵輔天。三名大梵天。此大梵天無別住処。但於梵輔有層台高顕厳博。大梵天王独於上住。以別群下於此。三天之中梵衆是庶民。梵輔是臣。大梵是君。唯此初禅有其君臣民庶之別。自此已上悉皆無也。二禅之中有三天。一名少光天。二名無量光天。三名光音天。第三禅中亦有三天。一名少浄天。二名無量浄天。三名遍浄天。第四禅中独有九天。一名福生天。二名福愛天。三名広果天。四名無想天。此無想天亦無別所。但與広果同階別処、以是外道所居故、分二種別名也。五名無煩天。六名無熱天。七名善現天。八名善見天。九名色究竟天。亦名阿迦膩吒天名色界合有十八天。第三無色界中有四天。一名空処天。二名識処天。三名無所有処天。四名非想非非想処天。是名三界総

図４　東大寺大仏蓮弁線刻図（作図：宮原柳僊氏）

有三十二種天也。問曰。未知此三十二天幾凡幾聖。答曰。二唯凡住。五唯聖住。自余二十五天凡聖共住。所言二唯凡住者。一是初禅大梵天王。二是四禅中無想天中。唯是外道所居。問曰。何故此二唯凡住耶。答曰。爲大梵天王不達業因。唯説我能造化一切天地人物。恃此高慢軽蔑一切聖人。故不與居。又無想天中唯是外道修無想定以生其中。受五百劫無心之報。外道不達謂為涅槃。受報畢已必起邪見来生地獄。以是義故。一切聖人亦不生中也。所言五唯聖人居者。謂従広果已上無煩無熱等五浄居天。唯是那含羅漢之所住也。縦凡生彼天者要是進向那含身。得四禅発於無漏起熏禅業。或起一品乃至五品。方乃得生。凡夫無此熏禅業故不得生也。若言那含生彼理則無疑（下略）」。

（T五三・二八二c）

ところで摩醯首羅天については、『華厳経』（六十華厳）巻一の「摩醯首羅天等の無量の浄居天」（T九・三九七a）という記載や、法蔵『華厳経探玄記』巻九の、前出の『十地経論』の「摩醯首羅智処」の語を釈した箇所における、

・「摩醯とは此に大と云い、首羅とは此に自在と云う。智処に四義有り。（中略）二には此処に五那含天あり、是れ聖人の所生の処なり。聖人は智に勝るが故に智処と云う」。

（T三五・二八四a）

という記載が示すように、これを「浄居天の一種」とみなし、五那含天（五浄居天）の中に含まれるとする解釈が存在したことがわかる。その一方で浄居天を超えた場所にあるとする『大智度論』『瑜伽師地論』等の記載があり、この矛盾が論議の対象になったものと推定される。

・『大智度論』巻九「問曰、何以故、名為浄居天梵世天。答曰、第四禅有八種。五種是阿那含住處、是名浄居。三種凡夫聖人共住。過是八處、有十住菩薩住処、亦名浄居、号大自在天王。梵世天者生処有三種。一者梵衆天、諸小梵生処。二者梵輔天、貴梵生処。三者大梵天、是名中間禅生処。問曰、離欲是同、何以故有貴賤異処。答曰、初禅三種、下中上。若修下禅生梵衆、若修中禅生梵輔、若修上禅生大梵。」

（T二五・一二二c）

・玄奘訳『瑜伽師地論』巻四「復次色界有十八処。謂梵衆天、梵前益天、大梵天、此三、由軟中上品熏修初静慮故。少光天、無量光天、極浄光天、此三、由軟・中・上品熏修第二静慮故。少浄天、無量浄天、遍浄天、此三、由軟・中・上品熏修第三静慮故。無雲天、福生天、広果天、此三、由軟中上品熏修第四静慮故。無想天、即広果摂、無別処所。復有諸聖住止不共五浄宮地。謂無煩、無熱、善現、善見、及色究竟、由軟・中・上・上勝・上極品熏修第四静慮故。復有超過浄宮大自在住処、有十地菩薩。由熏修第十地故、得生其中」。

（T三〇・二九五a）

そして色頂に成仏する菩薩の報土たる摩醯首羅天が「浄居天の上」「色究竟の上」にあるとする『瑜伽論』等の説は、唐代中国の法相学者の間で特に重視された。ここでは大乗基（慈恩大師）の解釈を掲げておく。

・慈恩大師基『大乗法苑義林章』巻七・仏土章「瑜伽の第四に云く、復た浄居を超過せる大自在の住処有りて、十地の菩薩有り。極めて第十地を熏修するに由るが故に其の中に生ずることを得と。即ち華厳に云く、妙浄土有り。三界を出過せり。第十地の菩薩其の中に生ずべしと。亦即ち十地に云はく、現報利益仏位を受くるが故に。後報利益摩醯首羅地処に生ずるが故に。梵に摩醯首羅と云う。即ち瑜伽に云う所の大自在なり。第十地の菩薩なり。第十地の菩薩将に成仏せんとする時、色究竟の上に行き、大宝蓮華に坐し、正覚を成ずるが故に、此の土を感得す。既に成仏し已れば、土便ち無辺なり。便ち別処無し」。

（T四五・三七〇a）

・同「第六処所者、其法性土即真如理。無別処所。自受用土亦充法界、更無別処。他受用土、仏地経言、超過三界所行之処。彼論釈言、非三界愛所執受故。離相応所縁二縛随増、言超過三界。故是道諦、善性所摂。彼有三釈。有義各別。有処説在浄居天上、有処在西方等故。有義同処。浄土周円無有辺際。遍法界故。如実義者、自受用土、周遍法界、無処不有。不可説言離三界処即三界処。若他受用土、或在色界浄居天上、或在西方等、処所不定」。

（T四五・三七一b）

さらにこれと関連して重要なのは、『華厳経』と並んで大仏及び大仏蓮弁が所依経典としている『梵網経』が、摩醯首羅天を説処としている点である。

・『梵網経』巻上「爾時釈迦牟尼仏、第四禅地中摩醯首羅天王宮、與無量大梵天王不可説不可説菩薩衆、説蓮華台蔵世界盧舎那仏所説心地法門品。是時釈迦身放慧光所照。従此天王宮乃至蓮華台蔵世界、其中一切世界一切衆生、各各相視歓喜快楽（下略）」。

（T二四・九九七b）

『梵網経』は中国成立の疑経だが、大乗菩薩戒を説く最重要経典の一つであり、その点からみても摩醯首羅天という舞台設定が、報身仏及び十地の菩薩の居場所であることを意識して受容（恐らく成立時からそうだったと思われる）されたであろうことは想像に難くない。ところで大仏蓮弁・二月堂光背とも、層状に表現される天界の上に、諸菩薩に囲繞された仏の姿を表現している。大仏蓮弁の最上部に大きく描かれた仏菩薩図が、『梵網経』に基づく摩醯首羅天における仏の説法を表していることは以前から指摘され、筆者も前稿での検討で、これを疑いの余地がないと考えるに至った[10]。したがって摩醯首羅天は空間上の位置においては、十地の菩薩や仏の住まう場所として特別視され、層状の天界中には描かれず、これを超えた場所に表現されていることになる。これは摩醯首羅天を「浄居天中に含まれる」とする前掲の『華厳経』の所説と整合しない。単純に考えればこの部分の図像化にあたっては『華厳経』よりも『梵網経』が優先されたということになるのだが、同様の天界表現をもちつつも盧舎那仏と直結する図像とはいえない二月堂光背の解釈も視野に入れるならば、より大きな背景として考えておかねばならないのは、中国の法相学者と華厳学者の間にみられる、「色頂成仏」説に対する評価の温度差の問題である。法相系の『瑜伽師地論』及び法相学者による注釈書でこの説が重視され、摩醯首羅天が浄居天を超えた場所にあると考えられていたことは先に引用した諸書の記載から一目瞭然であり、これは両図の表現とも完全に整合する（二月堂光背の場合、色界図像の上に描かれた仏の浄土は、必ずしも摩醯首羅天における説法の様子を表現している訳ではないが、少なくともその色界諸天との位置関係が、色頂成仏説を踏まえたものであることは疑いないであろう）。その一方で中国華厳宗の大成者である法蔵は、『探玄記』における『十地経論』の「摩醯首羅智処」を釈した箇所で「此是世間中最高勝処」と述べながらも（T三五・二八四b）、摩醯首羅天における成仏を「実報にあらず」「始教の説」とし、これを仏の究極の姿とみなしていない。

・法蔵『華厳五教章（華厳一乗教義分斉章）』巻三「其の釈迦佛の随他受用の実報の浄土は、或いは摩醯首羅天に在り、化身は百億の閻浮提に充満す、是れ所化の分斉なりと説くことあり。梵網経及び対法輪等に説くが如し。当に知るべし。此れは始教に約して以て説く（略）。下もに随って説かざるを以ての故に、娑婆は唯だ是れ化なることを顕さんが為の故に、是の故に当に知るべし、色頂の身も亦た実報にあらず」。

（T四五・四九七c～四九八a）

この記載が、大仏や二月堂光背の背後にある思想が、法蔵らの華厳教学を直接反映したものではなく、華厳・法相両者の融和の上に成立している新羅の祖師の説の影響が濃厚であったという考えに傾かせる要因ともなっていることは、前稿でも述べた通りである。前節で引用した玄奘の旅行記である『西域記』に、補陀落山における観音が自在天の姿で顕現することが語られている点や、法相宗第二祖の慧沼によって（十一面）千手千眼観音と摩醯首羅天の像容の照応関係が説かれていることも考え併せると、二月堂光背の図像の上に中国の法相学者の考えが入り込んでいることは、やはり認めざるを得ないと思われる。また二月堂光背の千手観音と世界図の関係は、観音が引き起こす神変によって放たれる光明が全世界にゆきわたる様子を表現したものと説明できるが、そこに前引の『起信論疏』などにいう「三千世界を主る摩醯首羅天」というイメージが重層している可能性もあろう。

東大寺前身寺院に冠せられた「金鍾寺」「金鍾山房」という寺号が、『六十華厳』の第十地＝法雲地を説く箇所に登場する「金鍾」（転輪聖王が王子に灌頂する際の香水を入れる容器）に由来することは、かねてから注目される通りだが（浅井一九九〇、森本二〇〇三）、ともあれ以上述べた諸点は、奈良時代の東大寺及びその前身寺院における変化観音信仰の隆盛が、多面多臂の姿の新奇さや効験の大きさに対する関心のみに起因するのではなく、菩薩の修行とその成就をいかに体系づけるかという問題についての、厚みある教学理解に裏付けられていたことを、雄弁に物語っていよう。

三　色界図像の再検討
―五浄居天と無想天の発心をめぐって

以上二節で展開した考察をふまえ、次に二月堂光背の色界図像のもつ意味を再検討し、今回新たに得た知見を提示することとしたい。既に前稿で指摘したが、二月堂光背の十八層で表された色界図像中の天人の頭飾は、原則として上の六層とそれ以下の十二層（および欲界の四層を加えた計十六層）の間で形式が異なっており、上の六層のみ頭上の化仏が表されない[11]（図5）。

では、この化仏の有無は一体何を意味するのだろうか。天界の空間上における色界諸天の位置関係は、元来禅定のレベルの高低に対応するという仕組みをもつ。前稿では化仏のない六層が「五浄居天プラス一天」に相当すると考え、プラスされうる一天が摩醯首羅天か第四禅中の無想天かで考えを巡らした結果、無想天であるという判断に至った（これは正解であった）が、五浄居天と無想天が一括りにされ、この六天に化仏が付されていない理由については、明確な理解に到達することができなかった。六天のうち無想天は外道が涅槃処とする場所（真のさとりの場所ではなく、前引の『法苑珠林』に「ここに生じた者は邪見を起こして次の生で地獄に堕ちる」と記されるなど、負のイメージが強い）とされ、色界の諸天の中でもきわだって特別の扱いを受ける存在だが（六四‐六五頁の表参照。なお『華厳経』には無想天は登場しない）、これと五浄居天の間に、どのような共通項があるのか。

・『阿毘達磨倶舎論』巻八「此欲界上処有十七。謂三静慮処各有三。第四静慮処、独有八。器及有情総名色界。第一静慮処有三者。一梵衆天、二梵輔天、三大梵天。第二静慮処有三者。一少光天、二無量光天、三極光浄天。第三静慮処有三者。一少浄天、二無量浄天、三遍浄天。第四静慮処有八者。一無雲天、二福生天、三広果天、四無煩天、五無熱天、六善現天、七善見天、八色究竟天（下略）」。（T二九・四一a）

・同巻五「無想有情居在何処。居在広果。謂広果天中有高勝処、

図5　二月堂本尊光背　トレース図　色界諸天（作図：中神敬子氏）

『菩薩瓔珞本業経』巻上（T24・1011）	『華厳経』（六十華厳）巻12（T9・477）	『華厳経』（六十華厳）巻13（T9・480）	『華厳経探玄記』巻7（T35・236）	義寂『菩薩戒本疏』巻上による『梵網経』「十八梵」の解釈（各天の名称は列挙せず。T40・663）	大賢（太賢）『梵網経古迹記』巻下本による『梵網経』十八梵の解釈（各天の名称は列挙せず。T40・702）
①梵天	①梵身天	①梵身天	〈総〉梵眷属天	①梵衆天	①梵衆天
②梵衆天	②梵輔天	②梵輔天	①梵身天	②梵輔天	②梵輔天
③梵輔天	③梵眷属天	③梵眷属天	②梵輔天	③大梵天	③大梵天
④大梵天	④大梵天	④大梵天	③大梵天		
⑤水行天	⑤光天	⑤光天	〈総〉光天	④少光天	④少光天
⑥水微天	⑥少光天	⑥少光天	④少光天	⑤無量光天	⑤無量光天
⑦水無量天	⑦無量光天	⑦無量光天	⑤無量光天	⑥極光浄天	⑥極光浄天
⑧水音天	⑧光音天	⑧光音天	⑥光音天		
⑨細(約)浄天	⑨浄天	⑨浄天	〈総〉浄天	⑦少浄天	⑦少浄天
⑩無想(相)天	⑩少浄天	⑩少浄天	⑦少浄天	⑧無量浄天	⑧無量浄天
⑪遍浄天	⑪無量浄天	⑪無量浄天	⑧無量浄天	⑨遍浄天	⑨遍浄天
⑫浄光明天	⑫遍浄天	⑫遍浄天	⑨遍浄天		
⑬守妙天	⑬密身天	⑬密身天	〈総〉密身天	⑩無雲天	⑩無雲天
⑭最妙天	⑭少密身天	⑭少密身天	⑩少密身天	⑪福生天	⑪福生天
⑮極妙天	⑮無量密身天	⑮無量密身天	⑪無量密身天	⑫広果天	⑫広果天
⑯福果天	⑯密果天	⑯密果天	⑫密果天	★⑬無想天	★⑬無想天
⑰果勝天					
⑱大浄天	⑰不煩天	⑰無煩天	⑬無煩天	⑭無煩天	⑭無煩天
	⑱不熱天	⑱無熱天	⑭無熱天	⑮無熱天	⑮無熱天
	⑲善現天	⑲善現天	⑮善現天	⑯善現天	⑯善現天
	⑳善見天	⑳善見天	⑯善見天	⑰善見天	⑰善見天
	㉑色究竟天	㉑阿迦尼吒天	⑰阿迦尼吒天	⑱色究竟天	⑱色究竟天
	巻一「摩醯首羅天等の無量の浄居天」。巻二十七「菩薩住是地（第十法雲地）、多作摩醯首羅天王」。	同左	巻2の『十地経論』の「摩醯首羅智処」を釈した箇所で、「五那含天に含まれる」と考える。「世間の中の最高の勝処」。が、法蔵『華厳五教章』巻3は摩醯首羅天における成仏を「始教の説」、色頂の身は「実報にあらず」とする。		
	言及なし	同左		五浄居天とともに菩薩戒を受ける	五浄居天とともに菩薩戒を受ける

付表　色界諸天に関する諸説

	大仏蓮弁と二月堂光背（名称は倶舎論による）	『阿毘達磨大毘婆沙論』巻136（T27・702）	『阿毘達磨倶舎論』巻8（T29・41）	『大智度論』巻58（T25・473）	『大智度論』巻65（T25・515）	『瑜伽師地論』巻4（T30・295）
初禅	①梵衆天	①梵衆天	①梵衆天	①梵衆天	①梵身天	①梵衆天
	②梵輔天	②梵輔天	②梵輔天	②梵輔天	②梵輔天	②梵前益天
	③大梵天	③大梵天	③大梵天	③梵會天	③梵衆天	③大梵天
				④大梵天	④大梵天	
第二禅	④少光天	④少光天	④少光天	⑤光天	⑤光天	④少光天
	⑤無量光天	⑤無量光天	⑤無量光天	⑥少光天	⑥少光天	⑤無量光天
	⑥極光浄天	⑥極光浄天	⑥極光浄天	⑦無量光天	⑦無量光天	⑥極浄光天
				⑧光音天	⑧光音天	
第三禅	⑦少浄天	⑦少浄天	⑦少浄天	⑨浄天	⑨浄天	⑦少浄天
	⑧無量浄天	⑧無量浄天	⑧無量浄天	⑩少浄天	⑩少浄天	⑧無量浄天
	⑨遍浄天	⑨遍浄天	⑨遍浄天	⑪無量浄天	⑪無量浄天	⑨遍浄天
				⑫遍浄天	⑫遍浄天	
第四禅	⑩無雲天	⑩無雲天	⑩無雲天	⑬無蔭行天	⑬阿那婆伽天	⑩無雲天
	⑪福生天	⑪福生天	⑪福生天	⑭福徳天	⑭得福天	⑪福生天
	⑫広果天	⑫広果天	⑫広果天	⑮広果天	⑮広果天	⑫広果天
	★⑬無想天	★⑬無想天			★⑯無想天	
第四禅五浄居天	⑭無煩天	⑭無煩天	⑬無煩天	⑯無誑天	⑰阿浮呵那天	⑬無煩天
	⑮無熱天	⑮無熱天	⑭無熱天	⑰無熱天	⑱不熱天	⑭無熱天
	⑯善現天	⑯善現天	⑮善現天	⑱妙見天	⑲快見天	⑮善現天
	⑰善見天	⑰善見天	⑯善見天	⑲憙見天	⑳妙見天	⑯善見天
	⑱色究竟天	⑱阿迦膩瑟搋天	⑰色究竟天	⑳色究竟天	㉑阿迦尼吒天	⑰色究竟天
摩醯首羅天（大自在天）の扱い	十八層のさらに上に仏の報土＝大自在天として表現。十八層には含まれず。			巻九。第四禅の八処（うち五つは五浄居天）を過ぎたところに十住菩薩の住処あり。「亦名浄居、号大自在天王」。	同左	浄居天（浄宮）を超えたところに「大自在住処」があり、十地の菩薩がいる
無想天の扱い	色界中の一層として表現		巻五に言及。広果天に含まれ、別に処所なし。			無想天、広果に含まれ、別に処所なし

如中間静慮、名無想天」。　（T二九・二四b）

右に挙げた一節が示すとおり、無想天は『倶舎論』では広果天に含められており、また前引の『瑜伽論』巻四にも「無想天、即広果摂、無別処所」という文言がある。図化に際しては二月堂光背・大仏蓮弁ともこうした規定が厳密に適用されず、無想天はその特殊性に鑑みて独立した一層として表現されているが、場所としての無想天と五浄居天に対する経論の規定は、先に引いた『大智度論』巻九の「第四禅有八種。五種是阿那含住處、是名浄居。三種凡夫聖人共住」という文言や『法苑珠林』の記載などを総合すると、ひとまず以下のようなものであったと、まとめることができる。

①無想天はただ「凡」のみが住まう。広果天と「同階別処」だが、外道のみが居る所なので、別の名が与えられている。ただし『瑜伽論』の説では、広果天に含まれ、「別の処所なし」とされる。

②五浄居天はただ「聖」のみが住まう場であり、五那含天の別称がある。那含のほかに「羅漢も住まう」とする場合もある。

五浄居天の別称である「五那含天」の「那含（阿那含）」とは、部派仏教の修行体系である「四向四果（預流向・預流果・一来向・一来果・不還向・不還果・阿羅漢向・阿羅漢果）」において、もう二度と人間界に転生しない「不還果（阿那含果）」を証した聖者のことである。天界においては最も高い場所を占め、一見高い境地を表しているかのようにみえるのだが、大乗仏教ではあくまで小乗の聖者の域に留まる存在とされ、低い地位が与えられる。この点を考慮すると、六天に化仏がないことは、その境地において下層の諸天より劣っていることを示すものではないか、という展望が得られることになる。すなわち「小乗の聖者の居場所」に「外道の涅槃処」を加えた六天が、大乗の菩薩の居場所より劣っているという図式を示したものと考える訳であり、例えば『八千頌般若経』第十一章の以下の一節などが、解釈に見通しを与えてくれる。

（前略）スプーティよ、菩薩大士は、声聞乗によって修行する人々や独覚乗によって修行する人々が学ぶようには学ぶべきではないからである。では、スプーティよ。声聞乗によって修行する人々や、独覚乗によって修行する人々は、どのように学ぶのであろうか。スプーティよ、彼らにはつぎのような考えが浮かぶのである。『われわれは自分ひとりだけをならそう。われわれは自分ひとりだけを鎮めよう。われわれは自分ひとりだけを完全に涅槃させよう』と。そして、彼らは自分だけの訓練、静寂、完全な涅槃のために、すべての善根を積む努力をはじめるのである。けれども、スプーティよ、菩薩大士はこのように学んではならない。（中略）それらの（声聞や独覚の階位を讃える諸経典の。筆者注）なかには菩薩乗はほめたたえられていないで、ただ自分たちの訓練、静寂、完全な涅槃を説き、瞑想のための隠退を説いている。『私が預流果を得ますように、私が一来果を、不還果を、阿羅漢たることを得ますように。この世間において、もはや執着することなく、多くの汚れから心を解き放して（その心を）完全に消滅（涅槃）させよう』といわれている。こういうことこそが、声聞や独覚の階位に相応しているということである。しかし、菩薩大士たちはこのように心を発してはならない（下略）」。

（梶山一九七六）

ここには大乗の菩薩の優越性が明確に説かれているが、このほど「六天に化仏がないこと」の、より直接的な典拠を見出すに至った。それは『成唯識論』巻七の、浄居天上の大自在宮（摩醯首羅天宮）における成仏（つまり色頂成仏）に言及したあとにいう「然五浄居無迴趣者。経不説彼発大心故」（T三一・四〇b）という文言と、これに対する中国の法相学者の解釈である。

・慈恩大師基『成唯識論述記』巻七末「論。然五浄居至発大心故。述曰。此簡色界地有迴不迴者。由経不説彼五浄居発大心故。以下諸地発理無違。約処爲言。唯五浄居全無発者。此言経者大般若説。今第二会。当旧大品第十五巻。今大般若第一会第一百二十六云。（中略）此三千大千世界所有四天王天。乃至他化自在天已発阿耨多羅三藐三菩提心者。恒来是処観礼読誦。乃至広説。合掌而去。所有梵衆天。乃至広果天已発無上菩提心者。恒来是処。乃至広説。合掌而去。所有浄居天。謂無繁天。乃至色究竟天。亦恒来此観礼読誦如是般若。乃至広説。合掌而去。（中略）余処皆言発菩提心者。於浄居処不説発心。故知色界亦有聖者発向大心。唯除浄居。経不言有発大心者故。若前師解此文者。此言広果諸以下天説発心者。拠異生説。非是有学。不爾浄居有何別因独無迴心者。第二師云。一以経証。二亦由理。若生浄居必不生上。亦不迴心。取涅槃近。耽寂心堅。化必難得。故無迴者。二理既斉。其文共会。諸有智者取捨随情。（中略）因論生論。其浄居上有実報土。第十地居。為三界処為不爾耶。仏地論説。此他受用身所居浄土。為第十地諸菩薩等説法処故。即色究竟天摂。以極勝処浄居不知亦不至彼。是故経云有妙浄土出過三界第十地菩薩当生其中是也」。

（T四三・四九八c～四九九b）

『成唯識論』及び大乗基の注釈書で問題とされているのは、『大般若経』巻百二十六の諸天の集会を説く箇所において、欲界諸天と、色界諸天のうち五浄居天を除く十六天（これは当時の解釈では実質十二天とみなされていたと考えられる。ここには無想天への言及はない[12]）について、「已発阿耨多羅三藐三菩提心者、恒来是処」という文言が付されるのに対し、五浄居天については「亦恒来此」と述べられるのみで、発心に関わる文言がみえない点である。

・『大般若波羅蜜多経』巻百二十六「所有梵衆天・梵輔天・梵会天・大梵天・光天・少光天・無量光天・極光浄天・浄天・少浄天・無量浄天・遍浄天・広天・少広天・無量広天・広果天、已発阿耨多羅三藐三菩提心者、恒来是処。（中略）所有浄居天、謂無繁天・無熱天・善現天・善見天・色究竟天、亦恒来此」。

（T五・六九三a）

以上の検討から、二月堂光背の諸天の図像における化仏が、発心しているか否かを示す標識に他ならないこと、そしてこれをもたない五浄居天に無想天を加えた六天が、大乗仏教における序列では、下層の諸天より劣る存在として描き出されていることが判明する。
またこの図相が法相学者による『成唯識論』解釈を受けて成立していることも、ほぼ疑いを容れないところである。大乗基は「若し浄居に生ずれば、必ず上に生ぜず。亦迴心せず」と断言しており、浄居天の成仏の可能性を否定する。法相系の教学では、色頂成仏説と整合性を持たせるためにも、摩醯首羅天は浄居天を突き抜けた、より上の場所に存在せねばならないと考えられていたことがよくわかる。これは前節で述べた、大仏蓮弁と二月堂光背における仏の居場所と層状に表現された色界諸天の位置関係（ただし大仏蓮弁の天界中の諸天の頭部には、化仏の表現はない）にも適合し、七世紀後半〜八世紀初の中国における変化観音信仰が主に法相学者の間で相承されたこと、そして千手観音の姿を摩醯首羅天の姿に関連づけて説明する前引の慧沼『十一面神呪心経義疏』の説明も考慮すると、両図特に二月堂光背の世界図が、中国の法相教学に基づく内容を濃厚に留めている可能性は、さらに高まることになろう。

しかしながらここで大きな問題として浮上してくるのが、以下に引く『梵網経』の「十八梵天の受戒」を説く一節と、この図相の関係である。

・『梵網経』巻下「爾時釈迦牟尼仏。初坐菩提樹下成無上覚。初結菩薩波羅提木叉。孝順父母師僧三宝。孝順至道之法孝名為戒亦名制止。仏即口放無量光明。是時百万億大衆諸菩薩。十八梵天六欲天子十六大国王。合掌至心聴仏誦一切仏大乗戒。仏告諸菩薩言。（中略）仏子諦聴。若受仏戒者。国王王子百官宰相。比丘比丘尼。十八梵天六欲天子。庶民黄門婬男婬女奴婢。八部鬼神金剛神畜生乃至変化人。但解法師語。尽受得戒」。

（T二四・一〇〇四b）

・『梵網経』巻下「仏言。仏子。與人受戒時。不得揀択一切国王王子大臣百官。比丘比丘尼信男信女婬男婬女。十八梵天六欲天子無根二根黄門奴婢。一切鬼神。尽得受戒」。（同一〇〇八b）

ここでは「十八梵天」「六欲天子」が菩薩戒を受けたことが、明確に述べられている。十八梵天は色界十八天を指し、これは大仏蓮弁及び二月堂光背の色界十八層に完全に一致する。この内訳の比定は前稿でも行ったが、その際に引用した新羅の祖師（特に入唐して華厳宗二祖の智儼に華厳を学び、法蔵の法兄となった義湘の弟子・義寂と、唯識学の大家としての顔をもつ大賢〈太賢〉）が著した『梵網経』の注釈書に掲げられた解釈に、再度注目したい。それぞれ原テキストがあるが、今回は便宜上東大寺の凝然の『梵網戒本疏日珠鈔』巻八の以下の一節を掲げ、そこに併記されている両人の解釈（対応箇所は義寂『菩薩戒本疏』巻上のT四〇・六六三a〜b、大賢『梵網経古迹記』のT四〇・七〇二c）をみておきたい。

「十八梵者。寂云色界天也。何者十八。一云下三各三九。第四亦有九。謂無雲等三。無想五浄居。無想既許初後有心。客有発心受菩薩戒。経説浄居下来受仏記。故知亦有発心受戒。有云別有十八梵天。無想五浄不入其数。如本業経列色天衆。謂梵天・梵輔天・大梵天。此四是初禅天。水行天・水無量天・水音天。此四是二禅天。細浄天・無想天・遍浄天・浄取光明天。此四是三禅天。守妙天・最妙天・極妙天・福果天・果勝天・大淨天。

此六是四禅天。已彼文。大賢師云。十八梵者色界衆也。謂三浄慮各有三天。第四有九故。無想初後許有心故。善戒経云。要先発菩提心方得受菩薩戒。如何浄居亦得受戒。有説十八言総意別。如比丘名六群。有説。除無想浄居別有十八梵。如本業経。下三浄慮各有四天。第四六故。有説。據実亦有成仏。然唯識論総成色界有迴心已。帝述来建立迴向菩提声聞教云。若依般若不発大心。即五浄居無迴心者。不謂了義亦無迴心。已上。此中浄居総有三説。大賢所用即第三説。即同義寂法師解釈。本業経中別十八梵。若如所引師所解者其義応爾。然元暁師疏中所釈與所引師其義全別。故彼疏云。果勝天者。合不煩等五浄居天業同福果天而果勝彼故。大静天者是摩醯首羅天。已上。暁師疏文若依此義。即有浄居既有所妨。可帰余義。且所引師意不配浄居。故今賢首意大同義寂・大賢師等。即許浄居迴心之義。有何遮妨」。

（T六二・五三c～五四a）

義寂と大賢は、「十八梵天」が色界の衆であり、そこに無想天と五浄居天が含まれていること（内訳は前掲の『法苑珠林』所説の十八天に同じ）、すなわちこの六天がともに発心し、菩薩戒を受けたことを簡潔に明言する。これに対する凝然の解釈は些か難解だが、菩薩戒の主要経典の一つ『菩薩善戒経』の「要ず先に菩提心を発し、方めて菩薩戒を受くるを得」という文言に言及した上で、浄居天や無想天がなぜ菩薩戒を受け得たのかという議論を行い、最終的に義寂・大賢の「六天が発心した」ことを許容する解釈に問題はないと結論づけ、さらに賢首すなわち法蔵の見解もこれとほぼ同じであるとも述べている。

前述の通り、二月堂光背の天界図像における化仏の有無に関しては、法相学者による『成唯識論』解釈を尊重した図像構成が採用されているとみなされ、六天と他の色界諸天の違いが認識されていることが明らかである。しかし光背図像の成立背景に対する理解は、「十八梵天」すべてが菩薩戒を受けたとする『梵網経』の文言をめぐる、上掲の議論が踏まえられていると考えるか否かによって、大きく左右されることになる。すなわち無想天・五浄居天の発心と成仏の可能性を認める、義寂や大賢らの如き『梵網経』解釈の要素が入り込んでいるならば、本図は右の序列を明示しつつも、観音の放つ光明とともに、菩薩戒の教えが色界すべてにゆきわたることを示すという意図を盛り込んだ世界図であるということになる。

筆者としては、大乗基ら法相学者の所説にみえる厳格な解釈を越える、より広範に及ぶ救済（その対象に小乗の聖者と外道が含まれる）の体系が本図に示されていると考えたいところだが、この回答を図像のみから引き出すことはできない。ただ素直に考えるならば、二月堂光背は『梵網経』を最も重要な所依経典としていることが明白な、大仏蓮弁と共通する天界観に基づく図像を採用しているとみなすべきであろう。大仏蓮弁・二月堂光背とも、そこに描かれた世界図は単なる「仏教的世界観の図式化」の域にとどまらない、仏菩薩が放つ光明（もしくは救い）が全世界に波及するさまを描くことに主眼があるのであり、その点ではきわめて動的な構造をもっているといえる。そして冒頭に引いた『千手経』にも明記されているように、二月堂光背の主題となっている観音の神変は、可視的な奇蹟だけでなく、衆生の内面に関わる変化（その中で最も重要なものが発心）を引き起こすものでもある。「観音の神変」がどの範囲にまで影響を及ぼすと考えられていたかという問題と、それがどこまで意図的に図像化されていたのかという問題は、ことが菩薩戒や発心とも関わるだけに、観音信仰のみならず奈良朝仏教全体の核心に関わる、重大な意味をはらんでいるといえよう。

そしてこの問題は、奈良朝における華厳学と法相学の関係、特に両者の融和が図られている点に特徴がある新羅仏教の受容のあり方とも密接に関わっているのであり、前節で述べた摩醯首羅天及び色頂成仏説の扱いや、日本から新羅に留学し、帰国後大安寺に止住したとみられる審詳が、良弁の要請によって天平十二年（七四〇）に「金鐘《ママ》寺」において『華厳経』を初講したと伝える『東大寺要録』巻五所引「東大寺華厳別供縁起」の記事の意義、大仏蓮弁線刻図及び二月堂光背の諸尊が、七五四～五年の作である新羅の華厳経変相図（湖厳美術館蔵）と近接した様式的特徴を示す点などとも関連づけて、今後さらに検討を深めていく必要があろう。(13)

以上、二月堂光背図像の意味するところについて、最近得た知見に基づいて些か考えるところを述べたが、なお不十分な点が多く、教学に昏いため思わぬ誤りを犯していることを恐れる。諸賢のご教示を頂戴できれば幸いである。

（いなもと　やすお・奈良国立博物館企画室長）

主要引用・参考文献

・浅井一九九〇：浅井和春「法華堂不空羂索観音像の成立」（『日本美術全集四　東大寺と平城京』講談社）
・彌永二〇〇二：彌永信美『観音変容譚―仏教神話学Ⅱ』（法藏館）
・梶山一九七六：梶山雄一『般若経』（中公新書）
・坂内一九八一：坂内龍雄『真言陀羅尼』（平河出版社）
・長岡二〇〇九：長岡龍作『日本の仏像―飛鳥・白鳳・天平の祈りと美』（中公新書）
・森本二〇〇三：森本公誠「東大寺と華厳経―聖武天皇による華厳経止揚への過程を追って」（『南都仏教』八三）
・稲本二〇〇三：稲本泰生「東大寺二月堂本尊光背の『千手観音五十二仏図』―奈良朝仏教における観音信仰と『華厳経』入法界品解釈の接点」（科研報告書『日本上代における仏像の荘厳』奈良国立博物館）
・稲本二〇〇四：稲本泰生「東大寺二月堂本尊光背図像考―大仏蓮弁線刻図を参照して」（『鹿苑雑集』六）

註

（1）拙論刊行以前の二月堂光背の研究史は下野玲子「二月堂本尊光背」（大橋一章・齋藤理恵子編『東大寺―美術史研究のあゆみ』里文出版、二〇〇三）を参照。また拙論刊行とほぼ同時期に、児島大輔「『二月堂本尊光背』の図像について」（『早稲田大学大学院文学研究科紀要』二〇〇四）が発表された。なお図様の詳細については特別陳列図録『お水取り』（奈良国立博物館、二〇〇六）を併せて参照されたい。

（2）天平勝宝八歳（七五六）の東大寺山堺四至図には、二月堂に相当する名称を付した堂宇はみえない。同堂の創建年代を考える上で最大の論点となってきたのは、『東大寺要録』「諸院章」二月堂条にいう「天平勝宝四年（七五二）に、実忠によって十一面悔過が始修された」という話に信憑性を認めるか否かである。この記事は同書所載「実忠二十九箇条」第二十二条の「天平勝宝四年より、十一面悔過に出仕した」という文言に依拠するが、これを東大寺における十一面悔過始修ではなく、内裏に設置された紫微中台悔過所への出仕の初年とする解釈がある（福山敏男『奈良朝の東大寺』高桐書院、一九四七）。福山氏は天平勝宝五年（七五三）五月一日の「東大寺写経所奉請注文」（『大日本古文書』十二―四四〇）にみえる「十一面悔過所」を、同年の「経疏出納帳」（『大日本古文書』四―九一）にみえる「紫微中台十一面悔過所」と同一視し、これが天平宝字六・七年頃（七六二～三）に東大寺境内に移され、二月堂が建立されたと考える。一方で右の「二十九箇条」の記事を東大寺二月堂

（の前身建造物）における十一面悔過始修とみなし、紫微中台における悔過は後発とする解釈（山岸常人「東大寺二月堂の創建と紫微中台十一面悔過所」『南都仏教』四十五、一九八〇）もあり、氏は「二十九箇条」の二十条にいう「天平勝宝五年から朝廷に奉仕」したとの記載を、紫微中台十一面悔過所への出仕に対応するものとみなす。

二月堂光背の線刻の様式を大仏蓮弁よりやや遅れるものと考え、大観音を天平宝字年間頃の作と推定する説は、『奈良六大寺大観　東大寺二』（岩波書店、一九六八）の解説（田邉三郎助・濱田隆執筆）などにみられるが、川村知行氏はやや幅をとって本光背を天平宝字から宝亀年間（七五七〜七八一）にかけての作とする（「『二月堂』の成立と本尊」佐藤道子編『中世寺院と法会』法藏館、一九九四）。また註（1）前掲児島論文は光背を八世紀中頃の作とし、大仏蓮弁に先行する可能性も想定する。なお福山氏は前掲書において大観音の造立を「石山院解案」（『大日本古文書』十五―四五六）にみえる「大千手菩薩像」と関連づけるが、千手像は大観音では光背のみにみえ、無理がある。さらに宝字六年（七六二）正月二十三日の「造石山寺所牒」（『大日本古文書』十五―一四〇）にみえる「銅菩薩所」で大観音が造立されたとする松浦正昭氏の説（「法華寺本尊像と紫微中台十一面観音悔過」『近畿文化』六五二、二〇〇四）もある。この銅菩薩所が実忠が指揮する造東大寺司管下にあることは氏の所説通りだが、その所在地などについては、なお慎重な検討を要しよう。

（3）　光背裏側の地獄図の解釈について、前稿では十八の火の山に配される人物を亡者と考えたが、その後この図像の典拠とみられる『観仏三昧海経』巻五にいう「十八獄卒」（T一五・六六八）に比定される可能性も十分に存在すると考え直すに至り、註(1)前掲特別陳列図録に反映させた。

（4）　二月堂光背の図像解釈について、註(1)前掲児島論文の所説は私見とは異なる点も多いが、全体構想を『千手経』に拠って解釈し、千手観音を取り巻く十四体の菩薩像を同経所説の総持王菩薩以下の諸菩薩に比定する点など、一致する部分もある。

（5）　なお不空羂索観音と大自在天及び千手観音の関係については、『不空羂索神変真言経』巻十三にみえる「爾時観世音菩薩摩訶薩。合掌恭敬歓喜踊躍。得未曾有。放殑伽沙倶胝那庾多百千光明。溥照三千大千世界而自荘厳。又白仏言、世尊。是不空羂索心王陀羅尼真言。広大解脱蓮花壇印三昧耶中。溥遍心印眞言三昧耶。而能示現不空千手千臂観世音菩薩。種種形好神変三昧耶。以此一相三昧耶。入種種相三昧耶。所謂入伊首羅天相摩醯首羅天相。大梵天相那羅延天相」（T二〇・二九一b）という一節や、玄奘訳『不空羂索神呪心経』の「仏像右辺、応復画作観自在菩薩。似大自在天（下略）」（T二〇・四〇五b）という文言も併せて留意される。

（6）　法華堂本尊に、摩醯首羅天の姿に基づく三目八臂の形姿が採用されたことに関して、濱田隆氏（「不空羂索観音序説―東大寺法華堂像を中心に」『東アジアと日本　考古・美術編』吉川弘文館、一九八七）は菩提僊那の、浅井和春氏（浅井一九九〇及び同氏『日本の美術三八二　不空羂索・准胝観音像』至文堂、一九九八）は玄昉の関与を推定しておられる。インド的密教的性格の濃厚さ、唐における変化観音信仰の相承と法相系祖師の密接な関係、そのいずれに照らしても、七三五年から六年にかけて日本に到着した両名いずれか、もしくは両名ともがもたらした情報が、像容の決定に大きな役割を果たした可能性は高い。

（7）　挿図には奈良国立博物館所蔵の宮原柳僊氏による模本を掲載したが、これはあくまで参考図として掲げたもので、正確な学術資料として大仏蓮弁線刻図を扱うには前田泰次・露木恵子「東大寺大仏蓮弁毛彫の図柄及び表現技術の考察」（『国華』九八二、一九七五）、奥村秀雄「東大寺蓮弁毛彫図の研究」（『東京国立博物館紀要』十二、一九七六）を参照する必要がある。

（8）　大仏蓮弁の天界が二十五層で構成され、上の三層のみ何も表現されない点については、前稿でも述べた通り、『六十華厳』巻五・如来光明覚品に説く、仏が足裏の相輪から放つ光明を「二十五重をなす」と解する唐の華厳学者の説が、層状をなす天界の図像と複合して表現されていることに由来すると考えられる。智儼『大方広仏華厳経捜玄分斉通智方軌』（『捜玄記』）巻一下「仏足相輪放光、示十信是行足円備故也。此中放光分斉、有二十五重。初九別列、余者総結。文相如経（T三五・二六c）。法蔵『華厳経探玄記』巻四「大約総数有二十五重。前九別説、後十六同弁。則為十段。此中非是二十五度放光。亦非一放光次第漸照二十五処。但一放光則並頓照、同時顕現」（T三五・一七二a）。この二十五重の放光と大仏蓮弁の図相の関係に初めて注目した論考は、吉村怜「東大寺大仏の仏身論―蓮華蔵荘厳世界海の構造について」（『仏教芸術』二四六、一九九九）である。『六十華厳』の経文自体に「二十五重の光明」という言葉があるわけではないが、その所説を吉村氏の言葉を借りて述べるならば、「如来光明覚品は十段に分けて二十五重の放光を説いており、『仏の両足の相輪から放たれた光明が順次三千大千世界(1)、仏国土(2)、百世界(3)へと拡ってゆき……十億世界から、百億世界、千億世界、百千億世界、さらに不可説の(24)、虚空法界に等しい数の一切の世界(25)を照し出す』」ということになる（T九・四二二b～四二七a）。なお吉村論文では二月堂光背の二十二層で表現される天界に仏菩薩のいる三層を加えると計二十五層になることから、これも同様の説を反映しているとの見解が示されており、筆者もその可能性は十分あると考える（前稿参照）。

(9) 色界諸天の数え方、そして色界の構造とその図化の関係については、前稿で詳述した通り幾つかの注意事項がある。併せて付表を参照されたい。まず一口に「色界十八天説」といっても、『倶舎論』（一般に「色界十七天説」をとるとされる）などに説く十七天に加えられる一天が、無想天であるか摩醯首羅天であるかによってその理解は著しく異なり、両者を混同してはならない。また『華厳経』は一般に二十一天説とされ、大仏蓮弁の研究史上常に注目されてきたが、例えば法蔵らの理解では四禅の最初に挙げられる四天を「総」として除外し、実質的に『倶舎論』等と同じ内訳の十七天に換算（『華厳経』には無想天は登場しない）するので、経文の記載を直接大仏蓮弁や二月堂光背の図相にあてがおうとすると、解釈を完全に誤ることになる。さらに言葉による天界の構造の説明と、図像が必ずしも対応しない場合（「広果天に含まれる」とされる無想天が独立した一層を与えられていることなど。本文第三節参照）もある。

(10) この説を最初に唱えたのは小野玄妙「東大寺大仏蓮弁の刻画に見ゆる仏教の世界説」（『仏教之美術及歴史』仏書研究会、一九一六。のち『小野玄妙仏教芸術著作集 三』開明書院、一九七七）である。

(11) ただし上の六層を除いた計十六層の菩薩の宝冠にも、例外的に化仏をもたない菩薩が四体ある。これは制作最終段階における、現場の工人のミスに起因する蓋然性が大きい。なお大仏蓮弁もその刻入作業はかなりおおらかなものだったとみられ、一枚の下絵から制作されたと考えられるにもかかわらず、二十八枚の図様の間には相当のばらつきある。稲本二〇〇四、註(40)を参照。

(12) 色界の四禅の最初に挙げられる四天を、色界諸天の総数から除外する数え方については、註(8)及び付表参照。

(13) なお本図の成立背景について、註(1)前掲児島論文は玄昉の存在を重視する。また註(4)前掲松浦論文は、表側の千手観音の図像が鑑真が唐から伝えた千手観音像の新たな図像情報に基づくものとする。まず前者については、本図の上に法相教学的な要素が濃厚に認められることは本文で詳述した通りであり、少なくとも玄昉の影響が名残を留めている可能性は、想定しておかねばなるまい。ただし本図と大仏蓮弁の世界図は、図相の共通性からみても、同じ思想的基盤をもっている可能性が高いとみなすべきである。また光背表側の五十二仏の図像に、永隆二年（六八〇）の法蔵らによる『華厳経』（六十華厳）入法界品の補訳が行われて以降の『華厳経』解釈が反映されている、という筆者が以前提示した解釈（稲本二〇〇三、二〇〇四）も現時点では変更する必要はないと思われ、本図の内容は法相教学一本では説明しきれない要素を含んでいると考える。後者については、鑑真が千手観音の檀像と繡仏を将来したことが『唐大和上東征伝』にも明記されており、可能性としては十分あり得る。ただしそれを認めるにしても、鑑真の影響が本図のどこからどこまでに及んでいるかについては、その教学理解も視野に入れ、包括的に再考を加える必要があろう。

※図2・3は特別陳列図録（『お水取り』奈良国立博物館、二〇〇六）から転載した。

二月堂小観音の図像

川村知行

一　はじめに──二つの本尊

二月堂の修二会は二七箇日の合計十四日間の行法を前後に分け、上七日の間は、大観音を、下七日間は小観音をそれぞれ本尊として勤修される。現在の安置状況を見ると、大観音は内陣須弥壇の中央に、四本の柱で支えられた天蓋の下に帳で覆われ、のぞくこともできないが、須弥壇の下は岩座で、直接岩盤の上に立っているらしい。また小観音は大観音の前に置かれている。須弥壇の上に小型の厨子があり、この中に納められるが、この厨子には扉はなく、開かれることもない。

大観音の前に小観音が立つという安置の仕方は、長野善光寺のような秘仏とその前立ちの関係にも思えそうだが、小観音は大観音の単なる前立ちではない。『二月堂絵縁起』などによると、小観音は二月堂開基の実忠によって、観音の坐す補陀落山から難波津に勧請され、二月堂に安置されたという二月堂の根本伝承を秘めている。また、『練行衆日記』によると、治承四年（一一八〇）の平家による戦火や寛文七年（一六六七）の失火による羅災の折には、何はさておいても小観音をまっさきに火中から救出している。すると、小観音は二月堂の草創と修二会創始を物語る根本の本尊であり、大観音の単なる前立ちではけっしてなく、むしろ厳重な絶対秘仏として厨子に納められ、より神聖視されていたのである。

このように今日では、二つの本尊は絶対秘仏として、その尊容も姿も知ることはできない。だが、大観音の蓮弁型光背（銅造・鍍金・重文）は公開され、奈良国立博物館に委託出陳されている。頭光部は径七二・三cm、身光部は二二六・五cmなので、大観音はほぼ等身の金銅十一面観音と推察される。この光背は寛文七年の失火で堂宇が焼け落ちたとき、小さい破片に破損したが、そのまま法華堂前の経庫に納められていたらしい。明治末年に発見され、光背形の板に鋲留めされた。その半ば近くを減失したものの、表裏には千手観音を中心とする群像や大仏蓮弁と類似する須弥山図などの図様が線刻されており、大仏の蓮弁線刻画とともに、天平時代の金工遺品としてまた絵画遺品として、とくに貴重なものである。また、大観音の天衣の断片が四個も現存している。いずれも足元に垂下しながら、着装されていたもので、おおらかに流れる曲線、ゆったりとしたふくらみ、いかにも天平盛期の観音像を髣髴とさせる。

以上から、二月堂には天平時代の等身金銅の大観音と、草創伝説を物語る小観音がともに本尊として併せて安置されていたことになる。しかし、創建の当初から二つの本尊が同時に存在したとはとうてい考えられない。小観音が草創を物語り、かつ神聖視されているので、こちらを本来の本尊と考えると、大観音は後から二月堂に入った客仏となる。だが、大観音はまぎれもない天平時代のものなので、創建まもなく本尊よりも大きい客仏が安置される理由が説明できない。逆に大観音を当初の本尊とすると、小観音が客仏となる。しかし、客仏とすると、小観音の方がむしろ絶対視されているので、説明が必要となる。すると、大小二躰の十一面観音は、いずれも天平時代のものと判断されるが、ともに秘仏として謎が謎を呼ぶ。どちらが主で、どちらが客であるのか、またその姿はどのようなものなのか、この問題を解決するため、まず、小観音像の伝承について考えてみよう。

二　小観音伝説と小観音まつり

天文十四年（一五四五）の『二月堂絵縁起』は次のように小観音の勧請を語っている。天保勝宝三年（七五一）十月、実忠は笠置の龍穴より都卒天の内院にいたり、十一面悔過の行法を拝した。実忠はこの行法を人間界に移そうとしたが、生身の観音がない。そこで実忠は難波津におもむき、補陀落山に向かって香花をそなえて海に浮かべ、観音が影向するよう勧請を祈念した。百日ばかりを経た後、生身の十一面観音が補陀落山から閼伽の器に乗ってきた。この像を羂索院に安置したが、今は二月堂という。

以上が、縁起の物語る二月堂濫觴である。すると、二月堂の本尊は小観音ということになる。この説話の原型は鎌倉後期の凝然の『三国仏法伝通縁起』（中巻）にすでに、「補陀落山観音を勧請し、堂の本尊となし、懺悔法を修す。兼ねて小像を安んじ堂の本尊と為す」と記されている。また『元亨釈書』（巻九）でも「忠（実忠のこと）喜んでこれを取れば銅像なり。その長七寸、暖かきこと人膚の如し」とあるので、鎌倉期では、小観音は七寸の銅像として知られていたのである。

小観音を納める厨子は寛文消失後の作で、基底の框に波の文様が刻され、その下には乗雲の御正体（鏡）がはってある。これは先の『二月堂絵縁起』が物語る実忠の小観音勧請の場面と同じなので、小観音が難波津の波間を進む情景を表現したものである。また基底の両端に注目すると、轅が神輿のように付属している。これは『絵縁起』にも見えるので、寛文焼失前の厨子も同様であったが、今でも厨子のことを御輿と称している。以上のような神輿の如き厨子は、ただ単に仏像を納めるものではなく、かついで移動することを前提に造作されたものである。今でも修二会には四人の練行衆によって棒持して移動する小観音まつりの行事がある。

修二会七日は小観音の日である。この夕刻、二月堂は上七日のハイライトを迎え、多くの参拝者が集まる。内陣に安置されている小観音が、この日に限って礼堂に出御するのである。伶人が雅楽招奏する中、松明を先導にして四人の神輿役によって、薄暮の礼堂へ厨子が運び出される。これを小観音出御という。礼堂北西の角に座が設けられ安置されると、香炉を供え、供物、燈明、壇供などで、宝前を荘厳され丁重に礼拝される。

こうしてこの日の深夜までは礼堂に安置されたままであるが、後夜の時にいたると、再び御輿役によって奉遷される。礼堂から外陣を北・東・南と、巡って、南面から内陣に入れられ、大日停止して、大導師が勧請の祈りをする。難波津に着いた小観音をお迎えするさまを表現しているといわれている。

以上の次第を追って、小観音は八日以後下七日の本尊となり、大観音と交代するのである。修二会が済んで一年間、須弥壇正面に安置されるが、翌年の修二会の直前に奇妙な移動がある。修二会に先立って二月二十一日の朝、内陣の掃除がなされるが、この折、厨子は礼堂の南寄りに出され、御輿洗いと称して、丁寧に拭い清められる。この日は七日小観音のハレの行事ではなく、単なる準備にすぎない。清められると、内陣にもどされるが、もとの正面ではなく、大観音の後ろに背中合わせに、安置されるのである。このようにして上七日の本尊は大観音が勤めることになる。この間、小観音はとり立てて礼拝されることはない。堂内にあっても、七日に礼堂へ出御するまでは、不在扱いにされるのである。絶対秘仏ともあろう小観音がなぜこのような扱いを受けるのであろうか。また、どうして二つの本尊があって修二会中に交代しなければならないのか。このことは二月堂の根源に関わる重大な問題を提示しているのである。

三　印蔵の小観音

十二世紀の南都巡礼を記した『七大寺巡礼私記』には修二会と小観音について興味深い記事を伝える。

羂索院三昧堂一宇南向、三間瓦葺。金色不空羂索立像、四天王像、同像足下鬼形等神妙也、件寺在大佛殿東山、世俗呼之号南無観寺云々、

此像修二月行法事、口傳云、毎年二月朔日開当院宝蔵、舁出小厨子置佛前之壇上、其厨子内十一面観音像云々、

堂衆十五六人自二月朔日籠堂中、二七箇日之間、白地不出住房所勤行也、至十四日夜堂衆等皆執金剛鈴、又以炬火逆挟腋、火炎出後、相烈唱南無観之寶号、

東大寺「羂索院」の項目に、「南無観寺」と呼ばれる堂があり、堂衆十五、六人が二月一日から堂に籠り二七箇日の間は住房を出ずに「南無観の宝号」を唱えて勤行し、十四日の夜には、堂衆はみな金剛鈴をもち、「炬火」をさかさまに腕にはさみ、火炎を出すなどと、「修二月行法」について語っている。この記事はとりもなさず今日でも二月堂で見ることができる参籠宿所や十一面称名悔過、「炬火」は「達陀」の松明だろう。

さらに続けて「毎年二月朔日、当院宝蔵を開き、小厨子をかつぎ出し、本仏前の壇上に置く、其の厨子の内、十一面観音像伝々」という記載がある。毎年二月一日に「宝蔵」から「小厨子」をかつぎ出して仏前に置き、その中は十一面観音像であることに注意したい。修二会行法の際に十一面観音の入った小厨子をかつぎ出して本仏の前に置くという内容は、まさしく今日も二月堂小観音が大観音前の須弥壇正面に置かれることと符合しているが、すでに平安後期に指

摘があったことは注目される。

また、小観音が本来、二月堂に常置されるものではなく「宝蔵」にあって、修二会の期間にのみ二月堂に迎え入れられるということは、小観音はあくまで修二会専用の本尊であって、二月堂の本来の本尊は大観音であることを暗示している。さらにこの事を述べる鎌倉時代の資料がある。

図像の百科全書というべき『覚禅抄』（巻四十五・十一面）に、十一面法に関する初七日作法・第二七日作法・第十四五日作法と三段階の次第が記されている。本尊安置の方法について覚禅は、『陀羅尼集経』（巻四・十一面）の説と玄奘訳『十一面神呪心経』及び不空訳『十一面儀軌』の説の相違を述べている。『集経』では最初に本尊を迎え、八日目からは荘厳を副えて十四日目までおこなうとし、「東大寺二月堂」は十四日間おこなっていると説明する。さらに覚禅は「類聚抄」という書を引用して、注目すべき記述をしている。『集経』は最初に像を迎えるが、ほかの二つの訳すなわち玄奘訳と不空訳の十一面経は第八日に像を安置するのだという。そして「東大寺二月堂行法二七日行也。至第八日、奉迎印蔵像、依此説」とある。二月堂では第八日に本尊として「印蔵像」を迎え奉るのはこの二つの経の説によるものかと、二月堂修二会に触れ、その像は「補陀洛観音」と称されると述べているのである。このことは実忠が補陀落山から勧請したという小観音伝説と符合し、また、小観音は本来、二月堂に常置されることはなく、「印蔵」（東大寺境内北辺の上司にあった）にあって八日に二月堂は迎えられていたことが判明する。ただ、平安末期のある年を境に、小観音は印蔵に再び帰らなかったのである。すると、現在七日の夕刻から深夜に見る小観音の出御と後入のまつり行事も、かつて堂外から迎えられていた儀礼の名残りと理解できる。

四　小観音の図像

二月堂の本尊は、大観音であって、小観音は平安末期までは客仏であり、本来は堂外の印蔵にあって修二会のみの本尊であることが判明した。すると、小観音は上司の印蔵にあった十一面観音像である。驚くべきことに、この「印蔵像」を描いた図像集があったのである。

図　東大寺印蔵像『十一面抄』

鎌倉期の写本だが、東寺観智院旧蔵（現在、個人蔵）の『十一面抄』の一図である。しかも、

又集経者、最初安像、如上抄也、今此両譯者、至于第八日安之、東大寺二月堂行法二七日修之、而至第八日奉迎印蔵像、件像号補陀落観音云々　依此説歟、

とあり、先に『覚禅抄』で見た記述と同文である。著者は東大寺別当でもあった勧修寺の法務寛信（一〇八四～一一五三）で、先の覚禅は孫弟子になる。平安後期の寛信は、後世には絶対秘仏となる小観音の図像を記録していたのである。寛信は久安三年（一一四七）から仁平三年（一一五三）の間、東大寺七十八代別当で、東大寺印蔵文書の整理と「公験唐櫃」の制作などの事績が東大寺史として知られる。美術史では、ボストン美術館所蔵「法華堂根本曼陀羅」に久安四年の修理銘があって、画僧珍海に修理させたことが知られ、弟子の興然・覚禅など勧修寺系の図像家の始祖である。

「印蔵像」右手は施無畏印、左手は蓮華をさした水瓶を把む。「本面を加えて十一有り」と記されているので、頭の後ろに暴悪大笑面があるのだろう。慈悲・白牙・瞋怒の各三面が三本直立して重なり、さらに中心の慈悲面の上に頂上仏面が重なって四段になっている。このような十一面の構成はほかに日本の例は見えず、きわめて特徴的な十一面像である。わずかにインドのカンヘリー石窟の十一面観音像がもっとも近い。ただし、これは四臂である。四臂像ながら、インドやネパールには十一の面を団子のように重ねて直立させる例は多い。しかし、日本にはこのような造例は今のところ小観音しかない。すると、補陀落伝説を秘める像であるだけに、あるいは将来された七寸の金銅仏かも知れない。

さらに大観音を示すと思われる図像がある。高野山西南院本『覚禅抄』（巻四十四）の十一面巻裏書には、二月堂とされる十一面観音が二躰掲載されている。この裏書は十一面観音の頭部を十点集めたものだが、二月堂の像が二点ある。「二月堂、頂上仏面、化仏无し」とあり、また「左右に其の跡あり、二月堂に補陀落の跡あり」と記されている。後者の「補陀落の跡」がどのような造形であったものか不明だが、小観音像が「補陀落観音」という称をもったことを考えると、こちらが小観音と思われる。「左右にその跡あり」というのは、左の瞋怒面と右の白牙面が欠損したためであろう。小観音の面は棒状になっているので、金銅仏像の技法を考えると、別鋳で付属させていたものが落ちたのかも知れない。したがって図像からもこれが小観音と判断できよう。すると「頂上仏面无化仏」こそが秘仏大観音の尊容と知ることができる。

以上、平安後期から鎌倉期の密教図像集の中から、思いがけず、二月堂の大観音と小観音の姿を見いだすことができた。するとこの頃までは、「補陀落観音」という尊重はすでにあるものの、後世のような絶対秘仏ではなかったことが知られる。

室町後期の「二月堂曼荼羅」には、二月堂の屋根の上に、乗雲の十一面観音が影向している姿を描いている。この図は二月堂とその観音を礼拝できる曼荼羅のはずだが、十一面観音の尊容に注視すると、図像集に見出した特徴ある小観音の面相ではなく、通例の像であることに気づく。すると、遅くとも室町後期のこの頃までに二月堂の小観音が秘仏とされ、この間に本来の像容が不明になったこと

を示唆している。これは、全国各地の霊仏が秘仏化されるに至った南北朝から室町期と、二月堂の場合も機を一にすると、暗示するものであろう。

五　小観音の二月堂常置年代

大観音が二月堂の本来の本尊だとすると、新たな問題が生ずる。大観音の銅製光背の表裏には千手観音を中心とする群像や大仏蓮弁と類似する須弥山図などの図様が線刻されており、大仏の蓮弁線刻画とともに、天平時代の金工遺品としてまた絵画遺品として、とくに貴重なものである。しかし、制作年代は大仏よりも後で、天平宝字から宝亀という奈良時代の後期なので、天平勝宝四年（七五二）の二月堂の創建と矛盾してしまうのである。

また、線刻図様を見ると、表は観音浄土図で、裏は盧遮那の浄土図なので、悔過の本尊として造像されたものではなく、むしろ、ある特定の菩提を供養するための像と考えられる。すると、この大観音も本来、二月堂にはなかったことになるのである。

そこで、「二月堂」という堂の名前を問題としたい。同じ上院の隣りの法華堂は不空羂索観音を本尊とするので、本来は羂索堂だったが、三月に法華会を勤修するので、後世、「法華堂」「三月堂」と呼ばれるようになる。二月堂の固有の堂名は何であろうか。十一面観音を本尊とするならば、「十一面堂」だろうが、古記録・古文書にはまったく見えないのである。

筆者は、考証の結果、「法堂」と考えている。法堂というのは、平地伽藍だと、講堂に当たるところで、奈良時代の石山寺に例がある。悔過や夏安居などの法会をおこなった堂である。したがって、特定の本尊は最初からなかったのである。だからこそ、印蔵の小観音が十一面悔過の本尊として、法会毎に迎えられいたと矛盾なく説明できる。

それでは、大観音はいつ頃、堂の本尊として迎えられたのであろうか。先に触れた『七大寺巡礼私記』で、小観音を「本仏前」に置いたとあるので、その頃にはすでに本尊になっていたことが知られる。ただ、それ以前のいつであるかは不明なのである。しかし、二月堂には局や礼堂もなく、今の内陣の三間×三間の小さな堂であったことは前に説明したことがある。その時、局が整備されたのは鎌倉時代で、礼堂は平安時代の十二世紀以前にはあったとも指摘した。礼堂は礼拝されるべき正堂の本尊があってこそ必要なのである。

十世紀の記録では「三間二面の二月堂一宇」とだけで、礼堂はなかった。すると、この間に、大観音という堂の本尊が安置されてこそはじめて「法堂」は仏堂となったはずである。と同時に、十一面悔過という法会は大観音の安置される堂が会場として定められ、その結果、修二会の専用堂として、すなわち文字通りの「二月堂」が成立したことになるのである。

残された問題は小観音の二月堂に常置された年代である。治承四年（一一八〇）の平家による戦火を『練行衆日記』治承五年条は前年十二月二十七日のこととして次のように記している。

> 雖湯屋閼伽井屋焼失、本堂猶雖南端火付、東風来消、事之希奇観音威験也（中略）、切破御堂東戸、奉抱出小観音畢、

緊急事態に際し、二月堂東戸を切り破って、小観音を抱き出して救出したという。すると、遅くとも、この治承四年には、小観音が二月堂に常置されていたことが知られる。

それに対して、宝蔵に小観音があって、修二会の度毎に二月堂へ奉安していることを記した『七大寺巡礼私記』は保延六年（一一四〇）頃の成立とされている。同様に、印蔵の小観音を伝える『十一面抄』は保安四年（一一二三）寛信による成立である。すると、小観音が二月堂に常置されたのは、治承四年（一一八〇）までの間のいつかということになる。

この間の『練行衆日記』久安四年（一一四八）の条には、二月五日の事件として、次のような記載がある。

巳上廿人内、維順者、自初日惣寺大衆幷連行諸衆不受之、至第五日走時於仏像本師観音御宝殿打敷也、仍六日食堂以前退却既了、諸衆定永以停止籠衆矣、

五日の「走り」の時、練行衆の一人維順が「本師観音御宝殿」小観音の厨子を「打敷」しいたため、追放されたらしい。先述したように、小観音は印蔵から七日に二月堂へ移動していたので、五日に二月堂内陣に小観音があったことを示す、この記事は久安四年には、すでに小観音が二月堂に常置されていたことを物語っている。すると、小観音常置の年代は久安四年（一一四八）以前と絞られる。

興味深いことに、印蔵の観音を示唆する文書がある。仁平三年（一一五三）「東大寺諸荘園文書目録」（平安遺文二七八三）には、

一巻一枚　大治四年印蔵銅仏沙汰

この文書は現存しないものの、大治四年（一一二九）に「印蔵銅仏沙汰」という名の文書があったことを示している。この年、印蔵の銅仏に何らかの沙汰があったらしく、これが二月堂へ小観音を常置したことを意味する可能性がある。もし、そのようなことがあったならば、『練行衆日記』には何らかの記述があってしかるべきだが、大治四年の条には何ら特段の記載はない。しかし、遅くとも現存する保安五年（一一二四）以来、書き継がれている『練行衆日記』に大治五年（一一三〇）の条の一年分だけ記述がないのである。

『練行衆日記』の第一冊は「大双紙」と称され、文永六年（一二六九）までが記されるが、寛文七年（一六六七）の二月堂焼失の折に、焼損を受けたため、巻頭部分がなく、保安五年（一一二四）以降、文永六年までが記録されてある。筆写されたのは文永六年以後の鎌倉時代で、それまで伝わっていた「日記」を編纂して、二月堂に納められ、根本の記録とされた聖典である。にもかかわらず、大治五年の条だけが書き写されていないのは、単なる偶然ではなく、特別な意味を暗示しているのではないだろうか。この大治四年こそ、印蔵から二月堂へ小観音が常置されたことを物語っているものと思えてならない。

（かわむら　ともゆき・上越教育大学教授）

参考文献（拙著拙稿）

・「東大寺二月堂小観音の儀礼と図像」（『南都佛教』第五二号）一九八四年
・『東大寺Ⅰ（古代）』（『日本の古寺美術』第6巻）保育社　一九八六年
・「東大寺法華会と法華堂根本曼陀羅」（『論叢　仏教美術史』）吉川弘文館　一九八六年
・「お水取りと二躰の十一面観音」（毎日新聞社編『秘仏』）毎日新聞社　一九九一年
・「二月堂の成立と本尊」（佐藤道子編『中世寺院と法会』）法藏館　一九九四年
・『お水取り』保育社（カラーブックス）一九九五年

「お水取り」の文学

千本英史

一 「お水取り」ということば

元号が大正から昭和に移ろうとする頃である。当時、志賀直哉は京都にいて、まもなく奈良に居を移すこととなるのだが、その志賀に「十一面悔過会を観る」という未定稿五編があり、『志賀直哉全集』補巻二（二〇〇二）に収録されている。[1]

○水取りやこもりの僧の沓の音　芭蕉

一説、氷の僧ともあるが、その水取りが昨日済んで、今日は韃靼の行がある、それを観に私は友と日暮れ京都をたつて奈良に向かつた。これは十一面悔過会、通称修二会といふ三月朔日から二七日の間二月堂で行はれる夜の行事で、天平年間実忠和尚が始め、今に千何百年その侭の形式で続いて来たものだといふ事である。

○前夜仕事で夜を明かし、十時頃から眠る。三時間程で滝井君が来て起こされる。床から出るのがつらく、暫く滝井君を待たせ、うつらうつらしてゐた。奈良の九里から二月堂に面白い夜の行事ある故十三日、日暮れまでに来るやう便りが来てゐた。滝井君はその奈良行きを誘ひに来たのだ。

文中の「滝井君」は、俳人で私小説作家の瀧井孝作（一八九四～一九八四）、「九里」は久里四郎、画家である。志賀はぐずぐずしながらもようやく腰を上げる。「山科駅から京都駅まで、それから乗換へて奈良に向ふ。旧式な三等車の狭い腰かけで窮屈に眠る。修学旅行の女学生達が騒ぐ中で熟睡する。停車場から俥で奈良の賑やかな夜の町を行く。九里の多門町の寓居は町端れの分り悪い所にあつた。九里は五六度迎ひに出てくれたが、もう来ぬと諦め、丁度子供等と食事を始めた所だつた。七時に僧等の堂に登る所が面白いのだ。左ういつて九里はか丶つた食事をそのま丶に早速出かける事にし、灯りを持ち先に立つた」。

ここで注目すべきは、志賀が文中に一度も「お水取り」という今日では一般的な語を用いず、また志賀自身あまりこの法会のことを知らなかったようである点である。

念のために『日本国語大辞典』（第二版）を引いてみる。周知のように、この辞典は、用例の採択にあたってはできる限り初出主義を取っている。

○おみずとり【お水取】〔名〕（「お」は接頭語）①奈良東大寺二月堂の行事。毎年陰暦二月一日から一四日間行なわれる法会。（中略）《季・春》

＊細雪（一九四三〜四八）〈谷崎潤一郎〉上・一七「春とは言ってもお水取の最中の冴え返った日のことであった」

＊第3ブラリひょうたん（一九五一）〈高田保〉椿「暑い寒いも彼岸まで、と関東ではいうのだが、関西では、お水取りまでだろう」(2)

驚くべきことに、用例としてまず挙げられているのは谷崎潤一郎の『細雪』であり、それ以前の例は見あたらない。上巻の第一七章は、次女の幸子と貞之助の夫婦が末娘の妙子が出入りする白系ロシア人のキリレンコ宅を訪れるという箇所である。『細雪』は、『中央公論』の一九四三年一月号から島崎藤村の『東方の門』と並んで連載を開始し、第二回目は三月号に九節から一三節までが掲載された。そこでは「つゞく　次回六月号」と予告されながら、軍部の圧力によって掲載中止となった。一七節の「お水取」云々の部分は六月号掲載を予定していたところであろう。谷崎は一九四四年七月に上巻については私家本を出しているが、公刊は戦後の一九四六年三月になるまで待たなければならなかった（下巻まで全体が公刊されるのは、一九四八年の十二月となる）。

第二の用例に挙げられている『第3ブラリひょうたん』の作者、高田保（一八九五〜一九五二）は、茨城県出身、早稲田大学卒業の劇作家・随筆家である。

それだけでなく、東大寺の内部でも、「お水取り」という表現は一般的なものではなかったらしい。

上司海雲氏は志賀と交友の深かった方だが、『古都讃仰』（一九七三）に収載した「お水取り」（初出は『日本美術工芸』一九七〇年三月）の中で、

陰暦二月に行なった法要というので修二会、それがご本尊のみ前に罪障を懺悔し、国家の安泰と万民の快楽とを祈る法要なので、十一面悔過法、それを毎日、日中・日没・初夜・半夜・後夜・晨朝に、六回ずつ二週間つとめるというので、二七日六時の行法などと呼んでいる。その初夜に上堂する行僧（練行衆という）の道明りにとぼす松明が大きくて印象的なので、大和・山城・河内といった関西一円では「おたいまつ」で親しまれており、東大寺でも私の子供の頃には、みんながそう呼んでいたものだった。

ところがいつからか、行の功徳で平素空の井戸に霊水《こうずい》がわくとか、行法中は毎日初夜に神名帳を読み上げて、全国一万四千余の神々を勧請してお堂と行との守護を祈るのだが、釣り好きでさぼっていた遠敷明神がそのお詫びに、若狭から神水を送られることになったとかいう伝説ができた。そして三月十二日、正しくは十三日の午前二時すぎに、井戸から水を汲み上げる儀式を「お水取り」と呼んで行法の別名、いや総称として全国に知られてしまった。だからこのことには私など、不満というか抵抗を感じるわけで、つい、あのご詠歌「ありがたや不思議は一か二月堂わかさの水を迎え給ふぞ」の作者や、「水取りやこもりの僧の沓の音」の芭蕉にまで難癖をつけたくなるのだ。

（中略）

参籠《こもり》の僧か氷の僧かは専門家の間でも問題のあるところだが、いずれにしても俳聖の駄句だ。おそらくゆっくり参籠も拝観もしない行きずりの詠みすてであろう。

とまで書いて、その抵抗感を示されていた。氏は、「井戸から水を汲み上げる儀式を『お水取り』と呼んで」とされたが、『錬行衆日記』（保元三年〈一一五八〉）には、「十二日汲水之夜」とあって、当時に「お水取り」という名詞は見られない。

飯島幡司氏の『青衣女人』（一九四二）は、序文によれば、その上司海雲氏の勧めによって刊行された。

この春、東大寺の修二会を拝観したをりに、観音院の上司海雲和上から、この行法を平俗に説明したものがないから、なにか書いてみないかと望まれた。この道の信仰にゆかりのない私に、そんなことが出来るかどうか、いささか当惑したが、感興の動くままに、ともかくも筆を執つて書きおろしたのが、『おみづとり』であつた。つづいて『青衣女人』ができた。

この二篇を大久保恒次君に託して、海雲和上にお目にかけたところが、お気に召したとみえて、お二人で、こんな見事な本に仕上げてくださつたのである。

章編に「おみづとり」という名が付されているものとしては、この著などが早い時期のものということになろう。その「おみづとり」の中でも、なお、飯島氏は「見る行事としては、お昼の食堂《じきどう》作法や内陣における『はしり』の行法も興味ふかいが、なんというても、大松明のあつかひが壮観である。……この意味においては、修二会は『お水とり』といふよりも『おたいまつ』といふ方が実際の印象に近い」と、上司氏と同様の感懐を述べられている。

飯塚氏は文中で、「北河原公海師の『お水取行法記』によると」として、同名の著作から引用されているが、いまその著作の現物に接することができなかった。論者の見得たのは、北河原公典氏が一九五一年に、修二会第一二〇〇回を記念して出版された『東大寺二月堂 水取行事』という、B6版七五頁の冊子で、発行元は「琴亭文庫」となっており、東大寺中性院から出された私家版である。文中には「お水取」「御水取」の語句が見えるが、題名自体は「水取行事」とあって、「お水取り」とはされていない。北河原公典氏はこの冊子の中で、「御水取」行事を解説して、「この行事が堂外で行はれる尤も信仰的なものであるから広く世間に知れ渡り、ために俳句の歳時記にもこの名が出されるようになり、遂に修二会全体を代表する名詞となつた」と解説されている。従うべきであろう。

それでもなお、「水取り」ならぬ、「お水取り」の語がいつから一般化するかについては、疑問が残る。

そこで、明治期以降の新聞ではどのように表記されているのかを追跡してみることとした。今日では、新聞やテレビは、年中行事のひとつとして、毎年二月十二日には「お水取り」と題して「大松明」の写真や影像を映し出すのが恒例である（皮肉なことに水取行事までしっかりと解説してくれるメディアは少ないので、一般には「大松明」が「お水取り」という行事なのだと理解する向きさえある）。そうした報道はどこまで遡ることができるだろうか。

今回は地元紙である『奈良新聞』（現在刊行されている『奈良新聞』とは系統を異にするものではあるが）のバックナンバーを追ってみることとした。

我が国においては、ことに地方紙の保存状況はかんばしくなく、

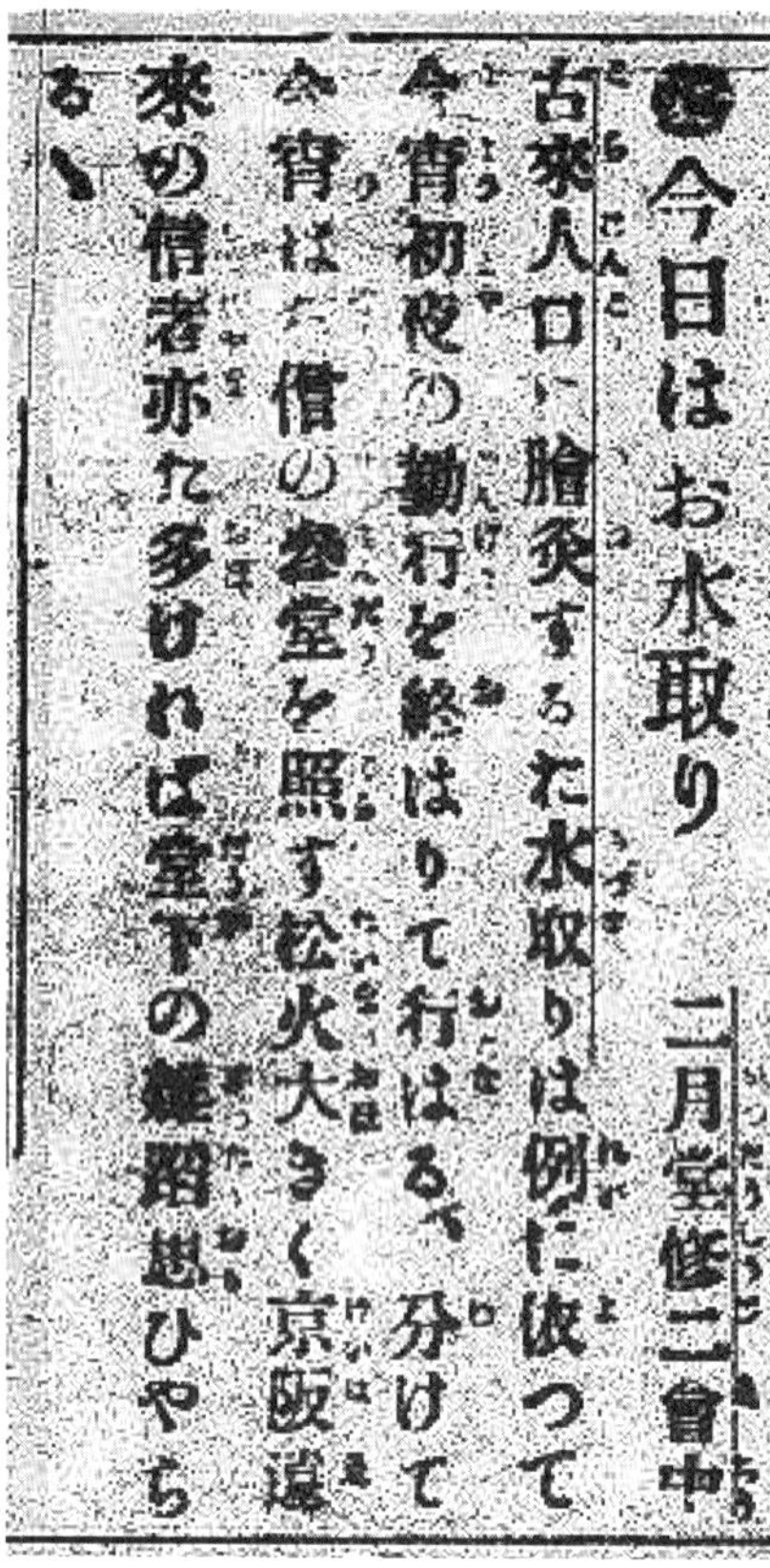

●今日はお水取り　二月堂修二會中古來人口に膾炙する水取りは例に依つて今宵初夜の勤行を終はりて行はる、分けて今宵は◯僧の参堂を照す松火大きく京阪遠來の信者亦た多ければ堂下の雑踏思ひやらる、

奈良新聞（明治四十四年二月十二日）

それは戦災の影響の比較的少ない奈良県においても例外ではない。
それでも、奈良県立図書情報館にはかなりの数のバックナンバーがあり、保存される最初の年度の明治四十四年（一九一一）のものに、すでに「お水取り」の表記が見られた。記事は、

●今日はお水取り　二月堂《がつだう》修二会《しうにゑ》中古来《ちうこらい》人口《じんこう》に膾炙《（ルビ不明）》するお水取《みづと》りは例《れい》に依《よ》つて今宵初夜《こよひしよや》の勤行《ごんげう》を終《お》はりて行《おこな》はる。分《わ》けて今宵《こよひ》は□《（不明）》僧の参堂《さんだう》を照《てら》す松火大《たいまつおほ》きく京阪遠来《けいはんゑんらい》の信者亦《しんじやま》た多《おほ》ければ堂下《だうか》の雑踏思《ざつたうおも》ひやらる、

というもので、「例に依つて」とあるので、すでに一定の認知がなされていること、また「堂下の雑踏思ひやらる、」といい、かなりの人出があったことを伺わせる。この年は比較的短い文章だったが、翌々年の大正二年（一九一三）には、「本日のお水取　天平時代の古式　今猶変らず執行」として、三段組二〇〇〇字程度の解説が載せられており、そうした認知が進んだ結果でもあろうか、十四日には続報として、

お水取《みづとり》と奈良駅《ならえき》　一昨日《さくじつ》の二月堂《だう》お水取り当日に於《お》ける奈良駅《ならえき》乗降客数《ぜうかうきやくすう》を聞くに降車人員《かうしやじんゐん》は五千五百八十九人《にん》乗車人員《ぜうしやじんゐん》は二千八百人《にん》にして此外《このほか》途中下車《とちうげしや》往復人員《わうふくじんゐん》を合《あは》すれば一万人以上《まんにんいぜう》の下車人員《げしやじんゐん》にして昨年のお水取《みづと》り当日《たうじつ》に比《ひ》すれば約一千人《にん》の増加《ぞうか》を呈《てい》したり

とあり、参詣の人数も増えつつあることを知る。奈良新聞でも、大正十年（一九二一）には八回にわたって連載を組んで、修二会の全体を解説するなどしてもいる。

このように見ると、大正年間を通じてまだまだ「京阪遠来の信者」とあるように、地方的な認知に留まっている段階ではあるが、徐々に新聞等で広報され、参詣人も増加しつつある状況が伺える。志賀直哉や谷崎潤一郎といった、もともと東京に拠点を置く文学者たちの興味を引いたのはそうした状況下に於てのことであったろう。またその場合、新聞においては一貫して「お水取り」と「お」を冠した表記がなされていたこともわかる。

二　芭蕉とその影響

もう一度芭蕉に戻ろう。
芭蕉のこの句は、『野ざらし紀行』の中に、

二月堂に籠りて
水とりや氷の僧の沓のおと

と載る。いま初稿本といわれる天理図書館蔵本の形で引いたが、後に芭蕉自らが自画自筆で最終稿としてまとめた『甲子吟行画巻』でも、「沓のおと」が「沓の音」と漢字表記になるほかは差異はなく、

芭蕉が「水取り」を名詞として把握していたこと（「水取るや」と動詞形にはならない）、また「お水取り」と「お」を冠することはなかったことは明らかである。

芭蕉のこの句があまりに著名なため、ともすれば江戸期から「お水取り」を季語とする俳句が頻出するかの印象があるが、検索してみてもこれを季語とする俳句は予想外に少なく、論者には大魯の関連句を含めても、いま次の三句程度しか検索しえなかった。

水取りや瀬々のぬるみもこの日より（蓼太句集二篇　一七八六）
蓼太《りょうた》（一七一八～一七八七）

水取や井をうちめぐる僧の息[3]……………（「俳懺悔」一七九〇）
大江丸（一七二二～一八〇五）

沓の音水の音しぬ二月堂……………（「発句題林集」一七九四）
大魯（一七三〇～一七七八）

『野ざらし紀行』は芭蕉にとって最初の紀行文である。隅田川のほとりの芭蕉庵を旅立ったのは、貞享元年（一六八四）秋八月、九月八日には故郷伊賀上野に着き、この旅の目的の一つであった母の遺髪を拝むことを得た。当麻、吉野を経て、いったん山城、近江、美濃と辿って大垣に至り、桑名から熱田など巡って、再び伊賀上野へ出てそこで越年した。二月になってまた京都へ至る途中で奈良に寄った際に吟じられたのが、「水取りや」のこの句であった。その後およそ一箇月を京都、湖南に過ごし、江戸深川に戻ったのは、貞享二年（一六八五）の四月末である。[4]

上司海雲氏は、「ゆっくり参籠も拝観もしない行きずりの詠みすて」と言い捨てられたが、それはともかくとしても、芭蕉自画自筆の『甲子吟行画巻』をみても、句は「奈良に出る道のほと　春なれ

芭蕉　甲子吟行画巻（岩波書店『芭蕉全図譜』より）

や名もなき山の薄霞」の句に続いて、画巻の下部2／3程度のところにさりげなく置かれ、絵も二月堂の真景とはかなり異なるスケッチ風のものとなっている。

尾形仂氏が指摘されているように、「季語は「水取り」で、二月。ただし、「水取り」として歳時記類に登載されてくるのは『わくかせわ』（宝暦三年）、『誹諧糸切歯』（宝暦十三年）以降のことに属し、芭蕉当時の歳時記類には「二月堂の行ひ」「二月堂の牛王」として掲出」されていた。[5]

『わくかせわ』（宝暦二年〈一七五二〉序）は、近江と江戸に拠点を持った千梅（一六八六～一七六九）の著述で、

一　二月堂ノ水取七日　古翁二月堂ニテ　水取ヤ氷ノ僧ノ／沓ノ音　是春句勿論也　然ルヲ冬句ト覚ヱタル輩／マ、アリ　俳学ニウトキ故也　二月堂ノ前ニ石井有リ　甚タ／浅ク常水　一滴モナシ　二月堂行法ノ内　朔日ヨリ七日ノ／間　加持修法シテ井ニ向テ若狭〳〵ト呼フ時石井ニ／忽清水沸キ出ルコト潺々濤々タリ　是ヲ以テ硯ノ為《ナ》シ／レ水ト　彼霊符ヲ印《ヲ》ス　古今奇トス　是若狭国遠敷《ヲニフ》／大明神ヨリ二月堂ノ観音ニ献セシメ玉フ水也ト云々／代々国史等ニ載ス

と、「氷ノ僧」とあるところから世人にこれを「冬の句」と誤る人が多いと注意して、二月堂の水取り行事を説明している。その一方で、修二会全体については、「行ヒ」を季語として立てているのも注目される。

一　二月堂ノ行ヒ　朔日ヨリ至十四日ニ　南都東大寺ノ諸堂ノ／内ノ大堂也……

東大寺に伝わる『お水取り絵巻』（十七世紀後半）[6]でも、「みつく

お水取り絵巻　部分（個人蔵）

み」「わかさみつくみとる事　二月十二日のうしの時」などの語は見えるが、「水取り」「お水取り」の語はない。「おこない」という言葉は、『蜻蛉日記』下巻の、「天延二年（九七四）などいふほどに、おこなひのほどもすぎぬ」など、古くからの用例を見る言葉である。

『わくかせわ』の説を引用した上で、『俳諧糸切歯』（宝暦十二年〈一七六二〉跋）の鈴木石橋（一七五四～一八一五）は、たとえ「初心の俳士」で「誂えなき人」＝準備のない人であっても、冬の句と間違えたりなどするものか、この国に東大寺二月堂の修二会以外に「水取」などという例があるとでもいうのか、と反論する。

一　二月堂ノ水取七日　古翁二月堂ニテ　水取ヤ氷ノ僧ノ沓《クツ》ノ音／是春句勿論也　然ルヲ冬句ト覚ェタル輩マ、アリ　俳学ニウトキ／故也　二月堂ノ前ニ石井有リ（下略）

○愚按　右芭蕉の句を冬句と覚たるもの有　俳学うとき故也／とはいかん　けふ此比の初心の俳士誂えなき人とても冬の句といはん／や　本邦《ホウ》ニ水取といふ事他に有へし　無益の事也　本文の通此日／彼一滴もなき若狭の井に向《ムカツ》て若狭〳〵と呼声に応して忽／霊《レイ》水涌上る　是を以て硯水となし彼牛王を印《ヲ》す　是若狭国／遠敷大明神より観音へ献せしめ給ふと也　諸記に載せたり／遠敷の社は彦火々出見尊　豊玉姫を祭るおにふ山の梺に／鵜の瀬の渕《フチ》と云あり　此日此渕水暫く涸《カ》るゝと也　奇なる事とも也

これによれば「水取」の語は、かなり一般に広まっていたかのごとくだが、この書は書名からして「紡いだ糸を巻き取る『わくがせは』の糸を切り取る歯の意」といい、「蕉門系の千梅と談林系の石橋の対立の現れ」（『俳文学大辞典』二〇〇五）の論争の書とされるので割り引いて見る必要があるかもしれない。

また、明和八年（一七七一）序の『俳諧曲尺《まがりかね》』に、

に　二(月)二月堂の行　一日より十五日

み　二(月)水取　十二日　なら

と区分して掲載されるように、少なくとも「水取り」はあくまで、修二会の一部の行事として認識されていて、その法会全体を指し示す言葉ではなかった。

いずれにせよ、季語としての「水取り」が登場するまでには、『野ざらし紀行』から七〇年近くの年月が必要であったわけだし、先にあげた蓼太ほかの句も、いずれも『わくかせわ』『俳諧糸切歯』以降のものばかりであることは押さえておきたい。

俳諧関係以外での「水取り」の語の初出は、地元の地誌である太田叙親・村井道弘著の『南都名所集』（延宝三年〈一六七五〉序）で、『野ざらし紀行』より前の例として注目される。

二月堂　付若狭水　竈《へつい》殿

この堂は実忠和尚の開基なり。……実忠和尚やがて石をたたみ閼伽井としたまふ。今の若狭水これなり。ある時天下干魃して、この井の水かれて二月の修法の中閼伽水なかりければ、寺衆井の辺に集まりてはるかの若州にむかひ持念しければ、たちまちに水盈満しけり。これ二月十二日の夜なり。いまに至りて十二日の夜は、水取とていかめしき規式あり。

もっともその三年後の、大久保秀興・本林伊祐著『奈良名所八重桜』（延宝六年〈一六七八〉刊）では、

二月堂　鵜明神社　洞の紅葉　二月の滝

二月七日の夜、小矩火といふ事有りて、寅の一天に、籠る所の

僧達、堂よりおりて、大導師・和尚・呪師・導師の四僧は若狭井の堂の内に入り、残りの僧達は、堂のめぐりに立ちならんで、閼伽水の加持あり。この間に内外の僧問答をなし、若狭若狭と唱ふる詞の下よりわき出づる水をとり、二月堂の内陣にそなへかぢし、この水をもつて牛王をする事なり。

と、「水をとり」と動詞形で描いていて、名詞としての「水取り」は採用されていない。

地誌以外では、『野ざらし紀行』の二月堂探訪と同年の黒川道祐撰になる『日次紀事《ひなみきじ》』（一六八五）二月十二日条の「二月堂　大松炬入レ夜点レ火有二水取之行法二」とあるものが早い例だが、京都を中心として公私の年中行事を解説したこの著は、出版後社寺などからの抗議によって絶版となり、写本で一部だけに伝わったとされ、当初から一般に大きな影響を与えたということはなかったようである。

年中行事書では、十九世紀になってから後の『諸国図会 年中行事大成』（文化三年〈一八〇六〉刊）が、

○二月堂修法　和州南都東大寺にあり。今日より十四日迄二七ケ日の間これを行ふ。……七日の夜、十四日の夜、ともに水屋の井（一名若狭井ともいふ）の水を汲み浄器に貯置て、年中供する所の閼伽水とし且此水をもつて牛王を押す。……衆僧行啓畢て各行法あり。暁に至つて咒師若狭々々と三反呼ぶと等しく涸井より水涌出づ。是を汲て牛王を貼す。修法畢て後僧徒堂内に於いて踊躍をなす。

此水即遠敷明神より鑓給ふ処にして若州鵜の瀬より通ずと云。鵜の瀬は遠敷郡の山の麓にて則社の辺に有河也。因云此水京師知恩院の鎮守八幡宮の前なる神池の石下に瀲み止るが故に、今

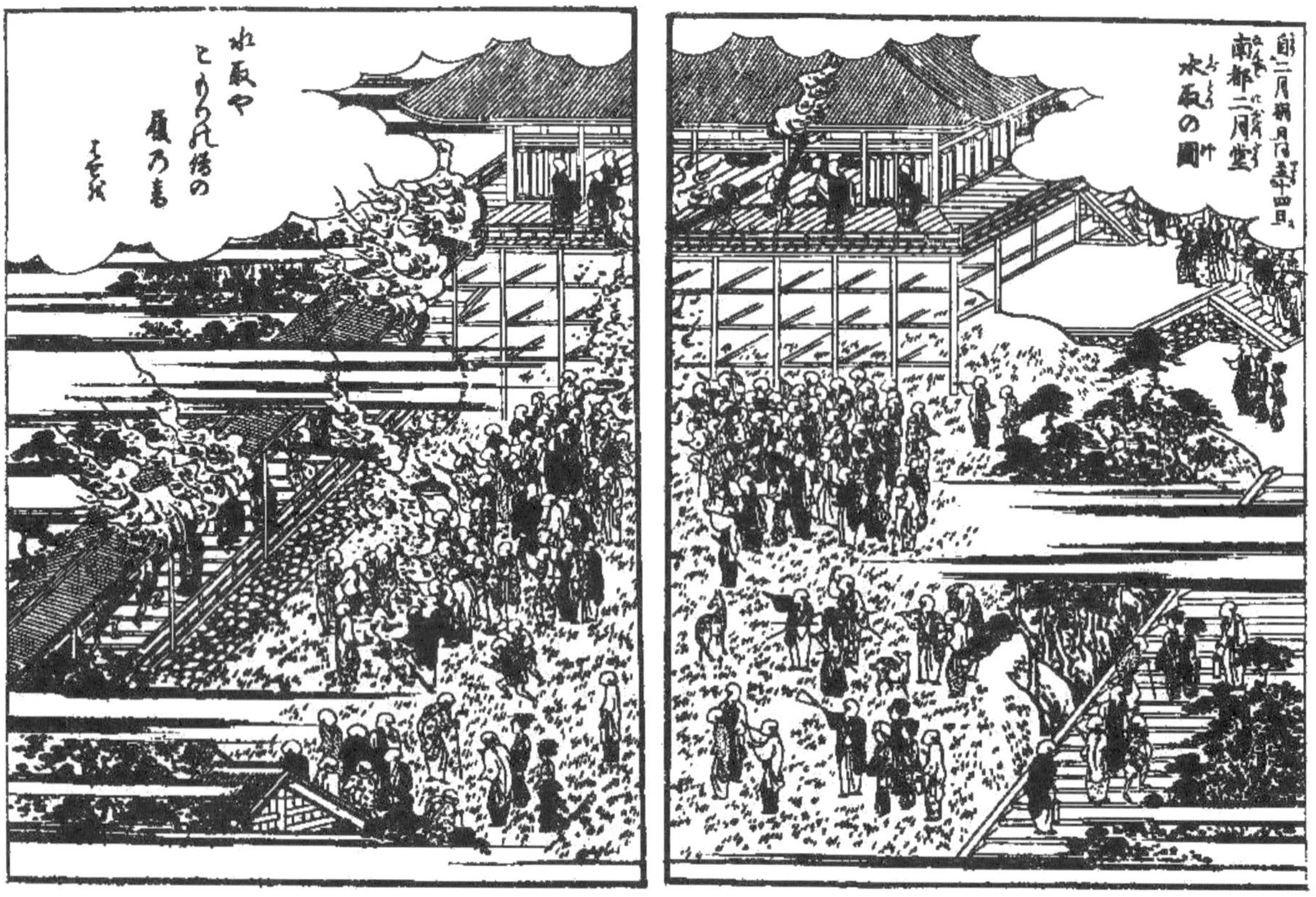

諸国図会　年中行事大成（臨川書店『版本地誌体系21　諸国図絵年中行事大成』より）

日此石より水滴《しだゝ》る事夥しく、二月堂水取の時刻に至れは水涸るゝ。是若州の水和州に至る水脈なりと云伝へ今日見物の人多し。

とする例や、『大日本年中行事大全』（天保三年〈一八三二〉刊）に、

二月十四日（大和）二月堂大炬松幷に水取《みづとり》　大炬松は七日に同し。今暁梵師若狭井に向《むかつ》て、若狭《わかさ》々々と三度呼は涸井《かれゐ》より水涌出づ。是を汲て牛王を貼《てう》す。是を二月堂の牛王といふ。此水若狭国鵜の瀬よりきたるといふ。

とある例など、名詞化した「水取り」の用例が交じるのを見るが、『諸国図会　年中行事大成』が絵の中に芭蕉の句を書き入れるなど、これらには芭蕉句の影響が強くありそうである。

それでは、その後の歳時記での扱いはどうなっていったのだろうか、近代における歳時記での「お水取り」季語の扱いについて、手近に参照できた少数の資料の範囲内ではあるが、おおよその傾向を探っておきたい。

中谷無涯『新修歳時記』俳書堂（一九一一）
　「お水取り」項目なし　二月堂の行の副項目
高浜虚子・藤井乙男『俳諧歳時記』改造社（一九四七）
　「水取」句のみ（「お水とり」句なし）
『角川文庫　俳句歳時記』（一九五五）
　「水取」句のみ（同）
『図説俳句大歳時記』角川書店（一九六三）
　「水取」句のみ（同）
『写真俳句歳時記』現代教養文庫（一九六三）
　「お水取り」　六句中一句
『オールカラー俳句歳時記　祭りとならわし』
　　　　　　　　　　読売新聞社（一九七八）
　「お水取り」六句中一句
『カラー図版日本大歳時記』講談社（一九八二）
　「お水取り」一三句中四句
『角川俳句大歳時記』角川学芸出版（二〇〇六）
　「お水取り」一三句中六句

参照できたもののうち、もっとも古い中谷無涯編の『新修歳時記』（一九一一）では、「水取り」も「お水取り」も季語としては採用されず、「二月堂」の項の副項目としてまとめられているにすぎない。戦後になると、いずれも「御水取」として立項されるが、そこに集められた古今の俳句は一九六三年の角川書店『図説俳句大歳時記』までは、どれも「水取り」の形のものばかりで、「お水取り」と「お」を冠した形の句は採られていない。「お水取り」の句が採られるのは、同年の現代教養文庫『写真俳句歳時記』からで、一九七八年の読売新聞社『オールカラー俳句歳時記　祭りとならわし』でも六句中の一句だけがこの形のものとなっている。ここで「お水取り」の俳句を採用した歳時記が、いずれも「写真」「オールカラー」を標榜していることは興味深い。

この頃から、今日のマスコミでの報道と同じように、「お水取り」として「大松明」の写真を掲載することが一般化し、同時に人々の意識の中に修二会全体を「お水取り」と称することが定着していくようである。

その後、講談社の『カラー図版日本大歳時記』（一九八二）になると、収録一三句中の四句が「水取り」ではなく「お水取り」句と

オールカラー俳句歳時記　祭りとならわし（読売新聞社　1978年刊）

なり、もっとも新しいものといってよい『角川俳句大歳時記』（二〇〇六）では、同じく一三句中に、「お水取り」句が約半数の六句にまで達している。

三　「悔過」と観世音菩薩

江戸時代以前の文学作品には、「水取り」「お水取り」の語はもちろん、二月堂修二会が描かれること自体がほとんどない。

たとえば平家物語（覚一本）の巻五「奈良炎上」は、平家による南都焼討ちを伝える代表的な作品であるが、そこには「二月堂」はまったく出てこない。

あゆみもえぬ老僧や、尋常《よのつね》なる修学者児《ちご》共、おんな童部は、大仏殿・やま《山》し《階》な寺のうちへ、われさきにとぞにげゆきける。大仏殿の二階の上には千余人のぼりあがり、かたきのつづくをのぼせじと、橋をばひいて（シ）げり。猛火《みやうくわ》はまさしうおしかけたり。おめきさけぶ声、焦熱・大焦熱・無間阿毘のほのをの底の罪人も、これにはすぎじとぞみえし。（中略）東大寺は、常在不滅、実報寂光の生身の御仏とおぼしめしなぞらへて、聖武皇帝、手づからみづからみがきたて給ひし金銅十六丈の盧遮那仏、烏瑟たかくあらはれて半天《なかぞら》の雲にかくれ、白毫新《あらた》におがまれ給ひし満月の尊容も、御くしはやけ《焼》おちて大地にあり、御身はわき《鎔》あひ《合》て山の如し。八万四千の相好は、秋の月はやく五重の雲におぼれ、四十一地の瓔珞は、夜の星むなしく十悪の風にたゞよふ。

この時の『錬行衆日記』（治承五年〈一一八一〉）には、

然間順風俄来　猛火遠飛東大興幅諸堂　塔廊更無残所　金銅遮那已成灰燼　鑑真戒壇皆以魔滅　而羅索院一堂不慮□焰□　雖湯屋閼伽井屋焼失本堂　猶雖南端大付東風来　消事之希奇観音威験也　其時大□□……生化　正延切破御堂東戸　奉抱出小観音畢　是恐火　雖然以後日依寺家之力

と、二月堂観音の霊験が示されるが、それは『平家物語』という作品の中に取り上げられることはなかった。

二月堂修二会についての言及では、洛東観勝寺の真言集の僧侶行誉による『壒添壒囊抄』（文安二年～三年〈一四四五～四六〉成立）の巻八―四に「修二月トハ」として載せるものが見える。

二月ハ卯ノ月也。是天竺ノ孟春也。春ノ正方ナル故ニ二月ヲ初月トス。又北斗建《タツ》レ卯ニ云云。楚王取二ニ正方一ヲ東ノ中央卯ヲ建二ト云年ノ首一メニ。宿曜《ヨウ》経ニ見タリ。然則ハ本朝ニハ天竺震旦ノ年、始ヲ共ニ修スル故ニ修二月ト云也。仏法ニハ天竺ヲ摸《モ》スル事アル故ニ、此行ヒアル也。又日本ノ修二月ノ始ヲ云ハ、、良弁僧正ノ弟子、実忠和尚観念持呪《ジュ》シテ、都卒ノ内院ニ神遊シテ、四十九重ノ摩尼殿ヲ拝見シ給ヘリ。其内常念観音院ノ修法ノ儀、心肝ニ銘シテ貴カリケレバ、聖衆ニ乞ニ、一ノ軌範《キハン》ヲ与ヘタリ。覚《サメ》テ後ニ現ニ此軌アリ。即修行セントスルニ、本尊ナキ事ヲ、愁《ウレ》ヘ給ヘリ。或時摂《セツ》州難波ノ浦ヲ通リ給ニ、閼伽器浪《アカキナミ》ニ浮テ来ルアリ。近付ヲ見レハ、十一面観音ノ像、閼伽器ニ乗テ、来給ヘリ。喜テ取テ見ニ、銅像《トウサウ》也。其長ケ七寸、暖ナル事、如二シ人膚一ヘノ。則朝家ニ聞シカバ、聖武天皇霊感《レイカン》ヲ貴ヒ給テ、於二テ東大寺一ニ、建二テ羂索院一ヲ、令二安置一セ給。則実忠和尚毎年二月一日ヨリ、二七日カ間、此像ニ向テ彼ノ行ヲ修ス。天平勝宝四（壬申）年ニ、始リシヨリ、今ニ無二シ断絶一ト云云。弘法大師モ、勤修《ゴンシュ》シ給ヘリ。其ノ時ノ帽子《ホウシ》今ニ有テ、此行ヒノ重宝トス。二月ノ修法ナル故ニ、此堂ヲ二月堂ト云也。又請二スルニ諸神一ヲ、各其御名ヲ読《ヨマレ》ケルニ、若《ジャク》州遠敷《ヲニフノ》明神、此勧《クハン》請ヲ喜テ、託《タク》シテ云、我献二セン閼《ア》伽水一ヲ、忽ニ黒白ノ二鵜《テイ》石地ヲ穿《ウガチ》出テ飛テ傍ノ樹ノ上ニ登レリ。其跡《アト》ヨリ、甘泉《カンセン》涌《ユ》出ス。仍テ和尚疊レテ石ヲ閼伽《アカ》井トシテ、今ニアリ。或年旱《ヒデリ》ニ此井涸《カハイ》テ、修二月会ニ閼伽水闕乏《ケツボウ》セントスル間、其ノ衆皆井ノ辺《ホトリ》ニ並《ナミ》居テ、遥《ハルカ》ニ向二テ若州一持念スルニ、其水立ロニ盈《ヤウ》満《マン》ス。其時当テ、遠敷《ヲニフ》明神ノ前ナル河、絶レテ流ヲ無レシ音《ヲト》。其後民《タミ》此事ヲ聞テ、増々仰二ク神感一ヲ。其ヨリ此河ヲ名ケテ、音無河《ヲトナシカハ》ト云也。

他には、近江菅生寺法華院の天台僧栄心（?～一五四六）による『法華経直談抄』巻十本-六十二「十一面観音之事」に、「奈良ノ二月堂ノ板木ニ南無頂上仏面除疫病トホリ付タリ」と二月堂の観音への言及がみられる程度である。

実忠和尚についても、源顕兼（一一六〇～一二一五）著の『古事談』巻三-六に、

実忠和尚者天竺人也、来此朝、補東大寺別当、件和尚ハ悉曇ノ人也、或時雑役牛ノ吠ケルヲ聞テ、此牛ハ先生此寺ノ別当也、只今云事ハ、用銭五文、能受涅槃、不能引車云云、昔　以寺銭五文替油見涅槃経、酬件報今生牛引車云云

とあるほか、狛近真（一一七七～一二四二）著の『教訓抄』（天福元年〈一二三三〉成立）巻二-六に、「万秋楽」について述べる中で、

破ハ日蔵上人渡唐ノ時、唱歌ニテワタシ給ヘリト申処ニ、実忠和尚、都率ノ内院へ参詣之時、菩薩聖衆ノ曲ヲ聞給テ、ウツシ

給ヘリト申伝タリ。此和尚ハ、常ニ都率ヘカヨヒ給ケリ。而波羅門僧正ト此和尚ハ師弟ナリ。序破、有二其謂一。

とするなどが見られるだけで、それらには修二会との関連については言及がない。

その一方で、鎌倉時代の成立になる『長谷寺験記』上巻六話には、長谷寺の観音、修二会についての記事があり、そこには「水」の霊験、どこか青衣女人との関連を思わせる馬頭夫人の神名帳への記載の願望など、二月堂修二会との連関を伺わせる話が語られる。これは、南都諸寺において、修二会の伝統が広く伝流していたことを示すものであろう。

陽成天皇御宇（在位八七六〜八八四）唐僖宗帝　第四后馬頭夫人

◇仙人答テ云、我当初、宝志和尚トシテ通力ヲ以、三千世界ヲヲ見シ中ニ、日本国長谷寺ノ観音極位ノ菩薩、形ヲ凡衆ニ同シ、諸仏冥道ノ教ヲ受、功徳成就ノ地ヲ開テ、広大利他ノ大願ヲ発シ、普門示現ノ尊容ヲ顕ス。其上山内ハ皆密厳清浄ノ法地ニシテ応用三千世界ニ満テリ。眷属ハ悉大悲覆護聖人ニシテ化儀ヲ十方国土施ス。是畢却ノ間、大聖化ヲ垂ル砌也。其中ニ観音金剛宝石ニ坐シテ広衆生ヲ度シ玉フ。然レハ験徳世ニ勝レ玉ヘリト云。（彼東方ニ向テ遙ニ悲願ヲ念シ、香花ヲ備ヘテ祈請給ヘシト云）。則教ノ如ク、道場ヲ構ヘ、誠ヲ至テ祈誓スルニ七日七夜ヲフル暁、夢トモナク幻トモナキニ東方ヨリ奇シケル貴僧、香ノ衣モ着シ紫雲ニ乗シテ手ニ香《カウハシキ》瓶水ヲ持来テ顔ニソヽクト思ニ心歓喜シテ大聖ノ利生ニ預リヌト思ヘテ、鏡ヲ以テ顔ヲ見ハ端厳ナラヒナク、コビ面ニミテリ。一期其ノ顔薫《クン》シ所ニ匂ヲ写ス。三ケ日ヲ経テ件ノ会ニ交ルニ、上下コツテ此ヲ以テナス。悪ミ嫉ミシ九百余人ノ后モワリナキ有様ヲ見ニ入返テ親子ノ昵ヲ成ス。マシテ帝王ノ鐘愛ハ弥ヨ膩《フタコヽロ》ナシ。是当寺ノ観音ノ利生也ト悦テ大唐国乾符三年（丙申）歳六月十八日ニ諸眷属ニ率シ明州ノ津ニ出テ諸宝物ヲ当寺ニ送ラル。

◇康平年中（一〇五八〜六五）ニ当寺ノ住侶興元ト云ケル者、護法付テ、我是大唐国馬頭夫人也。当寺ノ神名帳ニ諸神ヲ勧請シ奉カ裏山敷覚ニ、我ヲモ入ヘシ。其名ヲハ大唐国第四皇后、君嶋女大神ト云。宋朝陽州穂積《ホツミ》ノ郡ニ有テ今ハ永ク此山ニ住シテ此伽藍ヲ守護ス。願ハ我必ス勧請ニ応セシム。其注ニハ虎皮ノ出現セム所ノ我影向ノ所ト知レト示玉ケレハ則神名帳ニ入奉ル。始廿三ケ年ノ間ハ修正修二月ノ御堂ノ東ノ大戸ノ北ノ脇ニ人ノ居アタ、メタル様ナル虎皮異香薫シテ夜コトニ出現シケリ。今マテモ常ニ異香ナムト薫事有リ。近比ハ仁平三年ノ修正ニ一日ノ夜ト結日七日夜トニケ度ニテ親リ虎皮出現シテ満堂者皆拝見シテ不思議ノ思ヲナス。凡修正修二月ニ参籠ノ人、夢ニモ見サ（ツ？）レハ吉事トス。又不知人ハ其ノ影向ノ間ヘ行テ或ハケ殺レ口ハシリ名ノリナムトスル事アリ。又源氏ノ物語ニ唐シノ后十種ノ宝物ヲ当寺ニ送ルト書タルハ此事ヲ思ハエルナルヘシ。誠ニ此尊ノ閻浮ノ中ニ簡ハレテ生付ノ叶難キ願ヲモ満玉事尊哉。

最後の『源氏物語』うんぬんは、「玉鬘」に「うちつぎては、仏のなかには、初瀬なむ、日の本のうちには、あらたなる験あらはしたまふと、唐土にだに聞こえあんなり」とあることを示す。

東大寺二月堂修二会についての資料は、以上のように極めて限られているが、そのような中にあって、鎌倉期にその原形が作られたかと思われる『二月堂縁起』絵巻のもつ重要性には大きなものがある。(7)

同書はもと、亮順の絵、三条西公条ほかの詞書によって、天文十四年に製作されたとされる（続群書類従所収の奥書による）。上下二巻からなる絵巻だが、現在ではこの原本は焼失して一部が残るに過ぎない。ただ、幸いにその焼失（寛文七年〈一六六七〉）以前に複写された一本が現存するので、それによって全体を伺うことができる。すなわち上巻には実忠を中心とする、修二会創始期の伝承が中心に収められ、下巻には主に十三世紀に起きたことがらが収められていて、最後に天文十五年（一五四六）の英訓にかかわる一話が追記されている（この追記部分は絵もなく、また字配りも異なるし、原本の焼失後残った一四枚の断簡にも含まれていないので、複写本のみに追補された可能性が高いだろう）。

上巻

1 天平勝宝三年（七五一） 実忠　笠置龍穴より都率内院に至り、十一面観音悔過を見る
2 実忠　難波海にて生身の観音を得る
3 天平勝宝四年（七五二） 実忠　大同四年（八〇九）まで悔過を行う
4 遠敷明神　香水を奉る
5 天狗　法会を学び行おうとする
6 実尹得業　往生の素懐を遂げる

下巻

1 或僧　観音を盗み出そうとして失敗
2 承元年中（一二〇七～一一） 集慶　青衣女人、過去帳に読み上げられることを望む

二月堂縁起 下巻 第九段（東大寺蔵）

3　興福寺僧　春日明神の影向を知る
康元元年（一二五六）　根本香水減少するも、後に元に復す
4　後藤次左衛門　同宿の女人の病気、
香水によって癒ゆ
5　正嘉二年（一二五八）二・九　死穢に触れた水引き焼尽す
6　魚食の下僧、癩を病む
7～9　弘安九年（一二八六）三・二八　上総房　二月堂不参に
よって命を失う
追記　天文十五年（一五四六）　英訓　寺田村、冥罰を加えられ、
東大寺の外護をなす

すでに山岸常人氏の指摘があるように[8]、追記を除くその詞書内容は建武四年（一三三七）成立の『東大寺縁起絵詞』と同一で、十四世紀前半には流通していたことを知るが、この構成からみて、絵巻の元となった説話は、さらに遡って十三世紀末頃にまとめられたものと考えられる。最末尾に収載された正嘉二年や弘安九年の二話にだけ、具体的な月日が書かれるのは編纂が事件からそう遠くない時期でのものであった反映であろう。そうして、その下巻に収められた諸話には、善悪応報的な効験譚的な色彩が濃く、中世神仏説話一般の傾向に合致している。むしろ悪因に対する悪果が強調されているといってよい。

　たとえば下巻第六段は、「修中に錬行衆の粥食の残を／或下僧不信にて魚をくしてくひたりけれは／俄に遍身にかさいてきにけり／癩病なりけり／程なく死し侍ぬ　彼子なりける小童はかた／ほうおひた丶しくはれかたまりてすへて／よくならす　道路に食をこひけり／異名にはほうはれといふ　又錬行衆の中食の施食とりて奈良坂の非人にあたふ／癩病重苦のものこれを食すればその苦痛たすかるといへり／不信のものは罰にあひ信心のものは益をうる／まことにこれあらたなり」と述べるが、ちょうどそれに対応するような記述が『錬行衆日記』保延四年（一一三八）に見られ、当時の修二会の状況を反映しているものと見られる。

　戒弥雖籠御堂　第二日半夜時了出礼堂　忽日□□□……
　頚悪瘡　即悶絶　雖然即結了　仍諸衆議定□□□……
　出堂了　雖有種々奇異事　具不記之　有穢□□□……

　一二〇〇年以上を経る中で、この修二会のもつ性格に変容があったのは、むしろ当然であると言わなければならないだろう。

　二月堂修二会の本質である「悔過」は、「罪科を懺悔する意。福徳を得るために仏や僧の前で自分の犯した身口意の三業の罪を懺悔する儀式」（『総合仏教大辞典』）だが、上司海雲氏は、最初に引いた『古都讃仰』のなかで、

　悔過というのは、身心をきよめ本尊に罪禍を懺悔して、世界の平和と人類の幸福とを祈るもので、私たち十一名の練行衆は万人にかわって、それを三月一日から二週間やるわけだが、ツミ・トガ・ウソ・イツワリ、あらゆる悪が天地にみちみちている昨今、全人類が私たちと一緒に神仏にも懺悔告白をやって、清浄真実の世界建設を実現してくれるように祈ってやまない。

と述べられていた。そこには大悲心を持つ観音菩薩への「悔過」によって、自他ともに救われようとする祈りの心が込められている。

　しかしその「悔過」という語そのものが、中世になると徐々に姿を消していってしまったのである。

十二世紀初めの『今昔物語集』には、「悔過」の語は一千話を超える集中にわずか一話にしか現れない。その一話は巻一六-三八「紀伊国人、邪見不信蒙現罰語」で、『日本霊異記』中巻一一「僧を罵ると邪婬するとにより、悪しき病ひを得て死ぬる縁」を原話とするもので、妻が悔過聴聞のため寺に詣でたのを、講師と私通しているのかと疑った不信者が、現罰を受け、男根に蟻に食われたような痛みを訴えて、まもなく死んだというものである。その「悔過聴聞」という単語の一部を、『日本霊異記』からそのままに引用したために残ったのであり、それ以外には用例が見いだせない。

逆に、九世紀の初めに編纂された『日本霊異記』では、一一六話中の六話に（それも時代順配列の上巻中巻に限られ、下巻には見られないのであるが）、「悔過」の語が見える。その話を引用した十世紀末の『三宝絵』、十一世紀中半の『本朝法華験記』そうして十二世紀初めの『今昔物語集』が、当該部分をどのように書き換えているかを示したのが、次の表である。

上巻五「三宝を信敬しまつりて現報を得る縁」
皇太子のたまはく、「すみやかに家に還りて、仏を作るところを除《はら》へ。われ悔過しをはらば、宮に還りて仏を作りたてまつらむ」とのたまふ。
↓今昔巻一一-二三（当該の文章なし）

上巻一四「僧、心経を憶持し、現報を得て奇しき事を示す縁」
僧驚き悚《お》ぢ、明くる日に悔過して、あまねく大衆に告ぐ。
↓三宝絵中巻七　恵義オドロキ敬テ、アクル朝《あした》ニ人〳〵ニ告テ、アヤシビタウトビテ
↓今昔巻一四-三二　僧此レヲ見テ、驚キ怪ムデ返ヌ。明ル日、寺ノ僧共ニ普ク此ノ事ヲ語ル。

上巻一八「法華経を憶持し、現報を得て奇しき表《しるし》を示す縁」
二十有余の歳に至りても、なほし持すること得がたく、観音によりて悔過せり。
（直接書承話なし）

中巻六「誠の心を至して法華経を写したてまつり、験ありて異《あや》しき事を示す縁」
そゑに、誓願を発《おこ》し、経によりて法をなし、衆《もろもろ》の僧を屈請《くつしやう》し、三七日を限りて悔過し、哭《かな》びてまうさく、「また、木を得しめよ」とまうす。二七日を歴《へ》て、経を請《う》けて試みに納るるに、函おのづから少しく延びたれども、垂《ほとほと》納るること得ず。檀越、増《ますます》加精進し悔過し、三七日を歴て納るれば、すなはち納るること得たり。
↓三宝絵中巻一〇　心ヲイタシテ願ヲオコシテ、アマタノ僧ヲ請ジテ、三七日ヲカギリテ、此木トブラヒエサセ給ヘトイノリコフ。二七日アリテ心ミニ経ヲイレミルニ、経ナヲイラネド、ハコスコシノビタリ。檀越悦《よろこ》ビアヤシビテ、マス〳〵フカクツ、シミイノル。三七日ヲスグシテイル、ニ、ヨク入給ヌ。
↓法華験記下一〇五　念ひ侘《わ》び歎き悲びて、殊に信力を発して、諸の僧を屈請して、三七日の間、法華経を読ましめて、当に貴き木を得べきの由を祈願せり。二七日を過ぎて、試に経巻を取りて、この箱に入れ奉るに、経頗る入らずといへども、箱の長さ倍《ま》せり。檀越喜び奇びて、

諸僧を勧進して、祈禱を作《な》さしむ。三七日を満して、経をもて箱に入るるに、障《さ》ふることなく入り給へり。

↓今昔巻一二-二六　大《おほき》ニ歎テ、懃《ねむごろ》ニ誓《ちかひ》ヲ発シテ、僧ヲ請ジテ、三七日ノ間、此ノ失錯《しつしやく》ヲ悔テ、亦木ヲ得ム事ヲ令祈請《きしやうせしむ》ルニ、二七日ヲ経ル時ニ、経ヲ取テ試《こころみ》ニ此ノ筥ニ入レ奉ルニ、自然《おのづか》ラ筥少シ延テ、経ヲ入レ奉ルニ僅《わづか》ニ不《た》足《ら》ズ。其ノ時ニ、願主、奇異也ト思テ、「此レ、祈請セルニ依《より》テカ」ト、心ヲ発シテ弥《いよい》ヨ祈念スル間、三七日ニ満《みち》テ、経ヲ取テ筥ニ入レ奉ルニ、筥延《のび》テ経吉《よ》ク入リ給ヌ。

中巻一一（既出）

中巻二一「摂《せふ》の神王《じんわう》の蹲《こむら》の光を放ち、奇《あや》しき表《しるし》を示して現報を得る縁」

その山寺に、一はしらの執金剛神の摂像を居《お》きまつる。行者、神王の蹲《こむら》より縄を繋《か》けたる縄を引き、願ひて昼も夜も憩《いこ》はず。時に、蹲《こむら》より光を放ち、皇殿《おほとの》に至る。天皇《すめらみこと》驚き怪しび、使を遣して看《み》しめたまふ。勅信《ちょくしん》、光を尋ねて寺に至りて見れば、ひとりの優婆塞あり。その神の蹲《こむら》より繋けたる縄を引きて、礼仏《らいぶつ》悔過す。

↓今昔巻一七-四九　其ノ山寺ニ、一ノ執金剛神ノ摂像在《まし》マス。金就行者、其ノ執金剛神ノ蹲《こむら》ニ縄ヲ付テ、此レヲ引テ昼夜ニ息《やす》ム事無ク修行ス。其ノ時ニ、執金剛神ノ《こむら》ヨリ光ヲ放ツ。其ノ光リ、即チ天皇ノ宮ニ至ル。天皇、此ノ光ヲ見給テ、此レ何《いづ》レノ所ヨリ来《きた》レル光ト云フ事ヲ知リ不給ズシテ、驚キ怪ビ給テ、使ヲ遣《やり》テ尋ネ給フニ、使、勅ヲ奉テ光ニ付テ彼ノ山寺ニ行テ見レバ、一人ノ優婆塞有テ、執金剛神ノ蹲《こむら》ニ縄ヲ懸テ、礼拝シテ仏道ヲ修行ス。

たとえば上巻一四話では、百済からの渡来僧であった義覚が、般若心経を百遍誦したところ四方の壁が透き通って、室内から庭の様子がはっきりと見えたという。たまたま夜半に義覚の部屋に光明が照り輝くのを見た慧義が、様子を窺うと、義覚は「端座して経を誦」しており、「光、口より出づ」というありさまだった。驚いた慧義は次の日、「悔過」をしたあとで寺の僧侶たちにこのことを告げたのである。新潮日本古典集成の頭注はこの「悔過」を「のぞき見した罪を仏前で懺悔して」と注するが、おそらくそういうことではないのではないか。義覚の圧倒的な霊験を前に、慧義ははるかに卑小な自らの信仰を仏の前に懺悔し、仏にこの霊異への結縁を願ったのであろう。しかし『三宝絵』や『今昔物語集』では、慧義は「オドロキ敬」い、「驚キ怪ムデ」はいるが、みずからを顧みて深く帰依することはなかったのである。

また中巻六話では、ある檀越が法華経を入れる白檀紫檀の経箱を作らせたところ、経の大きさと箱の大きさとが合わず、経が収まらない。そこでこの檀越は自らの罪の大きさに思い至って、その罪を悔い、悔過法要を行って許しを乞うたところ、すこし箱の大きさが伸びた。そこで彼はますます「精進し悔過し」て、その後に試みたところ、こんどはすんなりと箱に収めることができたというのである。『三宝絵』も『本朝法華験記』も『今昔物語集』も、檀越は新しい白檀紫檀を求めて、「心ヲイタシ」、「念ひ侘《わ》び歎き悲び」「大《おほき》ニ歎テ」法会を開いてはいるけれども、法華経が経箱に入らないことが自らの罪であることを思って「悔過」をしはしない。そのことは、仏への一途な願いという点ではたしかに仏の救済を鮮明に示すことにも繋がってもいるけれど、やはり檀越が自分の生きる日々の罪を自覚しているかどうかは大きな問題であろう。

さらに中巻二一話は、東大寺の前身とされる金鷲山寺における執金剛神の摂像の霊異であるが、勅使が光を追ってこの寺に至って見たのは、良弁がひたすらに「礼仏悔過」をしている姿であったという。

ここで思い起こされるのが、佐竹昭広氏がかつて東京新聞に連載された「古語雑談」の中で述べられていた話である。(9)

○「罪」を「罰」のことだなどと言えば一笑に付されるかもしれない。しかし『万葉集』にたった一例しか使われていない「罪（つみ）」の用法をみると、意味的には「罰」と大差ないように思われる。

うま酒を三輪の祝《はふり》が忌《いは》ふ杉　手触れし罪か君に逢ひがたき

（巻四、七一二）

歌の大意は「三輪神社の神官が神木として祭っている杉の木に手を触れた罰でしょうか、あなたに逢えないのは」というふうに、原歌の「罪」を「罰」に置き代えてしまった方がわれわれには通じやすい。このように「つみ」という語が同時に「罰」の意をもあらわしているということは、古代の日本では「罪」に対しても「罰」に対しても同じ「つみ」という言葉を用いていたことを暗示する。「つみ」が日本語本来の言葉であることは言うまでもない。一方「ばつ」は生来の日本語ではなく漢語である。「罰」という漢語が中国から輸入される以前の日本には恐らく「罰」の概念を指示する固有の言葉は存在しなかったであろう。

○万葉時代、漢語としての「罰」はすでに知られていた筈であるから、「うま酒を三輪の祝《はふり》が忌《いは》ふ杉　手触れし罪か君に逢ひがたき」の「罪」を「罰」の字で表記することも不可能ではなかったと言える。ただし「罰」の字が使用された場合といえども、それは決してバツと読ませるためではなく、やはりツミと読ませるためであったに違いない。漢字に対する訓読例を集成した『類聚名義抄』には「罰」という字にツミという訓を掲出している。文字の上では「罰」と書いてあっても、日本語に翻訳して読もうとすればツミという言葉しか相当するものがなかったことをうかがわせる一証であろう。「罰」に相当する和語がツミしかなかったとすれば、「罰する」意味は何という言葉で表現したのか。それにはツミを動詞化したツミナフ—ツミス

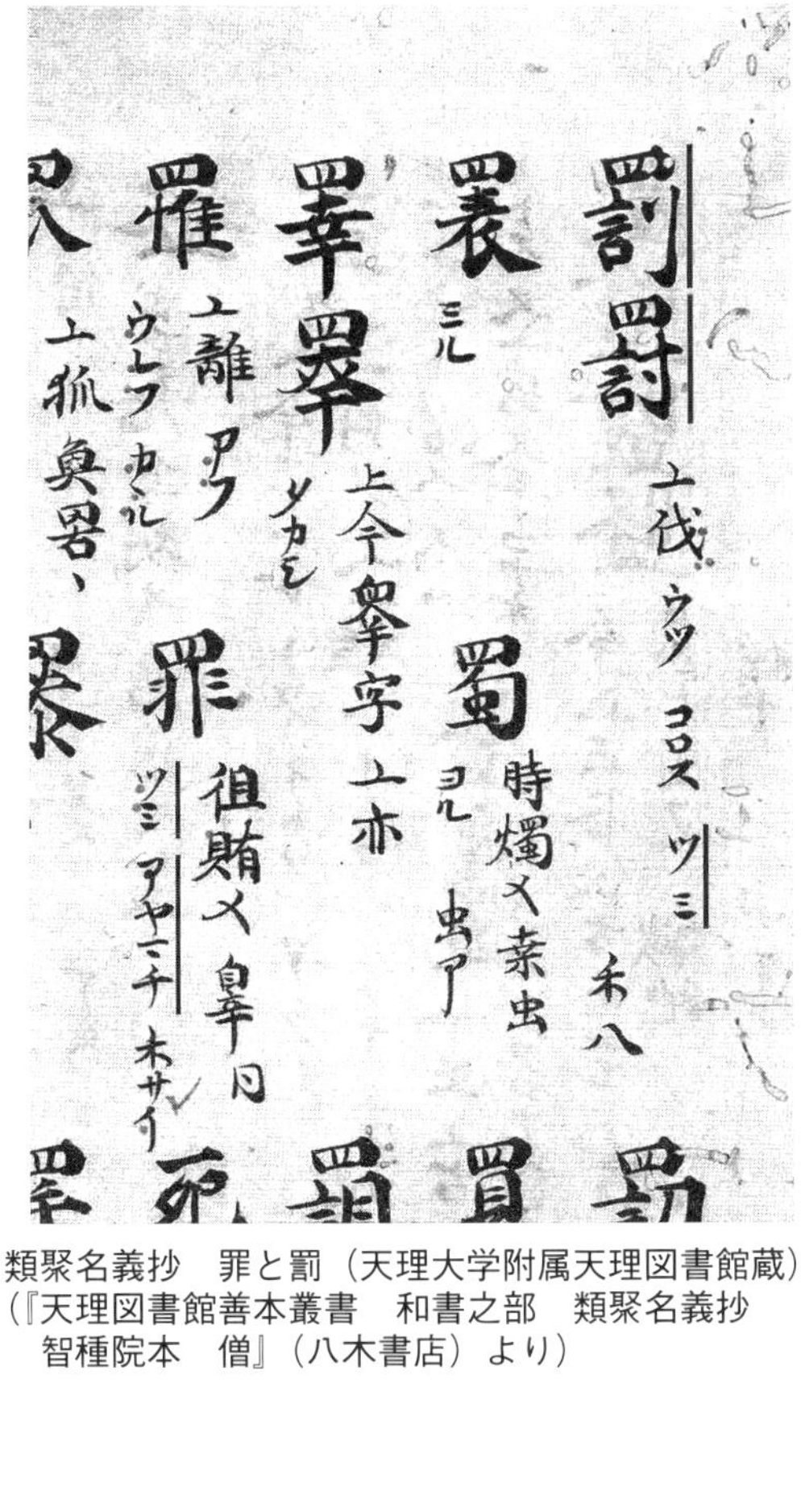

類聚名義抄　罪と罰（天理大学附属天理図書館蔵）
（『天理図書館善本叢書　和書之部　類聚名義抄　智種院本　僧』（八木書店）より）

という言葉を用いた。ツミスのスは「為《ス》」であり、ツミナフのナフは諾《うべ》なふ・占《うら》なふ・伴《とも》なふなどのナフに同じい。

かつて罰は外側から付与されるものではなく、自らのうちに罪として自覚されること自体であった。慧義も、経箱を作らせた檀越も、良弁も、そのような罪＝罰の思いを、自らの内側に見つめつつ、仏や執金剛神や、そうして大悲観音へすがったのであったろう。

時が移りゆくのとともに、人々がお水取りに寄せる思いはいろいろに変容していくであろうが、その底に流れる悔過の法要としての意味をたいせつにしたいと思う。

（ちもと　ひでし・奈良女子大学教授）

註

（1）弦巻克二「志賀直哉と奈良に住んだ人々」（呉谷充利『志賀直哉旧居の復元』（二〇〇九）所収）の指摘による。

（2）よく言われるこの表現について、「水取り」と「お」を冠しない形であれば、同じ『日本国語大辞典』（第二版）が、四十年近く遡る近松秋江『青草』（一九一四）の「この辺で奈良の水取りまでといひ習はしてゐるその三月の中旬を過ぎると」の用例をあげている。

（3）この句は小林一茶の句として紹介されることがある（前に上げた北河原公典氏の『東大寺二月堂　水取行事』も一茶の句として引用している）。これについては、ネット上の「レファレンス協同データベース」(http://crd.ndl.go.jp/jp/public/use.html この項の担当は大阪府立図書館）を参照した。

（4）阿部喜三男『人物叢書　松尾芭蕉』（一九六一）新装版（一九八六）。

（5）尾形仂『野ざらし紀行評釈』（二〇〇〇）。氏はまた「『芭蕉句選』に上五「水鳥や」と誤る」とも指摘される。「水取り」の語が当時まだ一般に知られていなかったことをよく示しているといえよう。

（6）梶谷亮治氏は、二月堂再興の寛文九年（一六六九）より以降、大仏殿再建（宝永六年〈一七〇九〉）以前の成立とされる（奈良国立博物館図録『特別陳列　東大寺二月堂とお水取り』（一九九八）。

（7）『続々日本絵巻物大成』六（一九九四）同書の「解説」（小松茂美）は、焼失しなかった本の方が「原本」であるとするが、従いがたい。

（8）山岸常人「二月堂建築空間の変遷とその意義」のうち第三節「絵画に描かれた二月堂」（『南都仏教』四八号一九八二年六月）。

（9）佐竹昭広「罪と罰／罰する」（東京新聞連載一九七五年十月一日、十月四日夕刊）。佐竹先生はのちにこの連載をもとに単行本「古語雑談」（岩波新書（一九八六年）、平凡社ライブラリー（二〇〇八）として再刊）にまとめられたが、その時にはいかなる理由か、この項目はその他の若干の項目とともに省かれた。先生のお考え自体に変化がなかったのは、その後に公刊された岩波新日本古典文学大系『万葉集』での当該歌の注などからもあきらかである。さらに中国などでの用例などを検して、論を補充されるご意向であったのかもしれない。

引用資料に施した傍線は、すべて編者によるものである。

二月堂の炎上と再建
―東大寺江戸復興の一段階として―

坂東俊彦

はじめに

治承四年（一一八〇）、永禄十年（一五六七）の二度の兵火を乗り越えた二月堂は寛文七年（一六六七）二月、修二会行法期間中に創建以来はじめて全焼、焼失した[1][2]。

二年後、寛文九年には再建された。今見る二月堂の建築であり、その規模は炎上以前と違わないものであったとされている。

ところで、東大寺は二月堂炎上のまさに百年前の永禄十年十月、松永久秀と三好勢との戦いによって大仏殿をはじめとして多くの堂舎が焼失、大仏も大きく損傷した。直後に大仏は仮修復が行われ、大仏を覆うような仮堂も建てられたが、その仮堂も慶長十五年（一六一〇）に大風によって倒壊してしまっていた。二月堂が炎上した時には大仏は大仏殿もなく露座の状態であった。

二月堂が再建されてからまもなく、貞享元年（一六八四）には東大寺江戸復興の中心人物・公慶が勧進活動を開始した。元禄五年（一六九二）に大仏が修復され、その後、幕府や諸大名からの援助も受けて大仏殿の再建がなり、そのほかの堂舎の多くも再建されて復興が成し遂げられている。

そこで本稿では二月堂再建の経緯を検討、考察して、それが大仏殿の再建を一つの頂点とする東大寺江戸期復興の第一段階としての位置づけを試みる。

一　二月堂炎上前夜

寛文年間（一六六一～一六七三）、畿内を中心に各地で地震が頻発していた。寛文二年には近江、若狭を震源域として一月、三月、五月と立て続けに大地震が発生し、京都では方広寺の大仏が破損、清水寺や知恩院などの寺院をはじめ、京都や近江国の多くの家屋、建築が被害を受けている[3]。

京都などで大きな被害が出た一方で、奈良の東大寺では二月堂をはじめ各堂舎はほとんど被害を受けなかったようである。修二会中に記される「二月堂修中練行衆日記」（以下「修中日記」と省略）には頻発する地震を次のように記録している。

（史料一）「修中日記第廿」寛文三年条

一、去年壬寅五月朔日ヨリ至明癸卯年大地震　諸国里村夥敷令破滅事

難戴書筆就中平安城或近江国朽木其外所々令破損民屋等不知其数然　於当堂者内陣外陣少茂無破壊誠大聖之威神力甚深ナル故寺門諸伽藍等迄無悉事　（傍線筆者）

これよりも前、二月堂は経年による修理が度々行われていたようで、直近には、元和七年（一六二一）に屋根の修理が京都の公家衆や女院（東福門院和子と思われる）の援助を受けて大規模に行われている。(4) それゆえのものか地震ではほとんど破損することが無く、他の東大寺の堂舎についても被害がなかったことを記している。

さて、畿内ではその後も寛文六年にかけて地震が続き、寺社建築に多くの被害が出ていた。『徳川実紀』寛文六年六月二十七日条に「畿内寺社修理あるべしとて、被官大工をつかはしみめぐらしめらる」とあるように幕府は地震による畿内の寺社被害状況調査を指示、大工を検分に遣わしている。

東大寺、二月堂へも奈良奉行・土屋忠次郎が訪れ、検分が行われている。「修中日記」には次のように記録されている。

（史料二）「修中日記第廿」寛文六年条

一、当堂依破損従公重源家綱公可被加修覆□而則為内見南都奉行土屋忠次郎既被及見聞以外大破及不及是非此旨早速達上聞可有修理治定畢満寺喜悦不斜事

畿内で頻発する地震では被害が少なかったと思われる二月堂も元和七年の屋根の修理から約五十年が経過しており、修理が必要な時期が来ていたのであろう。奉行の検分によって二月堂も修理が必要であることが公に認められたのである。

この検分の結果を受けて東大寺も四聖坊英性を江戸に遣わして幕府に修理の許可を求めたのである。

（史料三）「修中日記第廿」寛文七年条

一、寛文七丁未年当堂依為破損修理之事

遣四聖坊英性法印於江府訴于将軍左大臣源家綱公之処依無異義被許諾已寄材木等明春行法結願已後可有修造之旨衆議決定了　（傍線筆者）

幕府から修理許可が出たことを受けて、東大寺でも修理の用材の確保を開始しており、寛文七年の修二会前にはほぼ完了していた。それを受けて、明春（寛文八年）の修二会満行後に修理を行うことが東大寺内の衆議で決定をみたのである。

二　二月堂炎上

翌年の春に二月堂修理を行うことが決定していた寛文七年の修二会中に二月堂は全焼してしまったのである。二月堂炎上の状況はしばしば紹介されているが、改めて史料を紹介しておこう。

（史料四）「修中日記第廿」

然当年十三日晨朝時終諸練下宿所用粥食之後漸辰刻許時役人来告堂上烟立昇之由諸練驚怪先堂司実賢持内陣之鑰早速登開扉入内欲出御厨子火烟已満内陣故頻押破御厨子網抱尊像裹自袈裟出堂外諸練漸々馳登欲出宝物等大勢俄頃流千四面遶千堂下煥爛故

不能入内各空退去凡当堂修法始于天平勝宝四年至於今年巳向千載其間将有火災雖及度々不思議風来而払之奇異悉於旧記至今有如是事時運然歟大悲然歟練行諸役兼々絶聲男女老少各々沾袖諸人雖自遠近馳来猛火忽昇千棟梁無力消之但悦然耳然而本願和尚安置之尊像安然千火中宛如有勢衆人共拝更恐尊像之銷鎔感激傷心瓦甍梁棟紛綸倒落銅鉄金銀蕩々涌沸雖然於尊像無小毀敗不思議有余火巳至巳刻止矣

史料四は「修中日記」に史料五に続いて書かれているものである。十三日の一連の行法が終わって練行衆が下堂し休息していたところに火災の報が入った。堂司の実賢をはじめ籠衆がすぐに二月堂に駆け上がった。すでに内陣は火や煙が充満しており、厨子を破って小観音を取り出し、実賢が自らの袈裟に包んで運び出している。二月堂に安置してあった経巻など他のものはほとんど取り出せずに、二月堂もろとも焼け落ちてしまった。焼け跡には本尊・大観音が小さな傷一つなく西面して立っていた。巳刻になってようやく火が収まった。

次に両堂（堂衆）方の「修中日記」をみていこう。(5)

（史料五）「二月堂練行衆日記　両堂記　第六番」寛文七年条

一、十四日晨朝過キ卯ノ頭刻ニ参籠衆宿所ニ下ル粥食過キ終テ休息ス所ニ堂童子宿所ニ下リ上堂内陳火事出来ト申処ニ諸練行等馳上り内陳《陣》面ノ正面ノ戸ヲ開キ内へ入トスル処乾ヨリ四角八方江火廻焼出練行等力ニ難及所宝厳院一代兵部卿公堂司ニテ内陳《陣》江馳込御厨子小観音ノ仏体ヲ諸練行等守護シ八幡宮新造屋江移シ奉ル其侭新キ御厨子調遷ス其間纔カ卯辰ノ貝定ニ本堂悉ク焼失ル火中ヲ見ルニ大厨子之仏像新ニ顕レ給キ棟木大引物瓦等各々雖焼落押開火煙ヲ分チ尊体ニハ一モアタラス見体スルニ諸人群集シ奇瑞感涙銘肝雖然ト秘仏尊体ニテ急ギ新簾ニテ覆御影ヲ奉ル隠尊仏之奇瑞トシテ従往古有来ル経文諸道具色々焼残ル是モ皆新造屋江所込面々改之其日斎食新造屋ニテ行之練行衆六時行法ヲ於法花堂ニ雖可勤ト不道具処難面シ宿所ニテ秘行之ヲ小観音ハ其日法花堂内陳南向キニ遷スソレヨリ練行衆等皆々宿所ニ帰ル本堂焼失雖有之ト阿伽井食堂宿所ハ少モ不失

二月堂炎上時の様子は学侶方の「修中日記」とほぼ同じような内容であるが、(6)小観音を運び出した後の状況も記されている。

運び出された小観音は一旦、手向山八幡宮前、現在観音院あたりにあった八幡宮新造屋に遷され、その場で新たに厨子が新調されて安置された。その際には練行衆が守護のために同行した。二月堂の焼け跡に傷一つ無く立っていた大観音は秘仏であるのですぐに御簾で囲われた。焼け跡の灰の中からは焼け残った経巻や道具類が取り出され、新造屋に入れられている。

焼け跡から取り出された主なものを挙げると、本願皇帝（聖武天皇）宸筆の八十華厳、光明皇后涅槃経、酒人内親王施入目録、陀羅尼版木などである。(7)なお須弥壇下に置かれている根本香水瓶は破損することなく、香水も無事であったと学侶方「修中日記」に記されている。

二月堂の炎上から一夜が明け、三月十四日の行法は当初、法華堂で行う予定であったがさまざまな道具がそろわないため宿所で行われた。新しい厨子に納められた小観音は新造屋から法華堂内陣（正堂か）内へ遷され南向に安置された。涅槃講は法華堂に場所を移し

て行われ、満行を迎えたのである。
さて炎上後　焼け跡の中に立っていた大観音はすぐに御簾で囲われたが、仮堂を建てる動きもすぐに出てきている。

(史料六)「二月堂練行衆日記　両堂記　第六番」

一、両堂学侶四職ノ遂練二月廿七日ヨリ心精進シ初メ閏二月三日至テ其日ハ別火トシ練行輩老籠荷守護トシテ本堂ノアトニカリ堂造リ酉ノ刻ニ遷シ奉ル
就間十四日ノ焼失ノ砌火事様子ヲ目録ニ作リ所ノ奉行土屋忠次郎殿ヨリ飛脚ヲ下シ火事趣明ニ訴ル依之アトノ造栄（営）ノ事無相違可被為御再興旨僧侶等作帖叙之思畢　（傍線筆者）

炎上から半月後、翌閏二月三日に仮堂が東大寺の手によって建てられたのである。直前には修二会の時と同じように心精進（前行にあたるものか）が七日間行われている。そして新しい厨子に納められた小観音も法華堂から遷されている。

また奈良奉行所へも二月堂炎上の詳細な報告がなされたようである。

図1はその報告の際に作成されて提出されたものの控え図として東大寺に残されたものと考えられる。この図に描かれる尊勝陀羅尼版木の焼損状況は現在も東大寺に保管されているものと損傷状況が酷似しており、焼け跡から救い出された版木の一つであることがわかる。

二月堂炎上の第一報はすでに二月十九日に幕府へ伝わっているが[8]、二月堂炎上時の詳細な状況はこれらの報告を受けて奈良奉行を通じて幕府に伝えられたのであろう。

東大寺から幕府へ二月堂再建の請願が行われたことも記されてい

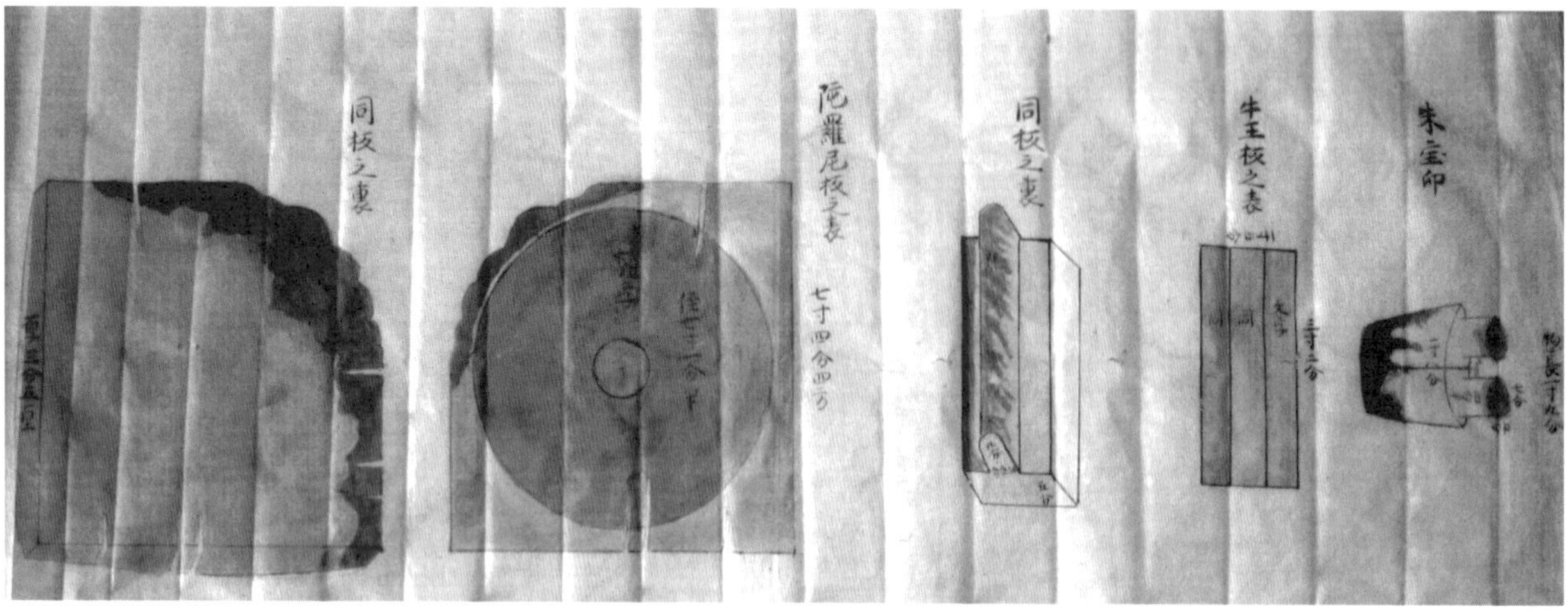

図1　二月堂牛玉宝印・尊勝陀羅尼版木焼損図

るが、学侶方「修中日記」寛文八年条にはその状況が詳細に記されている。

（史料七）「修中日記第廿」寛文八年条

一、焼失已後傷行法之退転満寺含悲未訴武家之処先而如前々可有造営之由自将軍源家綱公被申付当郡代官土屋忠次郎畢不思議之事偏為大聖之威神歟

諸人同所歎也其後英性法印下江府訴造営於将軍家於時老中酒井雅楽頭忠清稲葉美濃守正則阿部豊後守忠秋久世大和守広之板倉内膳正重矩寺社奉行加加爪甲斐守直隆小笠原山城守長頼南都代官土屋忠次郎忠元出仕之席陳訖

寛文八年の修二会前までに炎上時、上七日に大導師を勤めた四聖坊英性が江戸に下向し、老中など幕閣に再建を訴えている。ここには請願の日付などは書かれていないが、「徳川実紀」五月十五日条に「南都東大寺より惣代を出して、二月堂災後御造営ありしを謝し奉る」と東大寺から再建が許可されたことの御礼に幕府へ出向いたことが記されており、幕府の二月堂再建許可及び支援は炎上後、早々に決定していたようである。(9)

さて、その後二月堂再建関係の記録としては、年預五師によって書かれる東大寺の公的な記録「東大寺年中行事記」に書かれる寛文七年九月条に記されている。

（史料八）

一、二月堂為造営之積公方之大工鈴木与次郎丁未九月廿四日ニ当地へ上著ニ付翌日為見廻彼宿所押上町墨屋清五郎所へ被参時之使僧年預宝厳院実賢上生院晋英両人也

一、同廿四日二月堂地築手始畢

幕府方の大工である鈴木与次郎が九月二十四日に二月堂造営費用の算定のために東大寺に来寺している。その日は二月堂再建のための地築が始められた日であった。

ところで近年筆者が再確認をした(10)「奈良二月堂地割図」には図の右下には御被官大工の肩書きを持つ鈴木与次郎が署名、捺印がみられ（図2）、端裏には「寛文七丁未七月日」の墨書がある（図3）。この「年中行事記」に記される鈴木与次郎と「地割図」に署名している御被官大工・鈴木与次郎は同一人物とみてよく、幕府の大工頭・鈴木修理亮の配下にあった人物と思われる。(11)

九月二十四日に地築が始められ、その日に地割図の作成者が費用算定のために来寺していることを考えると、端裏に書かれる寛文七

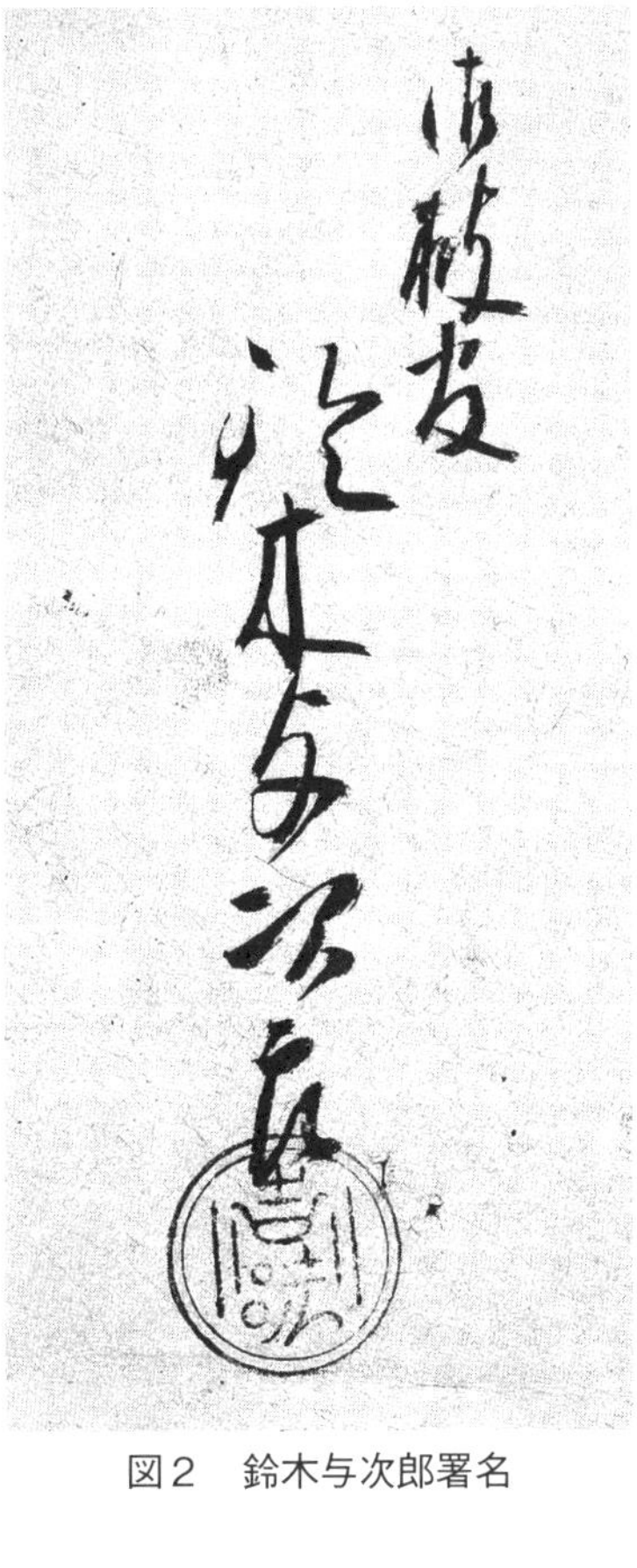

図2　鈴木与次郎署名

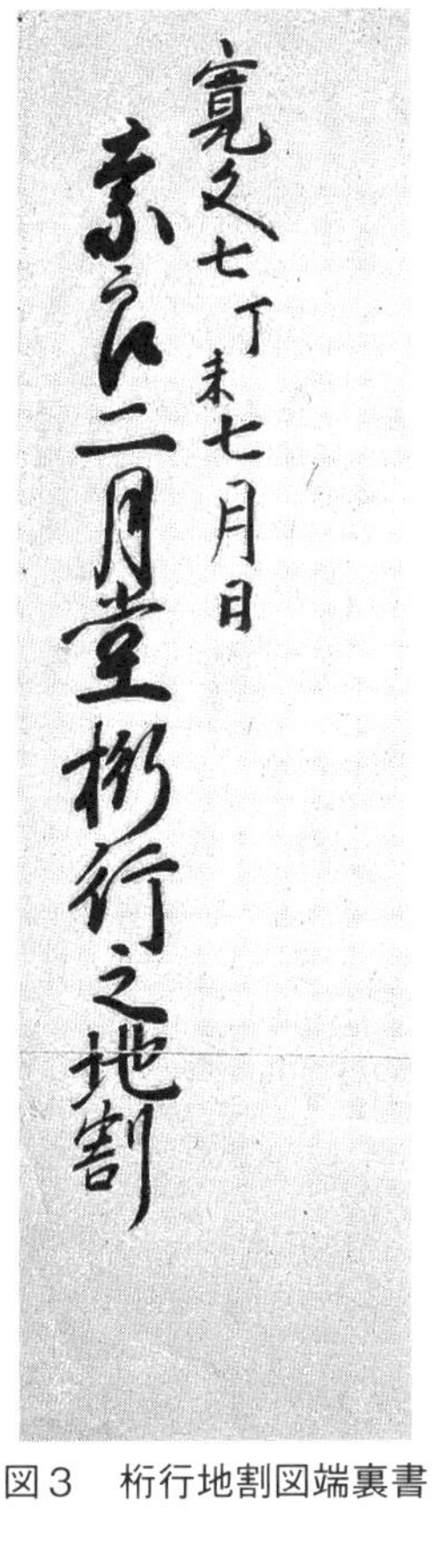

図3　桁行地割図端裏書

年七月までには再建のための地割図が作成されたのであろう。

三　二月堂再建地割図

ここで「再建地割図」の詳細をみていこう。二月堂再建地割図は東西方向断面図の「桁行地割図」と南北方向断面図の「梁行地割図」の二鋪がある。桁行図（図4）には「桁行京間拾三間五尺弐寸」、梁行図（図5）には「梁行京間拾壱間弐尺六寸」との書き込みがあり、柱には「丸柱指渡シ壱尺三寸」との墨書もある。これらの数字を京間一間＝一九七cm、一尺＝三〇・三cm、一寸＝三・〇三cmで換算すると、梁行＝二二・四五七八m、桁行＝二七・一八五六m、柱は、三九・三九cmとなる。現在の二月堂の平面柱間は、梁行二二・四五八m、桁行二七・一八六mとされており[12]、柱の直径はおおむね四〇cmである[13]。地割図に書かれている数字は現二月堂の数値

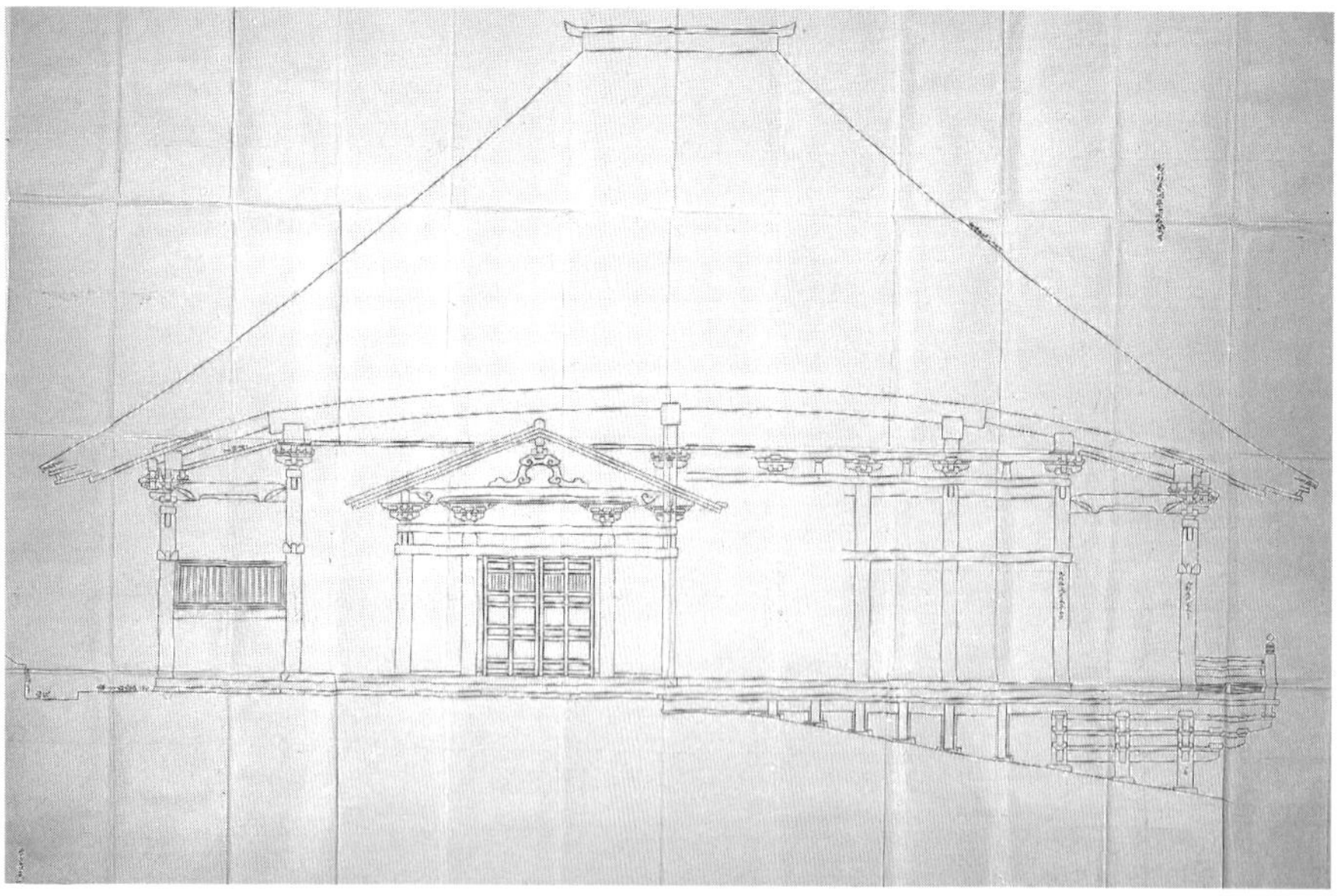

図４　再建二月堂桁行地割図

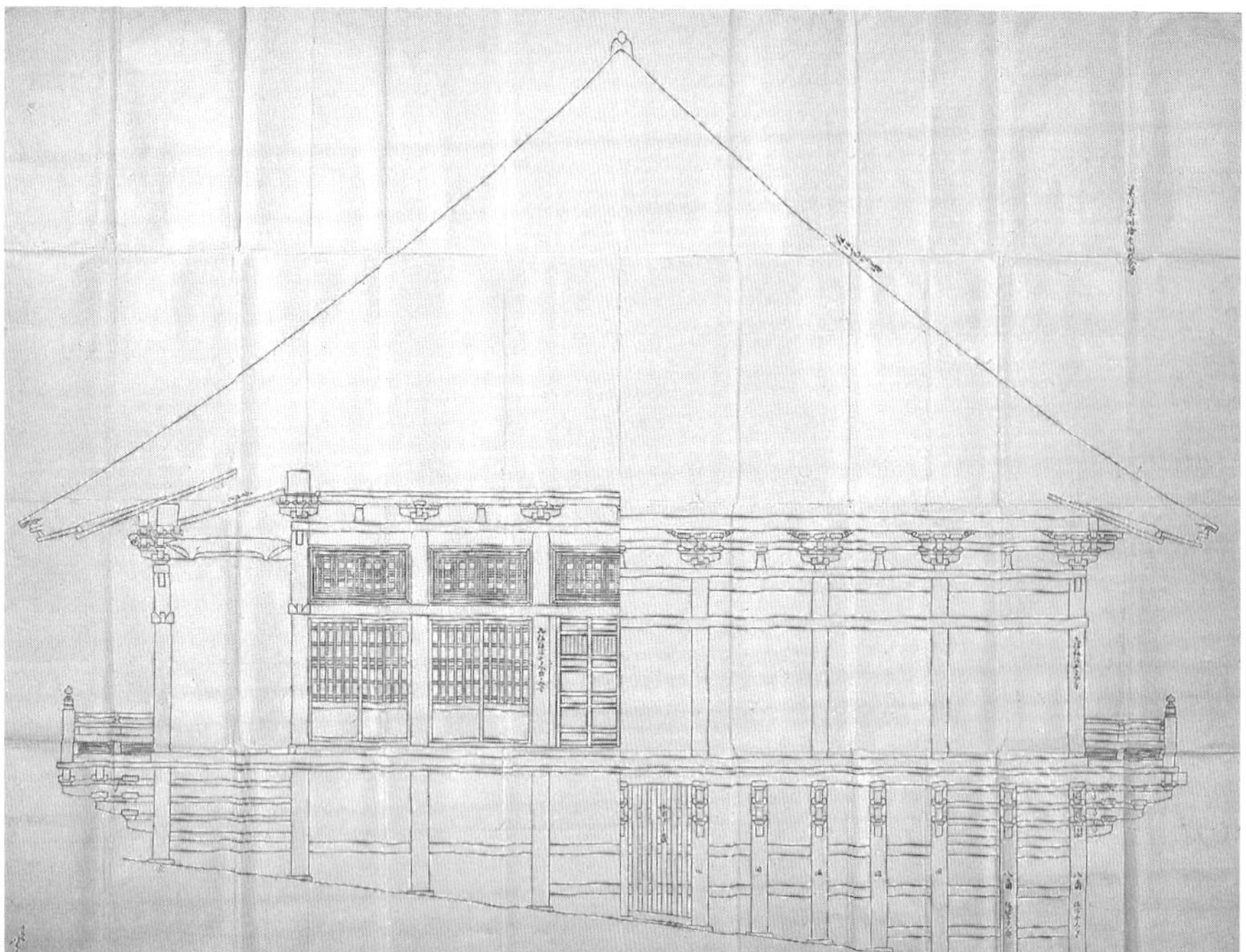

図５　再建二月堂梁行地割図

図６　二月堂内陣（植田英介氏撮影）

とほぼ同一である。さらに図にはヘラで押し書きしたとみられるくぼみ線や中心点をとるための針穴がある。これらのことから二月堂を再建するために描かれた地割図の一つであると確認できる。

桁行地割図の中央よりやや左（東）方には屋根がある小堂が描かれている。これは位置や規模、また現状の内陣（図６）の状況とほぼ相違がないことから内陣の図であろう。

ところで、桁行地割図には図7にみるような小図が挟み込まれていた。それには「仏だんの上ば」、「御内陣板敷ノ上ば」、「石垣かくしの板」、「御内陣の柱四本太サ壱尺壱寸」などの書き込みがある。ここに描かれる〝内陣の柱〟は、図8にある現状の〝須弥壇〟の四隅の柱形状に酷似している。また「石垣」とは大観音の下にあるとされている岩盤のことを指すものと思われ、この小図は現在の須弥壇周辺の高さなどの状況を描いたものであると推測される。この小図にあらわされる〝仏だん〟とは須弥壇のことで、御被官大工・鈴木与次郎が地割図を作図したであろう寛文七年七月の時点では閏二月に建てられた「仮堂」、すなわち須弥壇がすでに存在しており、鈴木は須弥壇の高さを考慮に入れて扉など位置や高さを決めて内陣を設計、さらに礼堂、舞台周辺まで二月堂全体の地割図を作成したものと思われる。

四　二月堂の再建

地割図が出来上がり、再建の準備がほぼ整えられたのであるが、〝不退の行法〟である修二会を途切れることなく、翌年も続けるために本格的な再建の前に二月堂仮堂（仮屋）が建てられた[14]。「年中行事記」寛文七年十月四日条には「二月堂仮屋御普請ニ付棟梁大工并材木屋拾人余年預所宝厳院ニ而馳走畢」とあり、鈴木与次郎が来寺し地築始を行った直後に仮堂が造り始められている。この仮堂も幕府による普請であったようで、修二会直前の翌八年一月二十二日には完成し、奈良奉行土屋忠次郎より引き渡されている[15]。

寛文八年二月、修二会が仮堂で行われ、満行の直後から、二月堂再建に向けて再び動き出した。仮堂を翌年の修二会にも使用するためか二月堂本体の工事は開始されずに堂周辺の整備が始められている。二月十六日には基壇の石敷の普請が始められ、二十二日には再建の釿始の儀式が行われた[16]。

しかしながらその後しばらくの間、「年中行事記」に二月堂関係の記録が途絶えており、寛文八年中の再建工事の進行状況は判然と

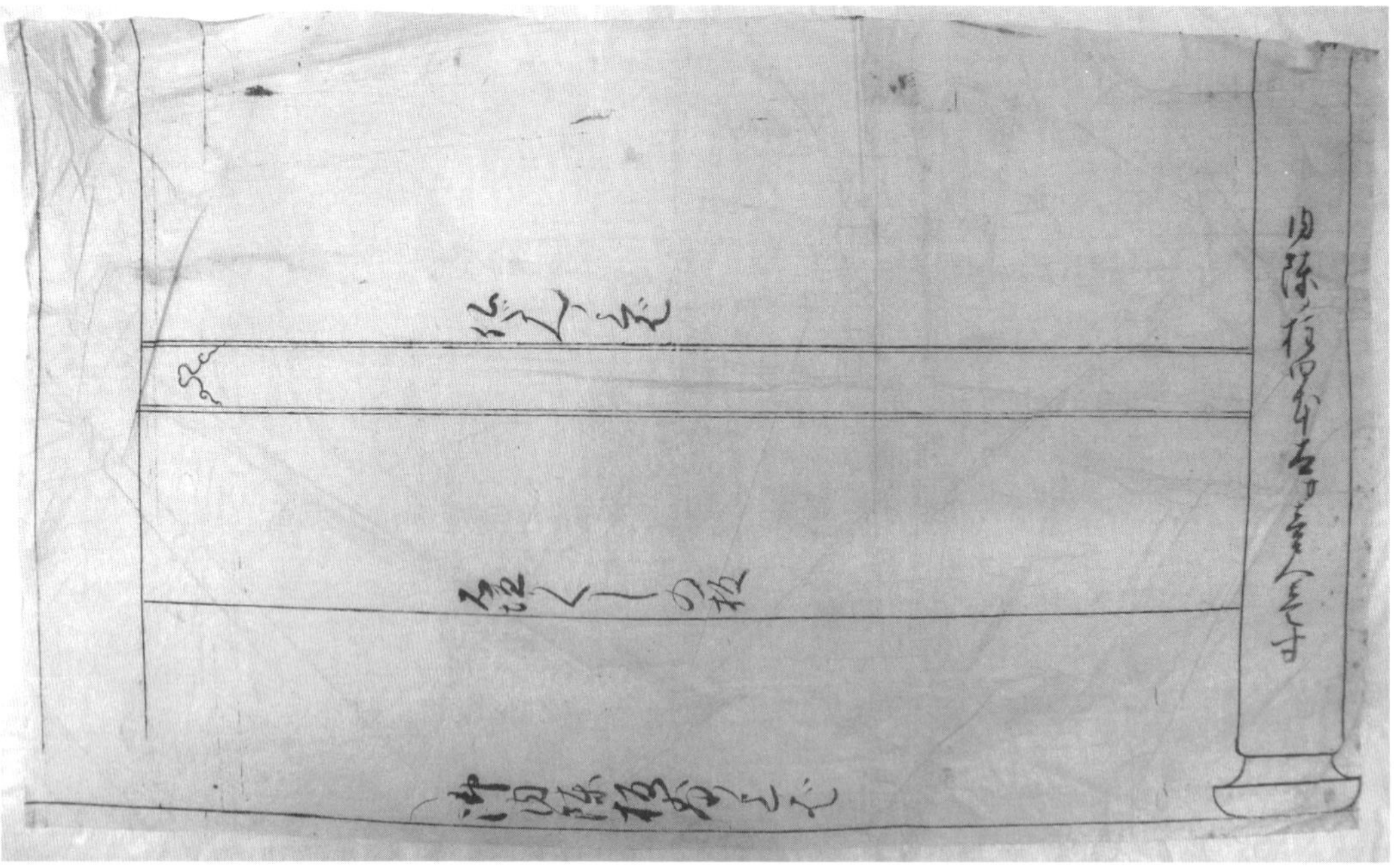

図７　桁行地割図付図

図８　現状須弥壇（今駒清則氏『南無観』より）

しない。また「修中日記」寛文九年の条にも再建のことは触れられていない。おそらくはまだ大仏殿や廻廊のなかった大仏前に設けられていた大工小屋での用材の加工細工がされていたのであろう。

この年の二月、修二会が仮堂で満行を迎えた後、四月一日に二月堂柱立て、十一日に内陣柱立てが行われている[17]。

これよりも前、三月二十日には二月堂再建後の供養について幕府へ相談するよう奈良奉行からの助言を受け、相談のために東大寺から当時の東大寺別当（東南院門跡）である俊海が居住する京都・小野随心院へ訪問している[18]。

（史料九）「年中行事記」寛文九年三月条

一、二月堂堂供養之義并八幡宮御造営之詔訴ニ東南院殿ヨリも江戸へ御詔訴被成候者可然之由土屋忠次郎殿四聖坊へ内証被仰入候ニ付三月廿日金珠院正法院為相談之小野へ被参事

進物斗入壱荷持参畢

このように、二月堂の再建工事は順調に進んでいたようで、五月九日には上棟式が行われ、十二月二十三日に二月堂が完成、奈良奉行から東大寺に引き渡されている。年が変わり寛文十年一月には幕府方の完成後の検分が行われ[19]、二月には「先規に違わず」再建がなった二月堂で修二会が行われ、無事満行を迎えている。

この年の「修中日記」（学侶方）には次のように記されている。

（史料十）「修中日記第廿二」寛文十年条

一、自寛文八戊申年至同九年極月造営不違先規無残成就鏤刻盡功庄厳巍々諸人驚目信仰益深満寺生歓喜思弥抽丹精祈請国家平安文武久長矣

奉行　土屋忠次郎忠元

大工　法隆寺住　平井金右衛門藤原信休

同　平井市郎兵衛藤原正治

大阪住　向井太郎右衛門政易

法隆寺住　辻子勘十郎藤原清定

寛文九年五月の二月堂上棟頃より、上方大工の支配をしていた京都大工頭・中井大和守家の見廻（目付）棟梁として矢倉久右衛門の名が「年中行事記」などにしばしば見受けられるようになる。見廻棟梁が派遣されるということは二月堂の再建が幕府直轄（公儀）の作事であったことを示しており、実際、「修中日記」にも書かれるように中井家支配下の法隆寺大工を中心に再建が行われていたのである[20]。

おわりに

寛文七年の修二会期間中の二月堂炎上から再建までの経緯をみてきたが、史料七にみた「修中日記」寛文八年条にあるように、二月堂や修二会が国家祈禱の場であったとはいえ、この時期に幕府からすぐに再建の許可が下りることや幕府による作事は東大寺内では全く「不思議之事」であるとの思いであった。

東大寺は当番の僧侶が毎年のように江戸に下向し、何十年と露座であった大仏の修復や大仏殿の再建、あるいは奈良時代の大仏造立に関係のある八幡宮の再建を幕府に請願し続けていたのであるが一向に許可が下りなかったのである。このような状況の中で、二月堂はこれらに先んじて幕府の手によってわずか二年八ヶ月という短期間に再建された。そのため「不思議之事」であるとの認識が生まれ

たのである。

しかし二月堂の再建には大仏修復や大仏殿の再建とは違った背景があった。すなわち二月堂の炎上直前に数年間頻発した地震や経年によって二月堂の各所が損傷していた。そのために修理が計画され、すでに東大寺自身によって修理用材を確保、寛文八年の修二会後という修理時期までも決定されていたのである。

地震による損傷の状況は奈良奉行が検分、修理の必要性を幕府が認識し許可を出しているのである。

二月堂炎上直後に東大寺の手によって須弥壇周辺を整備し再建したことも大いに影響していた。二月堂再建地割図は存在していた須弥壇を考慮して、扉の位置や高さなどを決め、描かれたことがうかがえる。幕府は二月堂を新たに再建するというより須弥壇廻りを修理し整備するという認識ではなかったのではないだろうか。

東大寺では二月堂の再建にめどが立つ上棟式と同時に八幡宮末社の遷宮を行っている(21)。さらに二月堂が再建されるとすぐに京都所司代に造営の御礼に上京しているが、これと同時に東大寺内の修理が必要な堂舎の絵図を所司代に提出している。大仏造営、東大寺創建のシンボル的な存在である八幡宮の整備をきっかけに長年懸案となっていた伽藍全体の復興を視野に入れ始めたのである(22)。

二月堂炎上時、処世界として参籠していた公慶が幕府の許可を得て、大仏修復の勧進活動を開始するのは二月堂の再建から十五年後、貞享元年（一六八四）からで、その後大仏殿東軒廊が完成し江戸の伽藍復興が一段落する元文二年（一七三七）まで現代にまで通じる境内のさまざまな堂舎が復興されていくのである。

（ばんどう　としひこ・東大寺史研究所研究員）

註

（1）寛文七年の二月堂炎上に言及した先行研究には堀池春峰「二月堂の炎上と文書聖教の出現」（『南都佛教史の研究』東大寺篇　一九八〇年　法藏館）、山岸常人「二月堂建築空間の変遷とその意義」（『南都佛教』第四十八号　一九八二年　のち『中世寺院社会と仏堂』一九九〇年　塙書房に収録）がある。

（2）治承四年の平重衡による兵火で二月堂の附属建築である湯屋や閼伽井屋が焼失してしまったが、二月堂本堂は南端に火がかかったものの大事には至っていない。これ以降も二月堂は修二会行法中に何度か出火し炎上の危機があったがいずれも焼失までは至っていない。前掲山岸論文参照。

（3）寛文二年五月一日の大地震における京都の寺方被害については「寺方弐百五拾軒破損」、「祇薗石の鳥居折倒」、「智音院（ママ）南禅寺其余五山寺北野社大仏廊築地破損」との記録がある。（東京大学地震研究所編『新収日本地震史料　補遺』（東京大学地震研究所、一九八九年）一六二頁。

（4）元和七年の二月堂屋根修理の状況は「修中日記」第十八、元和八年条に次のように書かれている。

一、本堂之屋根雖大破修理之料物依難調送年序之処堂童子二徳京都江致上洛廻調法勤於女院幷公家衆以奉加元和七年辛酉自五月一日雇当寺之大工幷他所ニ番匠衆令破壊椽等盛取替者也則六人之沙汰人衆替テ番自早朝被出東方之分同晦日仁造畢訖

この二月堂屋根の修理は資材調達が難しい中、公家からの援助を受けて元和七年五月の一か月を要する大規模な修理であった。

（5）近代以前、東大寺の僧侶集団には大きく分けて学侶方と両堂（堂衆）方という二つの集団が存在した。二月堂修二会はこの二つの僧侶集団が協力して行う法会であり、「修中日記」は学侶方と両堂方、双方がそれぞれに書き残している。

（6）堂衆方の日付については子の刻（夜十二時頃）を越えると翌日の日付を記している。そのため学侶方の「修中日記」と一日の違いが出る。

（7）当時、東大寺内で聖武天皇直筆の八十巻華厳経と伝えられていた経巻は、現在二月堂焼経として広く知られているもので、その筆致や内容から奈良時代、写経所で書写された六十巻華厳経であるとされている。

（8）『徳川実紀』寛文七年二月十九日条に、「この十四日南都東大寺の二月

堂より出火し、本堂ことごとく焼失せしよし注進あり」と記されている。

(9)『徳川実紀』寛文七年五月十五日条に「南都東大寺より惣代を出して、二月堂災後御造営ありしを謝し奉る」とあり、二月堂再建の決定はこれ以前ということになる。炎上からわずか二、三ヶ月という非常に短い期間の決定であった。ちなみに公慶が勧進許可の請願から〝勝手次第〟の許可決定まで一ヶ月、八幡宮の再建に至っては最後まで許可が下りなかったのである。

(10)宗報『けごん』第九〇号（平成二十一年二月十五日発行）。地割図の端裏には「南都佛教図書館」のラベルが貼られている。寛文七年の作成当時より東大寺に伝来していたものと思われる。

(11)元禄年間行われた近江多賀大社修理の入用積もり金の吟味を行った際の文書に幕府被官大工棟梁として鈴木与次郎の名がみられる。（川上貢『近世上方大工の組・仲間』思文閣出版　一九九七年）を参照。

(12)前掲註（1）山岸論文および『奈良六大寺大観』九（東大寺一）（岩波書店　一九七三年）に掲載の数値による。

(13)地割図に描かれる柱の直径は約四cmで、現二月堂の舞台上柱の直径が筆者の計測で四十cmであることからこの図は十分之一図とみることができる。なおこの地割図には屋根内の小屋根組や一部の柱が描かれていないなど再建するには不十分な箇所があり、再建のためには他にも詳細な図が数点存在していた可能性がある。

(14)寛文八、九年の二年間修二会が行われた二月堂仮堂については、その建築期間の短さからも、屋根などは簡易的なものであったと思われる。仮堂の一部は二月堂が再建される際には取り込まれたのであろうと思われるが、仮堂の構造や規模などは「修中日記」や「年中行事記」にも記録されておらず、詳細なことは判明していない。

(15)「年中行事記」寛文八年正月条に「一、二月堂仮屋出来ニ付而同廿二日土屋忠次郎殿ヨリ被相渡別請取状四聖坊ヨリ被遣畢」とある。

(16)「年中行事記」寛文八年二月条に次のように記されている。

一、二月堂修中練行衆十五人仮堂ニ而行法無恙被成満畢

一、同廿一日二月堂釿始在之ニ付而土屋忠次郎殿御内石川三大夫中條太郎右衛門被出寺中ヨリ者四聖坊金珠院被出畢

一、二月十六日ヨリ二月堂普請手始石築并大佛之前ニ大工小屋等立之

(17)柱立が二月堂としてのものと内陣だけのものと二度行われたのは、二月堂における戒律意識が存在していたことのあらわれではないだろうか。今回の造営に際しても炎上直後、七日間の心精進を行った後に仮堂を建立したように、内陣へは練行衆のみしか入れない特別な場所であり、局、礼堂、外陣などとは別に内陣の柱立を行ったのであろう。

なお十三世紀には阿弥号を持った者が練行衆となって修造に携わるなど厳密に規律が守られていた様子がうかがえる。前掲註（1）山岸氏論文参照。

(18)奈良奉行からは二月堂炎上以前より幕府に請願し続け、江戸下向が恒例事化となっていた八幡宮造営の請願も合わせて行うよう助言されている。これは創建時、八幡神の神助によって大仏造立がなったという故事によって、大仏修復、大仏殿再建にはまず八幡宮が再建されるという意識があり、長年、幕府に請願していたのである。

(19)「年中行事記」から関連記事を挙げておく。

（棟上）

寛文九年五月

一、五月九日二月堂棟上ヶ為祝儀於新造屋学侶老若并諸役人等宮ノ下迄不残一献在之赤飯雑煮肴出茶所ニ而ハ酒在之

一、土屋殿家老三人三大夫太郎左衛門下奉行三人矢倉久左衛門瓦師大工小屋赤飯樽肴宿々へ遣者也

（二月堂完成、引き渡し）

寛文九年十二月

一、二月堂御造営首尾相調同廿三日ニ寺へ堂被請取畢

一、同廿四日ニ五味藤九郎殿二月堂請取為御礼之上生院四聖坊金珠院被参候事

一、二月堂造営出来申ニ付両人之奉行并大工金左衛門矢倉久左衛門足軽二人ハ極月廿四日ニ五升樽壱ツ宛為祝儀遣畢

（二月堂検分）

寛文十年正月

一、同廿八日ニ五味藤九郎殿、松平新九郎殿同道ニて八幡宮二月堂へ参詣、新造屋ニて霊宝出畢

二月堂ニて礼堂へ御入ニて御普請見分ニて一々帳ニ付、其日ニ京都へ直ニ御登り候事

(20)谷直樹『中井家大工支配の研究』（思文閣出版　一九九二年）を参照。

(21)表紙に寛文九年七月の日時が記される「八幡宮末社遷宮并二月堂上棟

之日記」と題される冊子があり、二月堂上棟と遷宮が同時に行われ、見廻棟梁矢倉久右衛門らに上棟と遷宮の祝儀振舞が贈られたことが記録されている。

(22) 再建された二月堂が東大寺へ引き渡された直後、京都へ上京、所司代へ伽藍堂舎の破損状況の絵図を提出、受理されている。

「年中行事記」寛文九年十二月条

一、二月堂御造営出来申御堂者寺へ請取為御礼幷ニ一類之伽藍七ヶ所及大破ニ候故為詔訴之絵図等持参ニて極月廿五日ニ上生院、四聖坊、金珠院、堀池順益、板倉内膳殿へ上京畢首尾好絵図者内膳殿ニ納畢

付記

平成二十一年十二月のシンポジウムでの報告後、幡鎌一弘氏より二月堂炎上直後の様子を記した「二条源乗日々記」(天理図書館蔵)の存在やその内容についての教示を受けた。二月堂炎上後、焼け跡には本尊・大観音が西面、直立していたことやすぐに御簾で囲われたこと、大観音を守護する人々が連日出たことなどが記載されているとのことである。しかし「二条源乗日々記」の内容を検討するまでには至らず、本稿には反映することが出来なかった。

東大寺二月堂修二会の神名帳奉読について

佐藤道子

はじめに

十一月十六日は、東大寺の初代別当 良弁僧正の命日とされている。[1] 東大寺では、ひと月遅れの十二月十六日に忌日法要を勤修した後、翌年の修二会《しゅにえ》に参籠《さんろう》する僧名が発表される。この日に発表が行われるのは、参籠の任命が、良弁僧正自らの意志による、と考えられてきたためであり、忌服などやむを得ぬ事情がない限り辞退は許されない。任命された人は、この日から心用意の書き物をしたため、声明《しょうみょう》の稽古に励み、日常業務を整理するなど、もろもろの準備を進める。

東大寺が、二月堂の修二会を非常に重んじていることは、この一事でも明らかであるが、この法会は、天平勝宝四年（七五二）の始修以来、一年たりとも欠かすことなく勤修し続けてきた、と伝えられている。修二会という名称の通り、本来は旧暦二月一日から二月十四日まで勤修されていた。現在、一箇月遅れの三月一日から十四日まで（実質的には十五日明け方まで）勤修されているのは、暦法が変ったことに伴う明治六年以降の改変による。

この法会で、毎夜奉読される神名帳は、法会の主たる要素ではない。しかし日本古来の〝神〟観念―人の力の及ばぬ、超越的な存在―や、わが国における神祭りの重要性に思いを致せば、仏教法会の場に神を勧請することの意義を見過ごすことはできない。加えて、二月堂の修二会は、本筋の仏教法要の勤修以外にも多面的な要素や行事を取入れており、しかも個個の特色を損なわぬよう、手を尽し工夫を凝らしている。結果的に、その多面性によって、大寺院の大法会としての厚みや興趣を増してもいる。そこで、ここでは二月堂の修二会における神名帳奉読に焦点を当て、多少の考察を加えてみようと思う。奉読の意味やその史的展開を追うことで、この法会の多彩な側面を描くのが目的である。

記述の便宜のために、法会全体の構成と、それを実施するための人的構成についての一覧表を、次ページに表Ⅰ・Ⅱとして掲げた。神名帳の奉読は、表Ⅰの「大導師作法」―初夜 の冒頭に行われる。連日の作法である。

表Ⅰ　東大寺修二会の組み立て

- 東大寺修二会
  - 前行
    - 別火（2月20日～2月末日）
  - 本行
    - 開白作法
      - 大中臣祓（2月末日午後6時過ギ）
      - 袈裟給り（3月1日午前1時頃）
      - 授戒
        - 上七日授戒（3月1日［袈裟給り］直後）
        - 下七日授戒（3月8日正午）
      - 一徳火（3月1日午前2時頃）
      - 開白法要（3月1日［一徳火］直後）
      - 総神所（3月1日日没直後）
    - 六時作法（連日）
      - 悔過作法
        - 日中（午後1時頃）
        - 日没（日中アト。但シ5・7・12・14日ハ［数取懺悔］アト）
        - 初夜（午後7時。但シ12日・14日ハ例外）
        - 半夜（初夜直後）
        - 後夜（［法華懺法］アト。又ハ［走り］直後）
        - 晨朝（後夜直後）
      - 大導師作法
        - 初夜（初夜［悔過作法］直後）
        - 後夜（後夜［悔過作法］直後）
      - 呪師作法
        - 初夜（初夜［大導師作法］直後）
        - 後夜（後夜［大導師作法］直後）
    - 付帯作法
      - 食作法（連日正午。8日ハ［授戒］直後）
      - 例時作法（連日日没直後）
      - 数取懺悔（5・7・12・14日、日中直後）
      - 法華懺法（1～4日・8～11日、半夜直後）
      - 走り（5～7日・12～14日、後夜直前）
      - 達陀（12～14日、後夜［呪禁作法］ノ終幕）
    - 別作法
      - 実忠忌（5日、初夜［悔過作法］直前）
      - 小観音（7日）
        - 出御（初夜［悔過作法］直前）
        - 後入（後夜［悔過作法］直後）
      - 水取り（12日、後夜［悔過作法］途中）
    - 結願作法（3月15日）
      - 〈内陣〉涅槃講（午前2時頃）
      - 牛玉宝印（［涅槃講］直後）
      - 神供（［牛玉宝印］直後）
      - 結願法要
        - 呪師日没（［神供］直後）
        - 大導師初夜（［惣神所］直後）
      - 総神所（呪師日没直後）
      - 灌頂護摩（大導師初夜直後）
  - 後行
    - 〈礼堂〉涅槃講（3月15日午後1時頃）
    - 観音講（3月18日午前8時）

表Ⅱ　参籠衆の構成（括弧内は通称）

- 参籠衆
  - 練行衆《れんぎょうしゅう》
    - 四識《ししき》　役職者
      - 和上《わじょう》（和上）　戒和上。練行衆に戒を授ける。かつて四職の中で、堂衆が勤めることのできる唯一の所役であった。
        - 仲間《ちゅうげん》
        - 童子《どうじ》
      - 大導師《だいどうし》（導師《どうし》）　修二会の最高責任者として法会を統轄する。かつては学侶の所役であった。
        - 仲間
        - 童子
      - 呪師《しゅし》（呪師）　呪禁師。結界・勧請などの密教的修法を司り、神道的な作法も行う。かつては学侶の所役であった。
        - 仲間
        - 童子
      - 堂司《どうつかさ》（司《つかさ》）　法会進行上の監督責任者。かつては学侶の所役であった。
        - 加供奉行《かくぶぎょう》（加供）
        - 仲間
        - 童子
    - 平衆《ひらしゅ》　諸役分担者
      - 総衆之一《そうしゅのいち》または北衆之一《きたのしゅのいち》（衆之一）　平衆の統率役。かつては学侶方平衆の頭。
        - 童子
      - 南衆之一《みなみのしゅのいち》（南衆《なんしゅ》）　平衆の次席。かつては堂衆方平衆の頭。
        - 童子
      - 北衆之二《きたのしゅのに》（北二《きたに》）
        - 童子
      - 南衆之二《みなみのしゅのに》（南二《なんに》）
        - 童子
      - 中灯之一《ちゅうどうのいち》（中灯《ちゅうどう》）　会中の書記役。かつては中灯之一・中灯之二……と複数以上の中灯が居た。
        - 童子
      - 権処世界《ごんしょせかい》（権処《ごんしょ》）　処世界の補佐役。かつては堂衆方の末席。
        - 童子
      - 処世界《しょせかい》（処世界）　平衆の末席。かつては学侶方の末席。法要勤修に関する雑用役。
        - 童子
  - 三《さん》役《やく》
    - 堂童子《どうどうじ》　礼堂・外陣・閼伽井屋《あかいや》等を掌握し、練行衆の勤行に付随する外縁作法を担当。
      - 童子
    - 小綱《しょうこう》兼木守《こもり》　法会の会計・雑法務の担当者。かつては「算数の小綱」「行事の小綱」「木守」それぞれ別役であった。
      - 童子
      - 大炊《おおい》
      - 炊飯役
      - 院士《いんじ》
      - 調菜役
    - 駈士《くし》　湯屋を掌握し、雑法務にたずさわる。
      - 庄駈士《しょうのくし》
      - 湯の番

一　悔過会と神名帳奉読

(一)　祈年祭

わが国における伝統行事では、まず当事者が心身の穢《けが》れを払い、清められた心身を以て神迎えを行う習わしがある。神は、姿も形もないけれど、絶対的な力を持つ超越的な存在だから、穢れ多い人間は身を慎んでおそれ敬ったのである。神前にはさまざまの供物を献じてもてなし、神も人も共に食したり芸能を捧げたりして楽しみ、その上であらまほしい願意を述べて加護を祈る。最後には、神を元の場にお送りして終る。これは基本的な一パターンであり、宮中の御神楽《みかぐら》をはじめ、各地の伝統的な行事に、今も色濃く伝えられている。初春に行われる祈年祭《としごいのまつり》《きねんさい》も、その例外ではない。

祈年というのは、字義通り一年の除災招福を祈る行事である。人人に災厄が及ばず、国は安泰に、季節が順調に巡って実りの時には豊作がもたらされるように、と全ての人が心を合わせて願う。農耕を主たる生業《なりわい》とする民族にとって、それは最大の関心事であり、切実な願い事であったに違いない。国家的な規模で、祈年の神祭りが行われたのも必然のことであろう。『類聚三代格』に記載する寛平五年（八九三）三月二日の太政官符には、それが明らかである。

この太政官符によれば、祈年祭と共に六月と十二月の月次祭《つきなみ》、十一月の新嘗祭《にいなめ》を「国家之大事」とし、「歳災不起。時令順度。」（『国史大系』に拠る）と記しているから、まさに祈年である。この祭に預る五五八社では、特に潔斎して祭祀を行うべきだとも言う。寛平六年（八九四）十一月十一日の太政官符によれば、国司が禰宜《ねぎ》祝《はふり》部《べ》を連れて神祇官に赴き、幣帛や料物を持ち帰って現地の各社で祭祀を行い、そのさまを報告するのが、本来の制だったらしい。延暦二十年（八〇一）五月十四日の太政官符には、祈年祭を上祓《かみつはらえ》(2)に分類しており、析物二十六種を掲げている。上祓以上の大祓に預るのは大嘗祭のみだから、上祓に分類された祈年祭が、国として重視すべき祭祀と認識されていたことは疑いない。

(二)　悔過会

正月や二月に勤修される悔過会《けかえ》は、この祈年祭の仏教的表現と考えてよい。すべてに清浄を求める本質も、来る年の除災招福を祈り願う目的も変らない。現代でも、本尊は予祝を象徴する餅や造花などで華やかに荘厳され、実り豊かな年となることを願う人人の思いが、視覚的にも鮮やかに表現されている。法要を勤修する僧侶は、心身清浄であることが求められ、別火《べっか》する例や垢離《こり》をとる例もある。

悔過会という名称は、その眼目部分で、「悔過作法」とも称される法要を勤修することから名付けられている。罪障を懺悔するための法要である。人間は、自覚するとしないに関わらず、多くの罪を犯してしまう。その罪を、本尊に懺悔して赦しを請うことを目的としているが、最終的には、赦しを得て心身浄まったところで、数多の人人の願いを申し述べて実現してもらおう、という法要である。懺悔の心情をどう表現するか、ということも規定されていて、本尊を讃嘆しながら礼拝・行道《ぎょうどう》し、それを、日夜六時(3)に繰り返して勤修することが求められている。実行する人間にとっては苦行と言える法要形式である。この「悔過作法」を勤修する僧侶を、「練行衆《れんぎょうしゅう》」

と称するのは、その実態から生まれた呼び名と考えてよかろう。

本尊は、その至情を納受して行者（練行衆）の罪障を許し、願望もかなえる。さらには、練行の功徳が波及して、大勢の人人のさまざまな願望もかなえるのだ、という。経説は、悔過懺悔することの功徳の大きさをこのように述べているから、祈年という最大公約数的な願望の実現を願う人人にとって、悔過作法の勤修はかけがえのない営為と考えられたのであろう。付け加えれば、懺悔して清まることが、清浄を尊ぶわが国の民族性に合致したこともまた否めぬところである。

史料の上で、悔過という言葉の事例を追ってゆくと、現実の犯過を懺悔するための悔過もあり、祈雨のため・天皇不予のためなど、災禍を好転するための方策として、七世紀末以前には臨時に悔過した事例が多いし、その際に、僧俗の別を厳密に規定することもなかったらしい。人力の及ばぬ出来事が発生すると、情況の好転を願って、その都度、事に携わる人が身を清め悔過している。時を経るに従って、それが次第に恒例化したらしい。八世紀半ば過ぎの記述に、その表現が見られる。[4] ことに、神護景雲元年（七六七）正月には、畿内七道の諸国分光明寺で、一七日《いっしちにち》の間、吉祥天悔過之法を行うべく勅が発せられているし、その勅には、「因《テ》㆓此功徳《ニ》㆒。天下太平《ニ》。風雨順《ヒ》㆑時《ニ》。五穀成熟《シ》。兆民快楽《ニシテ》。十方有情《ノ》。同霑《クハント》㆓此《ノ》福《ニ》㆒」[5]（『新訂増補国史大系』に拠る）と明記してあるから、八世紀半ば過ぎには、悔過会が、現在と同様の目的で勤修される法会となり、公的な恒例行事とされるほどの認識を得ていたことがわかる。

二月堂の修二会も、この悔過会のひとつである。表Ⅰに明らかなように、連日、六時の「悔過作法」を忠実に勤修するばかりでなく、戒律や懺悔に関わる作法、神道や正純密教、民間習俗や伝説に至るまで、実に様様な要素が指摘される。にもかかわらずその何れもが有機的に関わり合い、一つの法会として屹立している。大きな特色である。

(三) 悔過会と神名帳

前述のように祈年が重視され、その仏教儀礼的な表現が生まれ定着し、現在に至っているといっても、伝存している諸事例の催行には盛衰があって、決して一様に推移したわけではない。時代の指向によって変容した面もあるし、個個の事情による変貌《へんぼう》もある。現在は、法会として確立し、寺院行事として行われているものから、民俗行事化して在家中心に経営されているものまで多岐にわたっている。また勤修される法要にしても、日夜六時の悔過作法を欠かさぬ例もあれば、初夜に悔過作法を、後夜に祈願の作法を勤修するだけの例、他の法要や行事を加える例、部分的な省略例、原型を留めぬまでに変化した例、中絶例など、枚挙にいとまがないほどである。しかしいずれの例をみても祈年の目的が明確であり、例外はない。これは興味深い共通点であり、悔過会と祈年の、深く強固な関わりを示してもいる。

さて、この悔過会の特色のひとつとして、神名帳の奉読事例の多さが挙げられる。

もちろん、既に中絶してしまったものもあるし、現行例にしても、掲載神名に全国的な広がりのある神名帳から、特定国内のもの、奉読の寺院中心のものもあって一定しないし、記載神数も奉読役の臈《らっ》次《し》も、奉読するに際しての節の有無も、共通性はない。

このような状況ではあるが、奈良県下には、ことに奉読事例が多い。確認した現行例だけでも、二月堂の修二会をはじめ、法隆寺の東院修正会・西円堂修二会、朝護孫子寺の修正会、矢田寺の修正会・修二会、野迫川《のせがわ》村旧徳蔵寺の修正会等があり、調査不能や未調査、中絶した事例として、興福寺・薬師寺八幡宮・松尾寺・長久寺・霊山寺・中ノ川観音寺などもある。その中で二月堂修二会の神名帳は記載神も多く、唱法にめりはりがあり、前後の所作にも特色があるなど、ひときわ目立たしい存在である。次章では、数多の神名帳奉読の具体例として二月堂における関連作法のあらましを記し、またその神名帳の全文を掲げ、具体的に奉読の実態を再現することとした。悔過会における神名帳奉読の重さを示す一例である。

二　二月堂修二会の神名帳奉読作法

(一)　奉読前後

二月堂では、内陣中央に須彌壇があり、その東面北寄りに神名帳が常置してある（次ページ図Ⅱ参照）。被《かぶ》せ蓋《ぶた》の箱に入り、「神名帳の灯《ひ》」と称する燈明をともして大切に扱われているし、後に述べるように、奉読役に渡す所作も丁重を極め、日本古来の神を崇《あが》める姿勢が溢れんばかりの作法が展開する。仏教の法会に、日本的な神観念から生まれたであろう神名帳が存在する、という異質な印象は、全くない。

　常置された神名帳とは別に、練行衆は、それぞれに神名帳を所持している。自分の神名帳という親近感もあるし、奉読上の注意事項を記入したりもして、これを奉読することが多い。ただし、形式上は須彌壇に常置されているものを奉読する形をとっている。

118〜119ページに掲げた本文(a)は、伝来の古本に則って荘厳用に記されたもので、奉読に用いるものではないが、書式は全く変わらない。また、115〜117ページに掲載した本文(b)は、聴聞の便のために、読み仮名に重点を置いて掲げたものである。

　須彌壇上の神名帳と燈明を、奉読役に渡すまでの堂司の作法にも人目をひくものがあって、神霊の影向を実感させられるが、少なくとも現在まで、他寺の作法に、これほど丁重な作法は見受けられない。以下に記すのは、その作法の概略である。

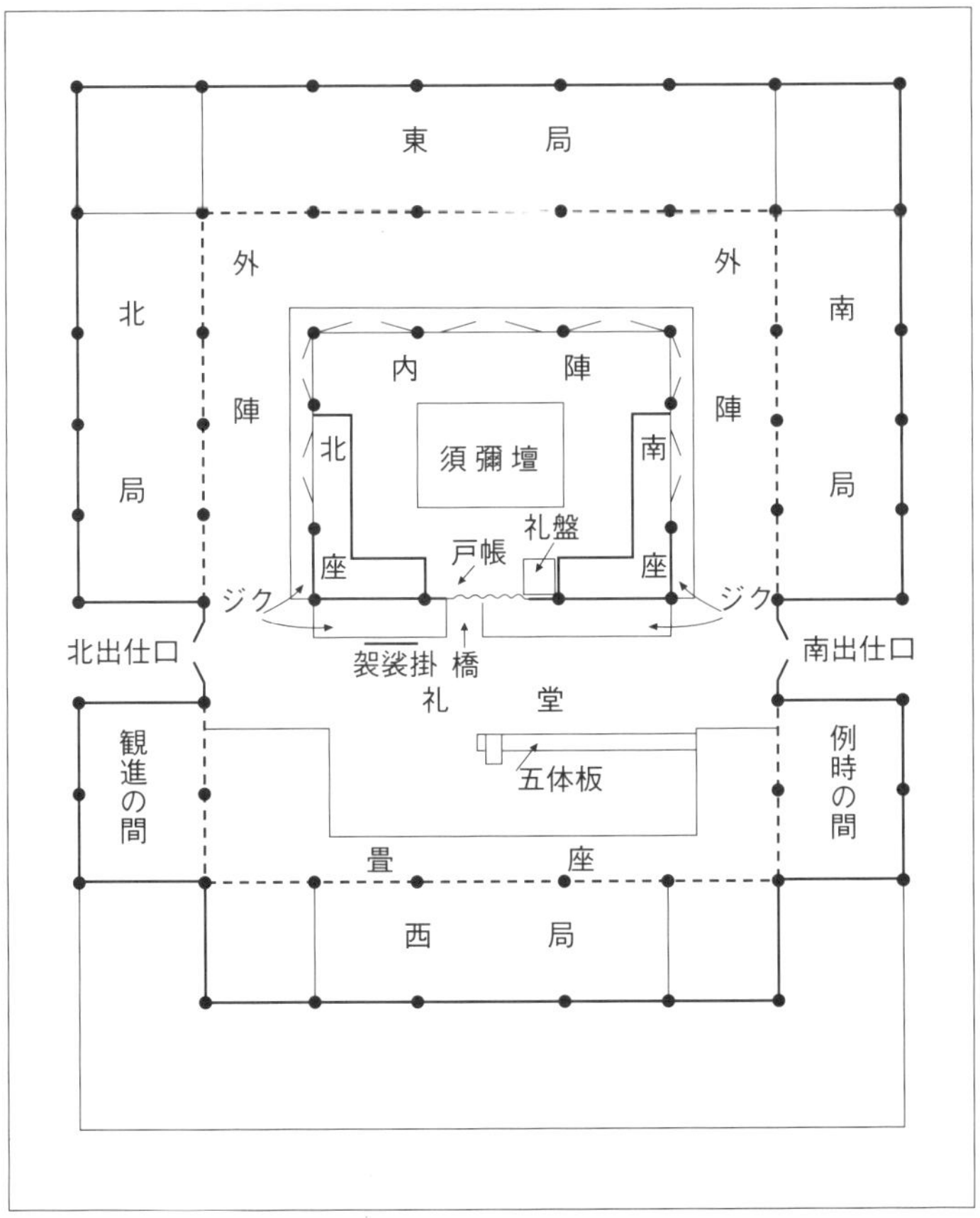

図Ⅰ　二月堂の図

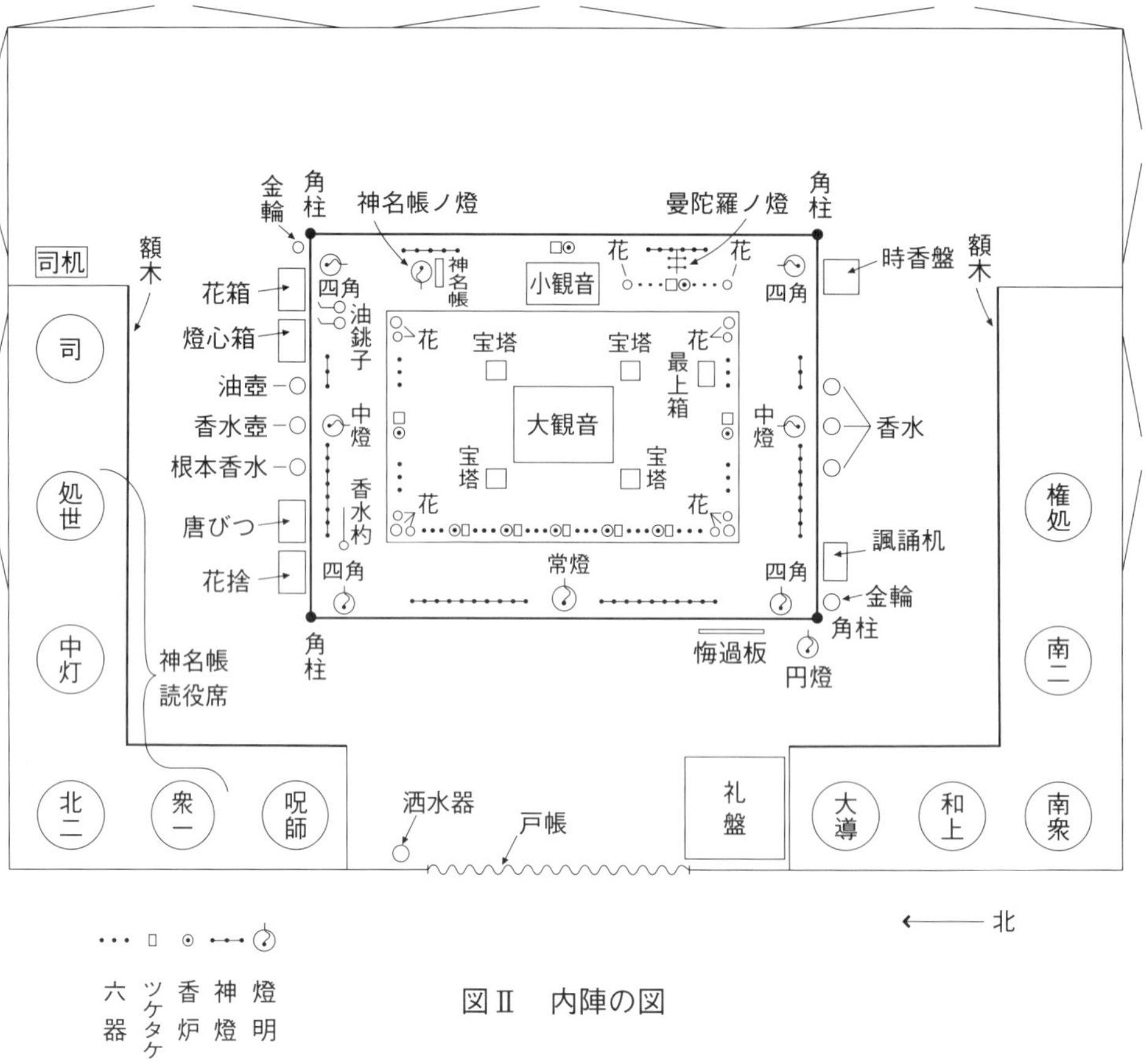

図Ⅱ　内陣の図

初夜の「悔過作法」が終ると、平衆が一斉に貝を吹合わせる。貝の音には、仏法を守護する神を驚覚させる呪力が宿っているという。南座と北座で呼応して、荒貝《あらがい》・学《まね》貝・長《なが》貝《ながめ》と三段に分けて吹き合わせる中で、堂司は次の法要の準備のために須彌壇の周りを駆け巡り、その後、神名帳の箱と燈明を取上げて、静かに北座の奉読役の前に行き、神名帳を渡す。第三章に述べるが、奉読は、古くは学侶が担当した。その名残で、現在でも北座で奉読する習わしとなっているが、臈次に配慮して、衆之一と処世界の席の中間の、奉読役の臈次に相当する位置に座る（図Ⅱ参照）。堂司は、奉読役の前で深く腰を落とし、横すべりに移動する（礼節《れいせつ》という）。この所作は諸神影向のさまを表すというが、その心を受けて、北座の練行衆は各自頭を下げる。堂司は神名帳を渡すとすぐ、須彌壇の四周に置かれた神《じん》燈《どう》（図Ⅱ参照）すべてに点火して回る。二本の神灯松明《じんどうのたいまつ》を両手に持って、五十余りの小燈明に点火する所作は、緊張感に満ちて美しいし、内陣が次第に明らんで、いかにも神の影向を迎える舞台が整う感がある。物音は、所作の進行を知らせる合図でもあるのだが、すべてが無言で進みながら、吹貝や振鈴や堂司の履物（差懸《さしかけ》という）の音も加わって、めりはりのあるひとときとなる。練行衆は無論のこと、聴聞者にも緊張感が漂う。

そのような中で、三礼文《さんらいもん》・如来唄《にょらいばい》・神分《じんぶん》と法要の段取りが進み、神名帳の奉読がはじまる。この次第でもわかるように、全体の進行はあくまで仏教法要の形式に則っているわけで、その法要を勤修する場に、まず日本の神神を呼び迎えることになる。しかし諸役の所作がこなれているから、一連の作法は流れるように進んでゆく。

ただし、仏教法要のかたちを取りながら、ほんのささやかではあるが神道的作法の残滓《ざんし》が混入している点を、指摘しておきたい。すなわち、先に記した次第に則して大導師が神分を唱えるが、その初句を「令法」と唱えはじめると、奉読役が柏手《かしわで》を打つ。また奉読役の奉読がはじまると、その他の練行衆全員が柏手を打つ（後掲本文(a)のはじめ参照）。柏手を打った後に護身法《ごしんぼう》の印を結び、呪を誦し、数珠を揉む。この部分に、ほんの僅かながら神仏混交の色合が指摘されるのである。こうして二月堂の神名帳奉読は始められる。

奉読の具体的な事柄は第三章に記すので、ここでは省く。

奉読が終ると、奉読役は神名帳を元の箱に納め、自ら、箱と燈明を持って須彌壇上の元の位置に返した後、自席に帰る。奉読のはじめの丁重さに比べて終りはごく簡略である。

(二) 神名帳奉読　奉読者　上司永照

二月堂修二会神名帳の全文。(a)は東大寺持宝院所蔵。便宜のため、段落名だけは後補した。(b)は竜松院所蔵本（藤原功長筆、上司海雲著『東大寺』所収）に拠り、左の凡例に従って読み仮名と段落名を付した。）

凡　例

一　読み上げの節の変り目となる段落ごとに行を改め、段落名を小字で頭記した。

二　本文の文字づかいは原本に従ったが、旧字体、異体字などは、特殊な場合を除いて現代通行の字体に改めた。

三　全文に読み仮名を施した。この場合、左記に従った。

(1)　現行の読み方（実唱各四例の聴き取りによる）に従って、発音の通りの読み仮名を施した。

(2)　読み仮名には平仮名を用いたが、促音・拗音・撥音は片仮名で表記した。

(3)　「じ」「ず」の発音表記には「ぢ」「づ」を用いず、「じ」「ず」で統一した。

(4)　長音は長音記号を用い、二音節に割って発音する場合には「おう」「おお」などの表記を行なった。また、「つ」と発音せずに鼻に抜く発音には「ɱ」と記した。

本文(b)

初段

依例奉勧請大菩薩大明神等《ンれいにおツてだいぼさɱだいみヨうじんとーかんじヨーじたてまつらん》　金峰大菩薩《きんぶだいぼさ》　八幡三所《はɱまんさんじヨの》
大菩薩《だいぼさ》　興文大菩薩《こーもんだいぼさ》　興成大菩薩《こーじヨーだいぼさ》　興松大菩薩《こーそだいぼさ》　興明大菩《こーみヨーだいぼ》
薩《さ》　興児大菩薩《こーにだいぼさ》　興叙大菩薩《こーじヨだいぼさ》　興進大菩薩《こーしんだいぼさ》　興高大菩薩《こーこーだいぼさ》　気《け》
比大菩薩《いのだいぼさ》　気多大菩薩《けたのだいぼさ》　高天大菩薩《たかまのだいぼさ》　熊野大菩薩《くまののだいぼさ》　走湯大菩《はしりゆのだいぼ》
薩《さ》　竹生島大菩薩《ちくぶしまのだいぼさ》　二荒大菩薩《たらのだいぼさ》　住吉大菩薩《すみよしのだいぼさ》　阿射大菩薩《あざかのだいぼさ》
白山大菩薩《しらやまのだいぼさ》　名智大菩薩《なちのだいぼさ》　月輪大菩薩《つきのわのだいぼさ》　滝蔵大菩薩《たきのくらのだいぼさ》　賀和《かわ》
良大菩薩《らのだいぼさ》　小峰大菩薩《おみねのだいぼさ》　法童法護両所大菩薩《ほーどーほーごーンりヨうじヨのだいぼさ》

二段

廿五所大明神《ンにじうごしヨのだいみヨうじん》　飯道大明神《いーみちのだいみヨうじん》　水分大明神《みごまりのだいみヨうじん》　小入大明《おにうのだいみヨう》
神《じん》　智々部大明神《ちちべのンだいみヨーじん》　水屋大明神《みずやのだいみヨうじん》　春日大明神《かすがのだいみヨうじん》　布留大明《ふるのだいみヨう》
神《じん》　大和大明神《おおやまとのだいみヨうじん》　大神大明神《おんまのだいみヨうじん》　宗像大明神《むながたのだいみヨうじん》　多大明神《おおのだいみヨうじん》
笛吹大明神《ふえふきのだいみヨうじん》　長屋大明神《ながやのだいみヨうじん》　桧皮大明神《ひわだのだいみヨうじん》　一言主大明神《ひとことぬしのだいみヨうじん》
高賀茂大明神《たかかものだいみヨうじん》　下賀茂大明神《しもつかものだいみヨうじん》　三歳大明神《みとしのだいみヨうじん》　竜田大明神《たつたのだいみヨうじん》
河合大明神《かわいのだいみヨうじん》　賀茂下上大明神《かものげじヨーのだいみヨうじん》　稲荷大明神《いなりのだいみヨうじん》　松尾大明《まつのおのだいみヨう》
神《じん》　木島大明神《このしまのだいみヨうじん》　大原野大明神《おはらののだいみヨうじん》　平野大明神《ひらののだいみヨうじん》　恩智大明《おんじのだいみヨう》
神《じん》　平岡大明神《ひらおかのだいみヨうじん》　片岡大明神《かたおかのンだいみヨーじん》　比叡大明神《ひえのだいみヨうじん》　比良大《ひンらのンだい》
明神《みヨーじん》　内外大明神《ンないげのンだいみヨーじん》　日前国県両所大明神《にɱぜんこくげんンりヨうじヨのだいみヨうじん》　熱田大明《あつたのだいみヨう》
神《じん》　多度大明神《たどのだいみヨうじん》　三島大明神《みしまのだいみヨうじん》　鹿島大明神《かしまのだいみヨうじん》　諏訪大明《すツぱのンだいみヨー》
神《じん》　天滅大明神《あまげしのだいみヨうじん》　串崎大明神《くしざきのだいみヨうじん》　松本大明神《ンまつもとのンだいみヨーじん》　大原大《おおはらのだい》
明神《みヨうじん》　和迩大明神《わにのだいみヨうじん》　楢大明神《ならのだいみヨうじん》　巻向大明神《ンまいむくのンだいみヨーじん》　高屋大明《たかやのだいみヨう》
神《じん》　山口大明神《やまぐちのだいみヨうじん》　間苫大明神《はいとまのだいみヨうじん》　大汝大明神《おおなんじのだいみヨうじん》　小汝大《すくなんじのだい》
明神《みヨうじん》　比曽大明神《ひそのだいみヨうじん》　崎山大明神《さきやまのだいみヨうじん》　委文大明神《しツとんのだいみヨうじん》　金村大《かなむらのだい》

明神《みヨうじん》 槻田大明神《つきたのだいみヨうじん》

三段

雨師大明神《あめしのだいみヨうじん》 墓西大明神《はかにしのだいみヨうじん》 池咩大明神《いけひめのだいみヨうじん》 小鷲尾大明神《おわしおのだいみヨうじん》 須智大明神《すじのだいみヨうじん》 曽我大明神《そがのだいみヨうじん》 忌部大明神《いんべのだいみヨうじん》 鏡作大明神《かんごーずくりのだいみヨうじん》 雲手大明神《うなてのだいみヨうじん》 杜屋大明神《もりやのだいみヨうじん》 畔大明神《ンなわてのンだいみヨーじん》 率河大明神《いざかわのだいみヨうじん》 脇杜大明神《わきのもりのだいみヨうじん》 祝園大明神《はわそのもりのだいみヨうじん》 水主大明神《みぬしのだいみヨうじん》 桙山大明《かせやまのだいみヨう》神《じん》 樺井大明神《かばいのだいみヨうじん》 弓削大明神《ゆンげのンだいみヨうじん》 榎本大明神《えのもとのだいみヨうじん》 広田大明《ひろたのだいみヨう》神《じん》 垂水大明神《たるいのンだいみヨーじん》 居炊大明神《いがしきのだいみヨうじん》 大鳥大明神《おおとりのだいみヨうじん》 聖大明《ひじりのだいみヨう》神《じん》 神上大明神《かむかみのだいみヨうじん》 丹生大明神《みぶのだいみヨうじん》 鳴大明神《なるのだいみヨうじん》 溝口大明神《みぞぐちのだいみヨうじん》 伊佐清大明神《いざきよのだいみヨうじん》 玉出島大明神《たまでしまのだいみヨうじん》 御崎大明神《みざきのだいみヨうじん》 中言大《なかごとのだい》明神《みヨうじん》 淡島大明神《あわしまのだいみヨうじん》 国津大明神《くんずのだいみヨうじん》 佐佐大明神《ささのだいみヨうじん》 猪田大《いたのだい》明神《みヨうじん》 伊斗大明神《いどのだいみヨうじん》 応感大明神《おーかんのだいみヨうじん》 火明大明神《ひあかしのだいみヨうじん》 宇禰奈《うねびの》大明神《だいみヨうじん》 穂積大明神《ほンずみのだいみヨーじん》 七国大明神《ななくにのだいみヨうじん》 伊勢馬立大明神《いせまたてのだいみヨうじん》 三上大明神《みかみのだいみヨうじん》 伊吹大明神《いンぶきのだいみヨーじん》 武部大明神《たけンべのだいみヨうじん》 若狭彦大明神《わかさひこのだいみヨうじん》 小潤生大明神《おにぶのだいみヨうじん》 生田大明神《いくたのだいみヨうじん》 名田大明神《なたのだいみヨうじん》 頚田大明神《くびたのだいみヨうじん》 中山大明神《なかやまのだいみヨうじん》 因幡大明神《いんなばのンだいみヨーじん》 浮山大明神《うきやまのだいみヨうじん》 香鳥大明神《かとりのだいみヨうじん》 剣大明神《つンるぎのンだいみヨーじん》 木津咩大明神《こつひめのだいみヨうじん》 鈴大明神《すずのだいみヨうじん》 熊代大明神《くましろのだいみヨうじん》 殊戔鳥大明神《すさのおのだいみヨうじん》 千築大明神《ちつきのだいみヨうじん》 金峰卅八所大明神《きんぶさんじうはツしヨのンだいみヨーじん》 八《は》大竜衆引田大明神《だいりうしうひきたのだいみヨうじん》 宗墓大明神《うねつかのだいみヨうじん》 東大大明神《あずまのだいみヨうじん》 石蔵大《いわくらのだい》明神《みヨうじん》 賀高大明神《かたかのだいみヨうじん》 草水大明神《くさみずのだいみヨうじん》 宮県大明神《みやがたのだいみヨうじん》 高杜《たかのもりの》大明神《だいみヨうじん》 巨勢咩大明神《こせひめのだいみヨうじん》 天見大明神《あまみのだいみヨうじん》 夢崎大明神《ゆめざきのだいみヨうじん》 枇《び》杷本大明神《わもとのだいみヨうじん》 藻原大明神《もツぱらのだいみヨうじん》 七社大明神《ななやしろのだいみヨうじん》 国見大明神《くにみのだいみヨうじん》 尾秦大明神《おはだのだいみヨうじん》 両岐大明神《ふたまたのだいみヨうじん》 盛本大明神《もりもとのだいみヨうじん》 多治比大明神《たちびのだいみヨうじん》 小守大明神《こもりのだいみヨうじん》 寺畠大明神《てらばたけのだいみヨうじん》 佐保大明神《さツぽのンだいみヨーじん》 隠岐大明神《おきざきのだいみヨうじん》 白石大明神《しらいしのだいみヨうじん》 椿本大明神《つンばいもとのンだいみヨーじん》 打示大明神《うちじめのだいみヨうじん》 大殿大明《おーとののだいみヨう》神《じん》 伊勢布留大明神《いせふるのだいみヨうじん》 蕪大明神《かぶらのだいみヨうじん》 子柿大明神《ねなしがきのだいみヨうじん》 伊和大《いわのだい》明神《みヨうじん》 狼大明神《おーかみのだいみヨうじん》 磯園大明神《いそののだいみヨうじん》 殖槻大明神《うえつきのだいみヨうじん》 坂戸大《さかどのだい》明神《みヨうじん》 家杜大明神《やけのもりのだいみヨうじん》 今木大明神《いまきのだいみヨうじん》

四段

酒屋大明神《さかやのだいみヨうじん》 玉寝屋大明神《たまねやのだいみヨうじん》 熊鞍大明神《くまくらのだいみヨーじん》 高野大明神《たかののだいみヨーじん》 日向天神立山大明神《ひうがてんじんたちやまのだいみヨーじん》 阿蘇大明神《あそのだいみヨーじん》 霧島大明神《きりしまのだいみヨーじん》 開聞《ひらぎきの》大明神《だいみヨーじん》 入羅大明神《ンにツらのンだいみヨーじん》 高来大明神《たかくんのだいみヨーじん》 神殿大明神《かんどののンだいみヨーじん》 息《おき》社大明神《やしろのだいみヨーじん》 新屋大明神《にいやのだいみヨーじん》 下部大明神《しもべのだいみヨーじん》 霜姫大明神《しもつひめのだいみヨーじん》 賀《か》須比大明神《すひめのだいみヨーじん》 生玉大明神《いくたまのだいみヨーじん》 狛杜大明神《こまのもりのだいみヨーじん》 藤杜大明神《ふじのもりのだいみヨーじん》 富士大明神《ふンじのンだいみヨーじん》 志貴宮県大明神《しきみやがたのだいみヨーじん》 赤早大明神《あかわせのだいみヨーじん》 閏佐子大《にざこのだい》明神《みヨーじん》 滋野大明神《しげののだいみヨーじん》 水口大明神《みずぐちのだいみヨーじん》 大塩大明神《おおしおのだいみヨーじん》 塩田大《しおだのだい》明神《みヨーじん》 星河大明神《ほしかわのだいみヨーじん》 竈山大明神《かまどやまのだいみヨーじん》 他田大明神《おさだのだいみヨーじん》 綱越大《つンなごしのだい》明神《みヨーじん》 岳田賀茂大明神《おかだかものだいみヨーじん》 角大明神《つンののだいみヨーじん》 疋束大明神《ひきつかのンだいみヨーじん》 殖《うえ》栗大明神《くりのだいみヨーじん》 下居大明神《おりいのだいみヨーじん》 津島大明神《つしまのだいみヨーじん》 桑内大明神《くわうちのだいみヨうンじん》

五段

狭竹大明神《さたけのだいみヨンじん》 室生竜穴隼大明神《むろおりうけツはやぶさのンだいみヨーじん》 伊久禰大明神《いくねのだいみヨーじん》 井《い》戸大明神《どのだいみヨーじん》 手力尾大明神《たじからおのだいみヨーじん》 大佐大明神《おさのだいみヨーじん》 小佐大明神《こさのだいみヨーじん》 内《ない》裏大明神《りのだいみヨーじん》 津峰大明神《つみねのだいみヨーじん》 市杜大明神《いちのもりのだいみヨーじん》 梅本大明神《うめもとのだいみヨーじん》 島《しまの》杜大明神《もりのだいみヨーじん》 多禰大明神《たねのだいみヨーじん》 小倉大明神《おぐらのだいみヨーじん》 唐遊大明神《からそいのだいみヨーじん》 海《あま》津咩大明神《つひめのだいみヨーじん》 瓦山大明神《かわらやまのだいみヨーじん》 飛鳥大明神《あすかのだいみヨーじん》 収納使大明神《すのしのだいみヨーじん》 船大明神《ふねのだいみヨうじん》 鈴杜大明神《すずのもりのだいみヨーじん》 向大明神《むかえのだいみヨーじん》 上大明神《かみのだいみヨーじん》 錦凝《にしごりの》大明神《だいみヨーじん》 雛杜大明神《ひなのもりのだいみヨーじん》 糺大明神《ただすのだいみヨーじん》 安部大明神《あべのだいみヨーじん》 正宗大《まさむねのだい》明神《みヨーじん》 弥彦大明神《みやびこのだいみヨーじん》 甘柞大明神《あまがしのだいみヨーじん》 山畠大明神《やまばたけのだいみヨーじん》 勝杜《かつのもりの》大明神《だいみヨーじん》 神居大明神《かむないのだいみヨーじん》 伊勢分大明神《いせわかれのだいみヨーじん》 穂多木大明神《ほたきのだいみヨーじん》 三河大明神《みかわのだいみヨーじん》 麻紬大明神《おつむぎのだいみヨーじん》 賀茂河大明神《かもがわのンだいみヨーじん》 高蔵大《たかくらのンだい》明神《みヨーじん》 椎村大明神《しいむらのンだいみヨーじん》 大西大明神《おーにしのだいみヨーじん》 笠大明神《かさのだいみヨーじん》 牟佐大《むさのだい》明神《みヨーじん》 忌穴大明神《いンなのンだいみヨーじん》 忌木大明神《いみきのだいみヨーじん》 水氷天神玉祖大明《みずごおりのてんじんたまそのだいみヨー》神《じん》 茅早大明神《ちわやのだいみヨーじん》 守屋大明神《もりやのだいみヨーじん》 石城大明神《いわしろのだいみヨーじん》 高水大明《たかみずのだいみヨー》

神《じん》 四出大明神《しンでのンだいみヨーじん》 吉備津咩大明神《きびつひめのだいみヨーじん》 宇墓大明神《うねはかのだいみヨーじん》 荒木《あらきの》大明神《だいみヨーじん》 粟大明神《あわのだいみヨーじん》 村山大明神《むらやまのだいみヨーじん》 於須智大明神《おすじのだいみヨーじん》 中山高《なかやまたか》屋大明神《やのだいみヨーじん》 甘口大明神《かんぐちのだいみヨーじん》 池大明神《いツけのンだいみヨーじん》 佐咲大明神《さびのだいみヨーじん》 竜泉《りユーせん》天神我南寺天神篠田大明神《てんじんかなじのてんじんしのだのだいみヨーじん》 豊海大明神《とようみのだいみヨーじん》 風杜大明神《かぜもりのだいみヨーじん》 長良大明神《ながよしのだいみヨーじん》 鳥井大明神《とりいのだいみヨーじん》 野中大明神《のなかのだいみヨーじん》 岩船大明神《いわふねのだいみヨーじん》 雁氏大明神《かりうじのンだいみヨーじん》 栢本大明神《かえもとのンだいみヨーじん》 大野大明神《おーののだいみヨーじん》 小柴大明神《こしばのだいみヨうじん》 大石大明神《おーいしのだいみヨーじん》 御杖大明神《みつえのだいみヨーじん》 平城大明神《ひらしろのだいみヨーじん》 岡本大明神《おかもとのだいみヨーじん》 藤江大明神《ふじえのだいみヨーじん》 積河大明神《つみかわのだいみヨーじん》 大堰大明神《おーざきのだいみヨーじん》 大杜大明神《おーのもりのだいみヨーじん》 旧府大明神《くンぶのだいみヨーじん》 桜本大明神《さくらもとのだいみヨーじん》 福良大明神《ふくよしのだいみヨーじん》 布勢田大明神《ふせだのだいみヨーじん》 善坂大明神《よしざかのンだいみヨーじん》 清坂大明神《きよさかのンだいみヨーじん》 黒島大明神《くろしまのだいみヨうじん》

六段

八島大明神《やしまのだいみヨうじん》 摩訶羅大国天神神野大明神《まからだいこくてんじんかんののだいみヨーじん》 鹿稲大明神《ろくどーのだいみヨーじん》 水前大明神《みずさきのだいみヨーじん》 吉田大明神《よしだのだいみヨーじん》 出雲両所大明神《いずもりヨーしヨのだいみヨーじん》 槇尾大明《まきのおのだいみヨー》神《じん》 高野大明神《こーやのだいみヨーじん》 水光大明神《みずひかりのだいみヨーじん》 市辺大明神《いちのべのだいみヨーじん》 楠本大明《くすもとのだいみヨー》神《じん》 高岡大明神《たかおかのだいみヨーじん》 稲村大明神《いなむらのだいみヨーじん》 大居大明神《おーすみのだいみヨーじん》 坂本大《さかもとのだい》明神《みヨーじん》 船八部斗野部大明神《ふなやべとのべのだいみヨーじん》 久米大明神《くめのだいみヨーじん》 唐呉大明神《からそひこのだいみヨーじん》 大木大明神《おーきのだいみヨーじん》 田村大明神《たむらのだいみヨーじん》 清滝大明神《きよたきのだいみヨーじん》 高伏大明神《たかふしのだいみヨーじん》 佐那見大明神《さなみのだいみヨーじん》 祇園天神清原氏大明神《ぎおんのてんじんきよわらうじのだいみヨーじん》 葛木氏大明神《かつらぎうじのだいみヨーじん》 上河大明神《かみかわのだいみヨうじん》

七段

大園大明神《おーそののだいみヨーじん》 秦天神大酒大明神《はだのてんじんおーさけのだいみヨーじん》 坂上氏大明神《さかのえうじのだいみヨーじん》 大伴《おーともの》大明神《だいみヨーじん》 摩訶賀茂大明神《まかかものだいみヨーじん》 国長大明神《くにおさのだいみヨーじん》 子乞大明神《こごいのだいみヨーじん》 小馬方大明神《こまがたのだいみヨーじん》 宇名根大明神《うなねのだいみヨーじん》 魚住大明神《おすみのだいみヨーじん》 赤穂大明《あかほのだいみヨー》神《じん》 和多志大明神《わたしのだいみヨーじん》 蒔田大明神《まいたのだいみヨーじん》 都久間大明神《つくまのだいみヨーじん》 鵜留大《うどまりのだい》明神《みヨーじん》 黒滝大明神《くろたきのだいみヨーじん》 稲穂大明神《いなほのだいみヨーじん》 事玉大明神《ことだまのだいみヨーじん》 喜布利《きぶりの》大明神《だいみヨーじん》 鹿久美大明神《しかくみのだいみヨーじん》 武尾大明神《たけのおのだいみヨーじん》 岩野辺大明神《いわのべのだいみヨーじん》 紀《き》三所大明神《さんじヨのだいみヨーじん》 子安大明神《こやすのだいみヨーじん》 穴師大明神《あなしのだいみヨーじん》 大窪大明神《おーくぼのだいみヨーじん》

馬栄大明神《まさかえのだいみヨーじん》 三宅氏大明神《みやけうじのだいみヨーじん》 賀屋大明神《かやのだいみヨーじん》 大粟大明《おあわのだいみヨー》神《じん》 大麻大明神《おあさのだいみヨーじん》 椙尾大明神《すぎのおのだいみヨーじん》 伊与村大明神《いよむらのだいみヨーじん》 浦戸大《うらどのだい》明神《みヨーじん》 石上園尾大明神《いわがみそのおのだいみヨーじん》 椿大明神《つばきのだいみヨーじん》 比子野大明神《ひこののだいみヨーじん》 三《み》山大明神《やまのだいみヨーじん》 鎮大明神《しずめのだいみヨーじん》 拝里宮大明神《はいりくんのだいみヨーじん》 澄足大明神《すみたりのだいみヨーじん》 賢大明神《かしこしのだいみヨーじん》 薦枕大明神《こまくらのだいみヨーじん》 高橋大明神《たかはしのだいみヨーじん》 清井大明神《きよいのだいみヨーじん》 高上大明神《たかかみのだいみヨーじん》 棚蔵大明神《たなくらのだいみヨーじん》 為秦津咩大明神《いはたつめのだいみヨーじん》 河外大明《かわどのだいみヨー》神《じん》 高原大明神《たかはらのだいみヨーじん》 高田咩大明神《たかだひめのだいみヨーじん》 村木本大明神《むらぎもとのだいみヨーじん》 木山《そまやまの》大明神《だいみヨーじん》 水谷大明神《みずたにのだいみヨーじん》 石出大明神《いわでのだいみヨーじん》 粟塵大明神《ちすりのだいみヨーじん》 鎧大《かぶとのだい》明神《みヨーじん》 建介国中大明神《たけすけくになかのだいみヨーじん》 奈呉造大明神《なきつくりのだいみヨーじん》 甘備大明神《かんびのだいみヨーじん》 坂大明神《さかのだいみヨーじん》 柳大明神《やなぎのだいみヨーじん》 矢田大明神《やたのだいみヨーじん》 江田大明神《えたのだいみヨーじん》 妻万《つまの》大明神《だいみヨーじん》 大比介大明神《おーひげのだいみヨーじん》 野宮大明神《ののみやのだいみヨーじん》 高瀬大明神《たかせのだいみヨーじん》 由留《ゆる》木大明神《ぎのだいみヨーじん》 浮田大明神《うきたのだいみヨーじん》 楯鉾大明神《たてほこのだいみヨーじん》 奈良井大明神《ならいのだいみヨーじん》 広《ひろ》浜大明神《はまのだいみヨーじん》 生根大明神《いくねのだいみヨーじん》 粟鹿大明神《あわかのだいみヨーじん》 絵島大明神《えしまのだいみヨーじん》 水《みず》越大明神《ごしのだいみヨーじん》 竹島大明神《たけしまのだいみヨーじん》 佐原大明神《さわらのだいみヨーじん》 鵜古曽大明神《うごそのだいみヨーじん》 立石大明神《たていしのだいみヨーじん》 志呂大明神《しろのだいみヨーじん》 夏身大明神《なつみのだいみヨーじん》 牟呂岐大明神《むろぎのだいみヨーじん》 賀茂月大明神《かもつきのだいみヨーじん》 久須夜大明神《くずやのだいみヨうじん》 両神大明神《ふたかみのだいみヨーじん》 宇那牟大《うなむのだい》明神《みヨーじん》 林前大明神《はやしざきのだいみヨーじん》 小楊大明神《おやなぎのだいみヨーじん》 脇岡大明神《わきおかのだいみヨーじん》 河蔭《かわかげの》大明神《だいみヨうじん》

八段

天一太白《てんにツたいはく》 牛頭天王《ごずてんのー》 武答天神《むとうてんじん》 蛇毒気神王《じゃーどツきじんのー》 大歳八神《だいさいはŋじん》 日《にツ》本州有官知未官知万三千七百余所大明神等《ぽんしううかんじみかんじまんさんぜんしちはくよそのだいみヨうじんとー》

九段

八島御霊《やしまのごりヨう》 霊安寺御霊《りヨーあんじのごりヨう》 西寺御霊《さいじのごりヨう》 普光寺御霊《ふこーじのごりヨう》 天満天神《てんまんてんじん》 先生御霊《せんじヨうごりヨう》 氷室御霊《ひむろのンごりヨう》 木辻御霊《きつうじのごりヨう》 大道御霊《おおみちのごりヨう》 塚上御《つかのうえのご》霊《りヨう》 葛下郡御霊《かŋげくんのごりヨう》 等申給《とーもーしたまへ》

本文(a)

初段

二段目

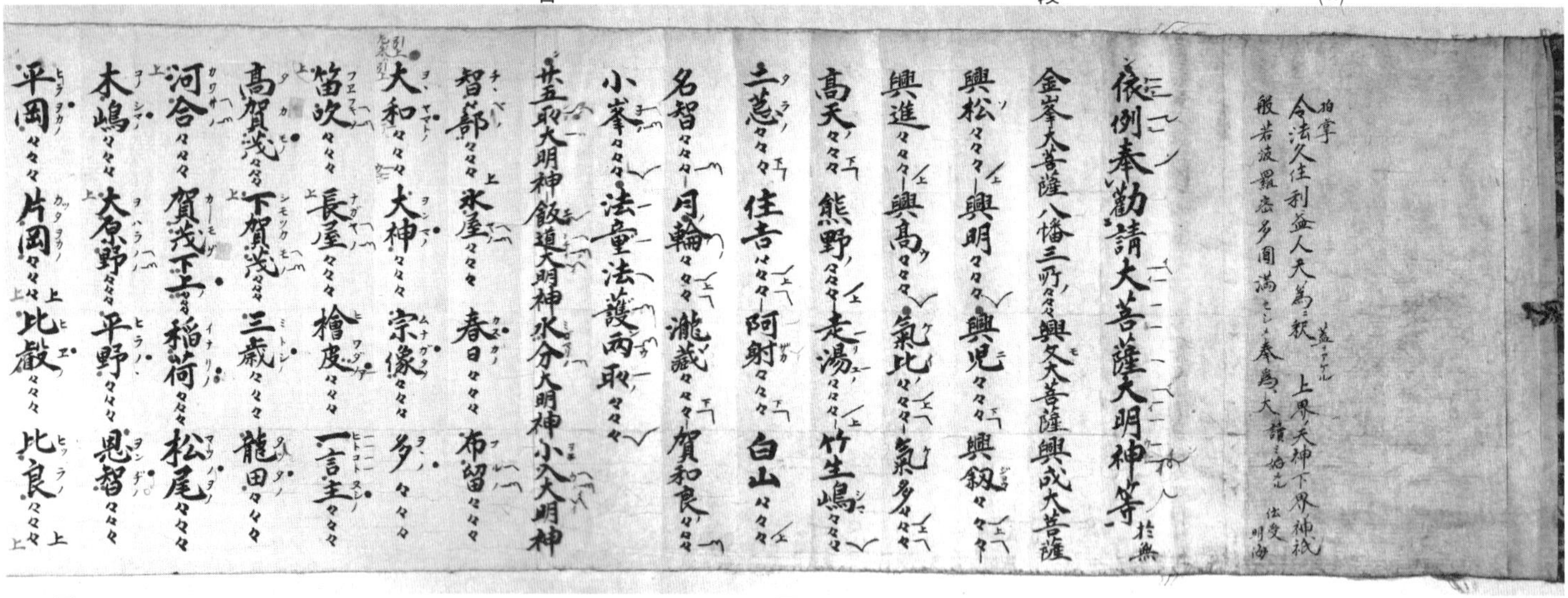

令法久住利益人天為救 上界天神下界神祇
般若波羅密多圓満奉為大讃始之
依例奉勸請大菩薩大明神等 於無
金峯大菩薩 八幡三所々々々 興久大菩薩 興成大菩薩
興松々々々 興明々々々 興児々々々 興叙々々々
興進々々々 興高々々々 氣比々々々 氣多々々々
高天々々々 熊野々々々 走湯々々々 竹生嶋々々々
二荒々々々 住吉々々々 阿射々々々 白山々々々
名智々々々 月輪々々々 瀧蔵々々々 賀和良々々々
小峯々々々 法童法護両所々々々
廿五所大明神 飯道大明神 水分大明神 小入大明神
智部々々々 氷室々々々 春日々々々 布留々々々
大和々々々 大神々々々 宗像々々々 多々々々
笛吹々々々 長屋々々々 檜皮々々々 一言主々々々
高賀茂々々々 下賀茂々々々 三歳々々々 龍田々々々
河合々々々 賀茂下上々々 稲荷々々々 松尾々々々
木嶋々々々 大原野々々々 平野々々々 思智々々々
平岡々々々 片岡々々々 比叡々々々 比良々々々

四段目

五段目

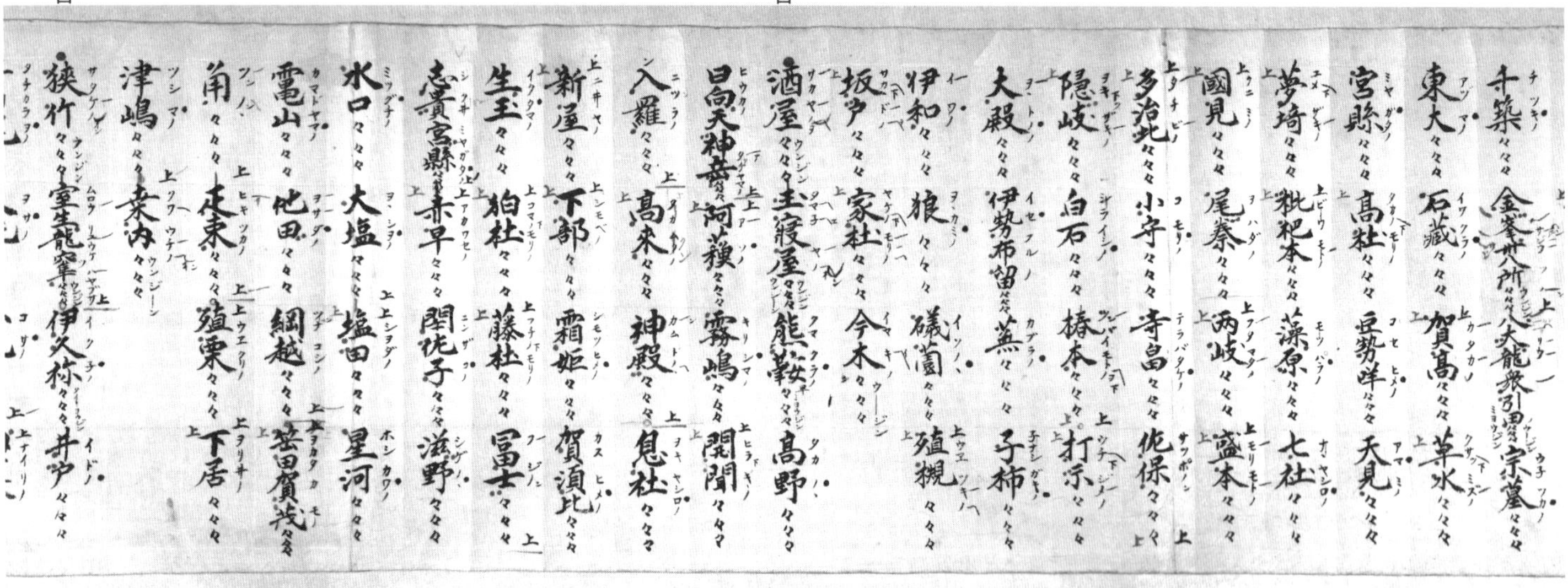

千築々々々 金峯卅八所々々 八大龍衆引田 宗墓々々々
東大々々々 石蔵々々々 賀高々々々 草水々々々
宮縣々々々 高社々々々 豆勢岸々々々 天見々々々
夢埼々々々 枇杷本々々々 藻原々々々 七社々々々
國見々々々 尾秦々々々 両岐々々々 盛本々々々
多治比々々々 小守々々々 寺畠々々々 佐保々々々
隠岐々々々 白石々々々 椿本々々々 打添々々々
大殿々々々 伊勢布留々々々 蕪々々々 子柿々々々
伊和々々々 狼々々々 礒薗々々々 殖槻々々々
坂戸々々々 家社々々々 今木々々々
酒屋々々々 主寝屋々々々 熊鞍々々々 高野々々々
日向天神岳々々 阿礙々々々 霧嶋々々々 閉間々々々
入羅々々々 高来々々々 神殿々々々 息社々々々
新屋々々々 下部々々々 霜姫々々々 賀須比々々々
生玉々々々 柏社々々々 藤社々々々 冨士々々々
忌貴宮縣々々 赤早々々々 閉伐子々々々 滋野々々々
水口々々々 大塩々々々 塩田々々々 星河々々々
竈山々々々 池田々々々 綱越々々々 笠田賀茂々々
角々々々 未東々々々 殖栗々々々 下居々々々
津嶋々々々 桑内々々々
狭竹々々々 室生龍窟々々 伊久祢々々々 井戸々々々

六段目

七段目

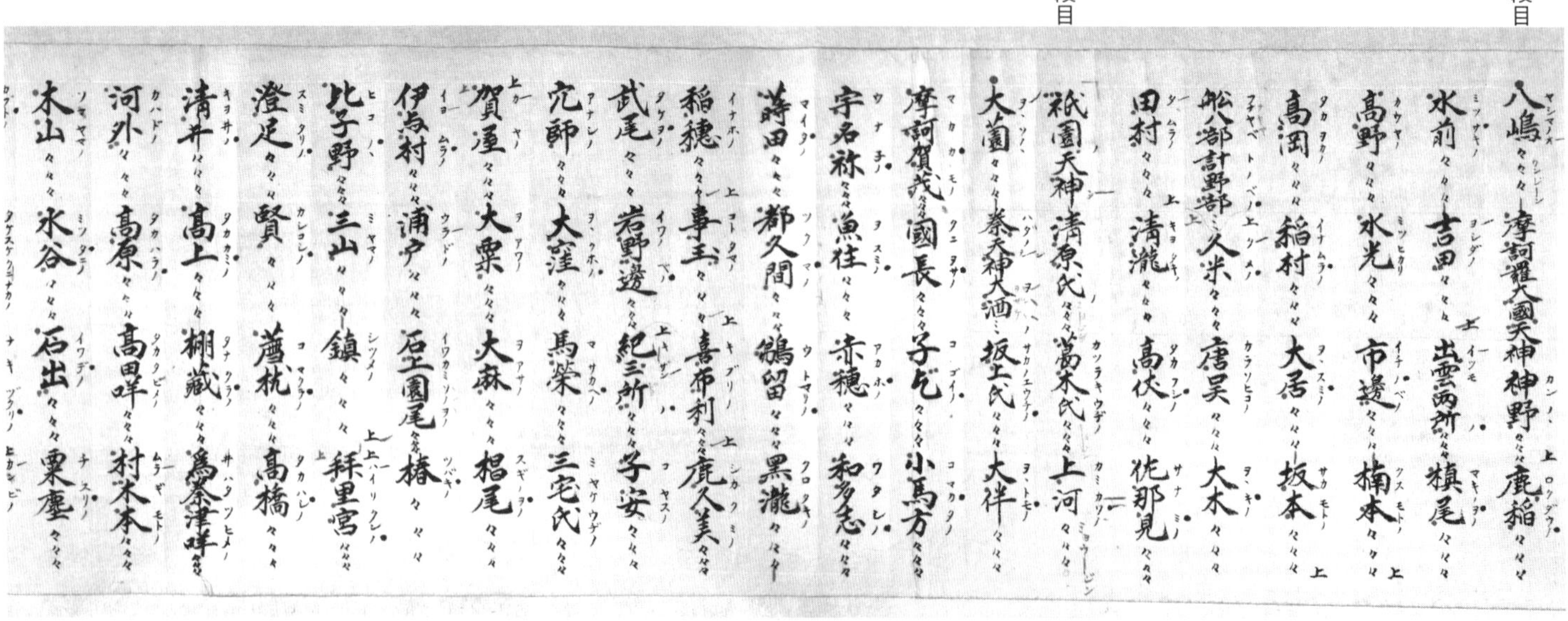

八嶋々々々 摩訶羅大國天神神野々々々 鹿稲々々々
氷前々々々 吉田々々々 出雲両所々々 槇尾々々々
高野々々々 氷光々々々 市邊々々々 楠本々々々
高岡々々々 稲村々々々 大居々々々 坂本々々々
船八部吉野部々々 久米々々々 唐呉々々々 大木々々々
田村々々々 清瀧々々々 高伏々々々 佐那見々々々
祇園天神 清原氏々々 葛木氏々々 上河々々々
大薗々々々 秦天神大酒々 坂上氏々々 大伴々々々
摩訶賀茂々々 國長々々々 子乞々々々 小馬方々々々
宇名祢々々々 魚住々々々 赤穂々々々 和多志々々々
蒔田々々々 都久間々々々 鵜留々々々 黒瀧々々々
稲穂々々々 事玉々々々 喜布利々々々 鹿入美々々々
武尾々々々 岩野邊々々々 紀三所々々々 子安々々々
穴師々々々 大窪々々々 馬榮々々々 三宅氏々々々
賀屋々々々 大栗々々々 大麻々々々 椙尾々々々
伊与村々々々 浦戸々々々 石上園尾々々 椿々々々
比子野々々々 三山々々々 鎮々々々 拝里宮々々々
澄足々々々 賢々々々 薦枕々々々 高橋々々々
清井々々々 高上々々々 棚蔵々々々 為奈津咩々々
河外々々々 高原々々々 高田咩々々々 村木本々々々
木山々々々 氷谷々々々 石出々々々 栗塵々々々

三段目

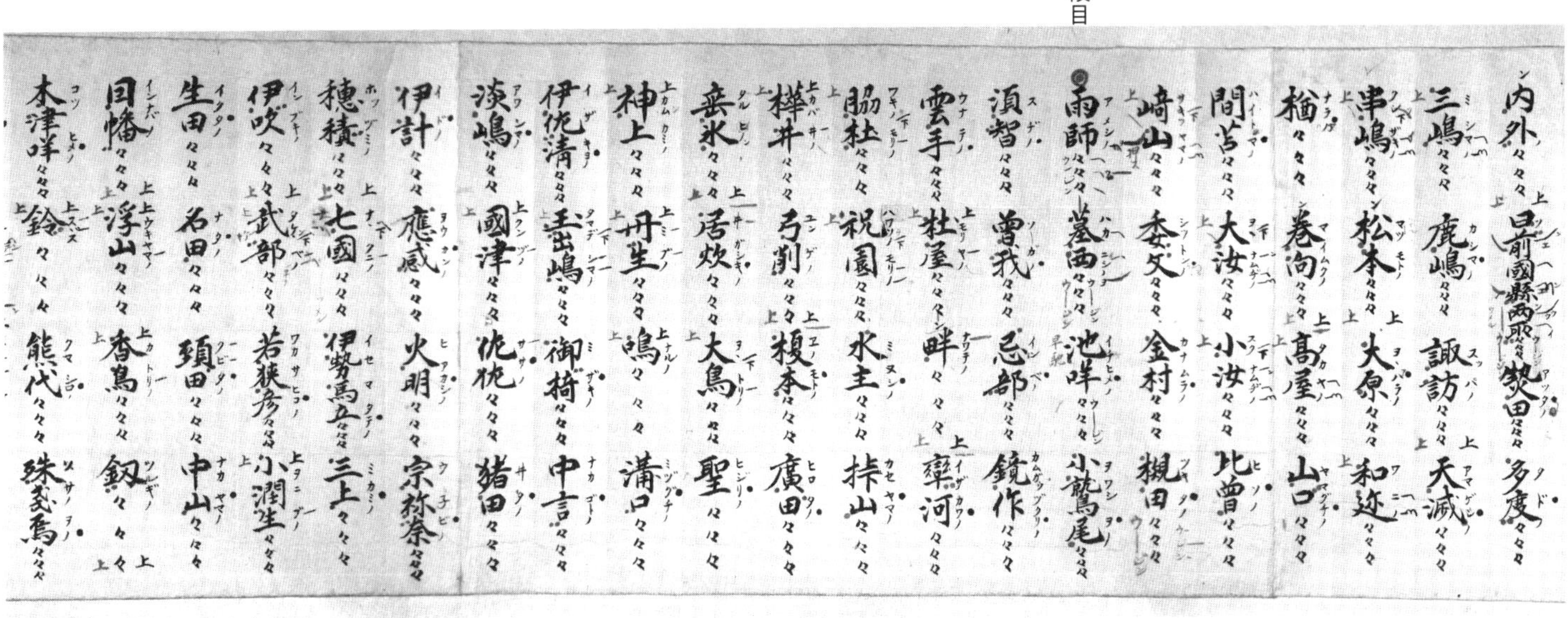

内外々々々 日前國懸両所々々 熱田々々々 多度々々々
三嶋々々々 鹿嶋々々々 諏訪々々々 天満々々々
串嶋々々々 松本々々々 大原々々々 和迩々々々
楢々々々 巻向々々々 高屋々々々 山口々々々
間苫々々々 大汝々々々 小汝々々々 比曽々々々
崎山々々々 委文々々々 金村々々々 槻田々々々
雨師々々々 墓西々々々 池咩々々々 小鷲尾々々々
須智々々々 曽我々々々 忌部々々々 鏡作々々々
雲手々々々 杜屋々々々 畔々々々 率河々々々
脇杜々々々 祝園々々々 水主々々々 掛山々々々
櫟井々々々 弓削々々々 榎本々々々 廣田々々々
垂氷々々々 活炊々々々 大鳥々々々 聖々々々
神上々々々 丹生々々々 鳴々々々 溝口々々々
伊佐清々々々 玉出嶋々々々 御椅々々々 中言々々々
淡嶋々々々 國津々々々 佐佐々々々 猪田々々々
伊計々々々 應感々々々 火明々々々 宗祢奈々々々
穂積々々々 七國々々々 伊勢馬五々々々 三上々々々
伊吹々々々 武部々々々 若狭彦々々々 小潤生々々々
生田々々々 名田々々々 頸田々々々 中山々々々
因幡々々々 浮山々々々 香鳥々々々 釼々々々
木津咩々々々 鈴々々々 熊代々々々 珠玄烏々々々

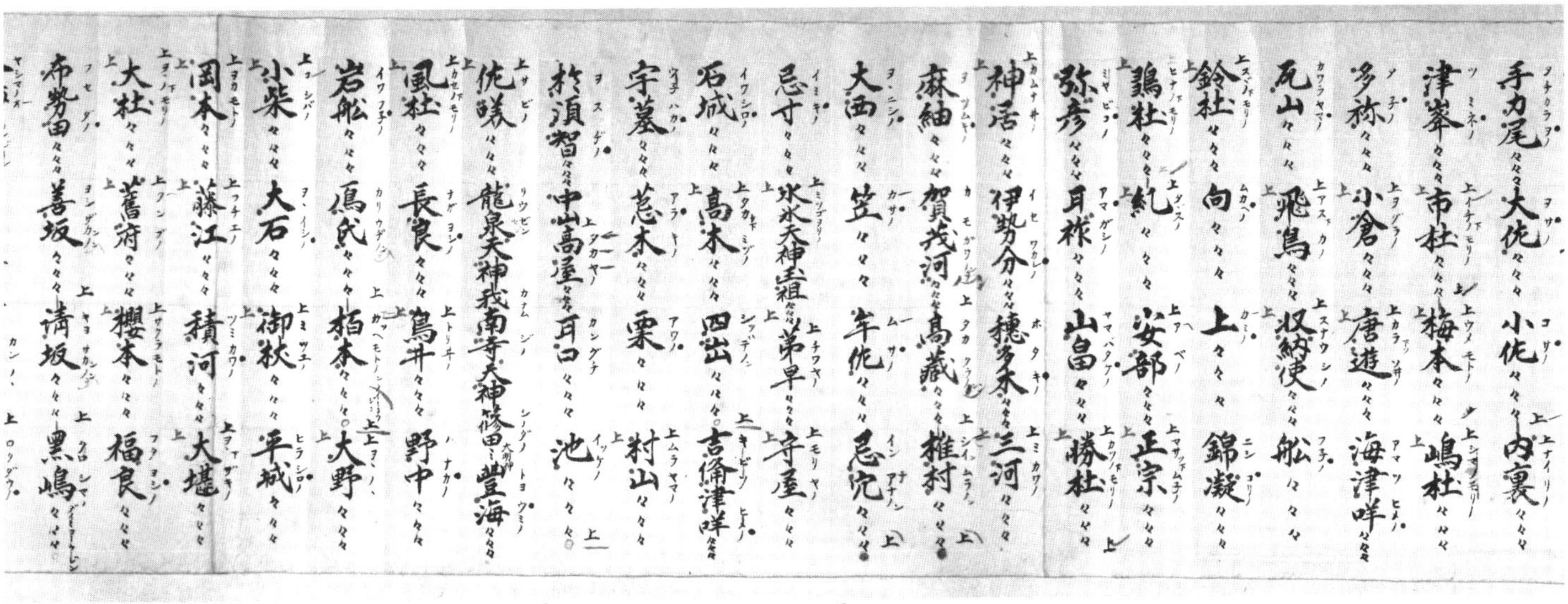

手力尾々々々 大佐々々々 小佐々々々 内裏々々々
津峯々々々 市杜々々々 梅本々々々 嶋杜々々々
多祢々々々 小倉々々々 唐遊々々々 海津咩々々々
瓦山々々々 飛鳥々々々 収納使々々々 舩々々々
鈴杜々々々 向々々々 上々々々 錦凝々々々
鶏杜々々々 紀々々々 安部々々々 正宗々々々
弥彦々々々 耳梨々々々 山畠々々々 勝杜々々々
神居々々々 伊勢分々々々 穂多木々々々 三河々々々
麻紬々々々 賀茂河々々々 高蔵々々々 椎村々々々
大西々々々 笠々々々 牟佐々々々 忌穴々々々
忌寸々々々 氷水天神玉祖々々 弟早々々々 守屋々々々
石城々々々 高木々々々 四出々々々 吉備津咩々々々
宇墓々々々 荒木々々々 粟々々々 村山々々々
於須智々々々 中山高屋々々々 耳口々々々 池々々々
佐咲々々々 龍泉天神我南寺天神篠田々々 豊海々々々
風杜々々々 長良々々々 鳥井々々々 野中々々々
岩舩々々々 鳫氏々々々 栢本々々々 大野々々々
小柴々々々 大石々々々 御秋々々々 平城々々々
岡本々々々 藤江々々々 積河々々々 大堪々々々
大杜々々々 舊府々々々 櫻本々々々 福良々々々
布勢田々々々 善坂々々々 清坂々々々 黒嶋々々々

八段目

九段目

鎧々々々 建水國中々々 奈呉造々々 耳備々々々
坂々々々 柳々々々 矢田々々々 江田々々々
妻万々々々 大北代々々々 野宮々々々 高瀬々々々
由留木々々々 浮田々々々 楯鉾々々々 奈良井々々々
廣濱々々々 生根々々々 粟鹿々々々 繪嶋々々々
水越々々々 竹嶋々々々 佐原々々々 鵜古曽々々々
立石々々々 志呂々々々 夏身々々々 牟呂岐々々々
賀茂月々々々 久須夜々々々 両神々々々 宇那牟々々々
林前々々々 小楊々々々 脇岡々々々 河蔭々々々
天一太白牛頭天王武答天神
蛇毒氣神王大歳八神日本刕
有官知未官知萬三千七百余
所大明神等
八嶋御霊霊安寺々々西寺々々々普光寺々々
天満天神光生々々氷室々々木辻々々大道々々
塚上々々葛下郡々々 等 於典 申給

二月堂神名帳

權律師 永慶敬白 迎二十五歳生誕日

為昭和二十八年修二會用意
同一月二十一日書写畢

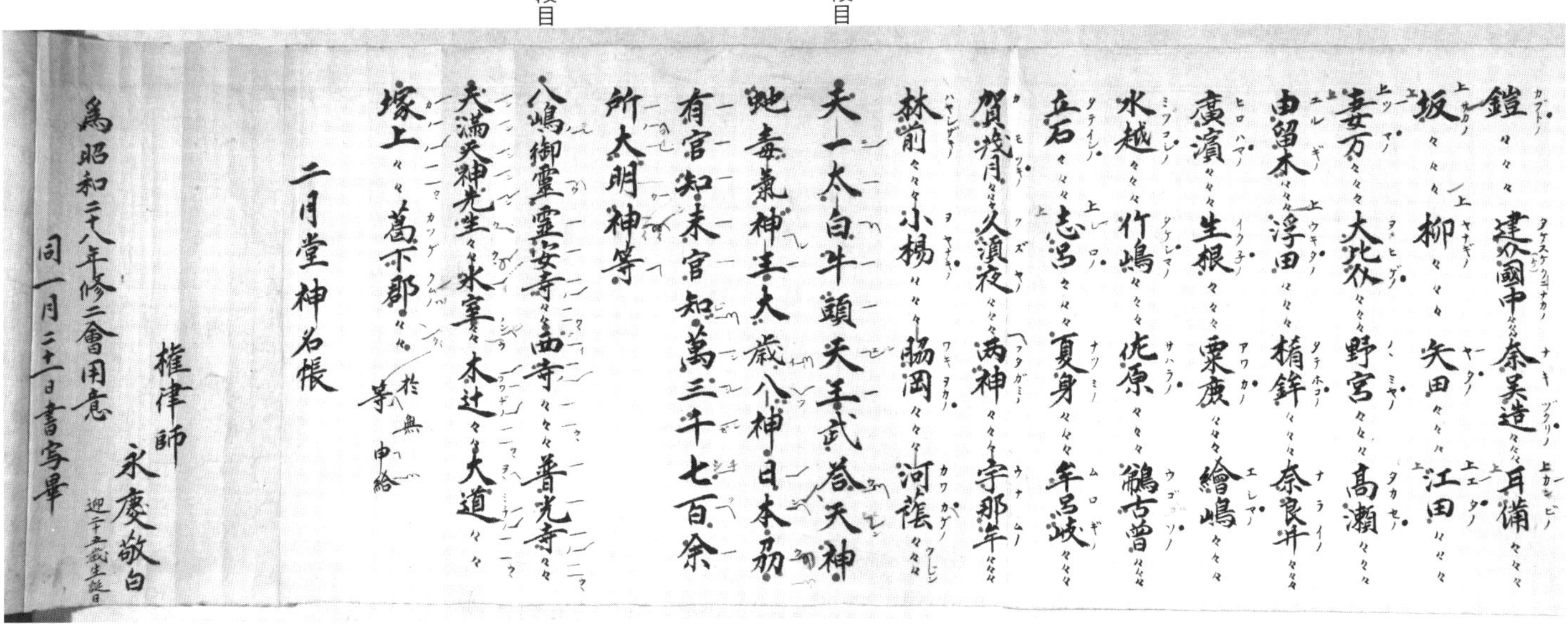

三　奉読の今昔

(一)　現　状

前章では、各役の所作を中心にいささか述べてきたが、ここでは変化に富む奉読の実際や、史的な変遷について記しておく。

現在、二月堂では修二会が行われる三月一日から三月十四日までの毎夜、初夜の「大導師《だいどうし》作法（諸種の祈願を申し述べる法要）」の冒頭に神名帳の奉読が行われる。法会の場に神神を勧請し、その威力を得て人人の願望を達成しようという段取りである。記載神は日本全国各地におよび、天神地祇や御霊に至るまでの神名を、九段に組織して連ねる。その記載順も、寺内あるいは大和国を重んずる傾向が強い。初段では「金峰大菩薩」にはじまり、「八幡三所大菩薩」以下「興文《こうも》大菩薩」・「興成《こうじょう》大菩薩」など、寺内結界の八所の神神を挙げた後、諸国の大社・名社におよぶし、二段目・三段目は大和国にはじまって次第に地域を広げてゆく。四段目以降は所在地中心の色彩が薄れる傾向にある。また独特な表記法もある。天神のそれである。天神は四段目以降に記され、全体で九所を数えるが、すべて一項目を立てずに、次の神名に付随させて記す。たとえば、四段目の「日向《ひゅうがの》天神　岳《たちやまの》大明神」がそれであり、五段目の「竜泉《りゅうせん》天神我南寺《かなじの》天神篠田《しのだの》大明神」の句に至っては、天神二所を篠田大明神に付随させて一項目としている。人格神の出現との関わりを考えるべきか、と思っているが、この表記法は、現在まで出会った他寺の神名帳には例がない。

奉読役は、練行衆の中の平衆《ひらしゅ》（非役職者）が、交代で担当する。四職《ししき》（役職者）は指名されない（以上、110ページ表Ⅱ参照）。また、平衆でも、初参籠してすぐには資格を与えられず、参籠三回目以降に指名される仕来たりになっている。

奉読は独唱で、所要時間は通常二十分前後だが、日によって本節《ほんぶし》（正）と引上《ひきあげ》（略）の別があったり(6)、人によって声柄やテンポも異なるから、必ずしも一定ではない。明らかなことは、他寺の神名帳奉読に比べて緩急に富み、節回しにも変化が大きい点である。

初段は一字に一拍を当てて、ゆっくりと唱えはじめる。この段の神号は、すべて「大菩薩」で統一している。二段目から七段目までの神号は「大明神」である。二段目・三段目・四段目と進むにつれて、一句に六拍を当てる唱誦法から一句四拍へと速まり、次第にテンポが上がってゆく。五段目から七段目は、ほとんど拍節なく節もない素読みとなり、スピードを速める。三段目の「池咩《いけひめの》大明神」の左肩に「早馳《はやがけ》」と註記があるが、この句から連読すべし、という指示である（本文(a)参照）。

段が進むにつれて節が減じ、素読みの神名が増えるのが、本文写真によっても明らかだが、にもかかわらず段初と段末は、テンポを緩め息を収めて、「だいーみょうーじん」と唱え、段切れであることを示す。それだけではない。段の中ほどでも、特定の神名では音程を上げたり、独特な節を付けたりするような工夫もある。前者の例で言えば、句頭に「上」と記してある句が相当し、後者としては三段目の「金峰三十八所大明神、八大竜衆引田大明神」などが好例である（本文(a)参照）。

八段目は冥界《めいかい》の神神を含めた総括の段で、声を張ってゆっくりと唱えるが、この文言は他寺の神名帳でも用いられている。ただし、奉読の節は、それぞれに異なる。

九段目では、この世に恨みを残して他界した人の霊を読み上げる。晴れようのない恨みを抱いたまま身まかった人の霊をなだめるべく、この段は、ひときわ音程を低め、恐れ慎みながら静かに奉読するという独特の読み方をするし、緩急の変化に富む奉読の締めくくりとしての効果は大きい。全十一柱の中、推定し得た御霊八柱は、すべて東大寺との関わりを指摘することができるが、法隆寺や薬師寺など、他寺の神名帳と共通する御霊もあり、その選定の意義については今後の考察が必要である。

なお、前章でも述べたように、奉読の直前に大導師が神分で勧請の句を唱誦するが、その初めの「令法久住……」で、奉読役が柏手を打ち、その後神名帳の入った箱の蓋を開けて神名帳を取り出す。他の練行衆は、奉読役が、「例に依って……」と奉読を始めると、各自柏手を打つ。岡山県の備前西大寺では、奉読役が奉読の間だけは袈裟を外す。いずれも、神道的色彩の名残と考えている。

二月堂修二会における神名帳の奉読は、本来の神降ろしの意義にとどまらず、音楽的な興趣に満ちているし、奉読の面白さに一歩踏み込むと、神の在所や神名帳成立の経緯、さらには奉読者の技量への興味まで、さまざまの課題が次次と生まれてくるように思う。

（二）　奉読のゆくたて

二月堂の修二会で、神名帳の奉読が何時から行われるようになったのか、明証はない。伝説によれば、法会の創始者実忠《じっちゅう》和尚《かしょう》が、来臨影向の神神の名を記して神名帳を定めたと言い、その奉読が行われてきた、と信じ伝えられてきた。実際に奉読の事実を確認できるのは、十二世紀の前半期からのことである。

東大寺図書館に『二月堂修中練行衆日記』（以下『修中日記』と略記）が所蔵されている。参籠練行衆によって毎年記録されてきて、今日に及んでいる。年によって記述に精粗があり、火災によって焼失したと思われる部分もあるが、年ごとに、参籠した僧名が列記され、重要な役役の担当やその年の特記事項などが記されているから、まさに第一級の史料である。保安五年（一一二四）以降が一部を欠きながら伝えられているが、それ以前の記録はない。

右の史料の最初期、大治三年（一一二八）には、上七日《じょうしちにち》（法会の前半七日間を指す呼称）に「禅海神名帳」、下七日（法会の後半七日間を指す呼称）に「定祐神名帳」、の記載がある。少なくとも十二世紀の前半の時期に、神名帳の奉読は行われていた、と考えてよい。ただ『修中日記』によれば、十三世紀半ば過ぎまでは、上七日・下七日ともに奉読役は一名というのが基本であり、二名もしくは三名が担当するのは例外的であったらしい。また、上七日・下七日の、各一夜のみ奉読が行われたと考えるより、当役一名が毎夜奉読し、たまに二、三名の人が代りあって担当した、と考えたい。というのは、時代が下るにつれて次第に奉読役を分担する傾向が明らかになるからである。ちなみに、複数以上の奉読役が確認できるのは、十二世紀に三回（上七日もしくは下七日のみ）、十三世紀に入ると、文永六年（一二六九）までに一五回（内五回は、上七日もしくは下七日のみ）となる。

非常に残念なことに、『修中日記』は、巻第四が失われている。文永七年（一二七〇）から文保二年（一三一八）までの五十年間の推移は、そのために確認することができない。ところが巻第五の文保三年（一三一九）以降になると分担方式が明らかになり、「何某神名帳三ヶ夜」・「何某神名帳四ヶ夜」、「何某神名帳二ヶ夜」・「何某神名帳二ヶ夜」・「何某神名帳三ヶ夜」などの表記が常態となる。その日数を合計すると、上七日あるいは下七日の毎夜、奉読が行われていたことになり、十四世紀の前半にはこの方式が定着していたことが明らかである。特定の一人による奉読から、何人かで分け持つ方式へ転換する方向づけは、失われた巻第四の時代――十三世紀後半から十四世紀初頭――に明確化し固定した可能性がある、と思っている。

ただし、前述のような転換の中でも、奉読は学侶《がくりょ》に限られ、堂方《どうほう》がその任に携わることはなかった。(7) この制は、少なくとも学侶・堂方の別を記す宝暦十三年（一七六三）までは実施されており、神名帳の奉読が学侶の専権事項であったことは疑いない。付け加えれば、学侶の中でも得業《とくごう》の称を得た者の奉読例も多く、(8) なおざりに扱われる役ではなかったことが分る。また四職は、原則として奉読役を勤めない。これは、現在と同様である。

二月堂内陣の練行衆の座は、須彌壇を挟んで南北に別れ、北側を「北座《きたざ》」、南側を「南座《なんざ》」と呼んでいる。学侶と堂衆を区別していた時代には、北座が学侶の座、南座が堂方の座であった。現在、南座の衆が奉読役を勤める際は、差懸《さしかけ》を手に持って、音を立てぬように北座に移動して奉読する。これは、かつて奉読役を学侶が担っていたことの名残と考えてよい。（114ページ図Ⅱ参照）

(三) 能読練行衆

『修中日記』の応永二十二年（一四一五）の特記事項に、左の記述がある（原漢文を私に読み下し、常用漢字を用いた。以下『修中日記』の記事は読み下しで記す。

一、光真においては権処世界たりといへども、神名帳之能読たるによって、北座に着しおはんぬ、

練行衆光真が、（堂衆である）権処世界の役であるにもかかわらず、神名帳奉読の能読者である、という理由で、（学侶の座である）北座に着座したという。この時点で、神名帳の奉読に「能読」の意識が存在していた。しかも、それは学侶・堂衆の階級差を超え、座替えを可能にするほどの優位性があったことを示している。『修中日記』に見る「能読」の表記の初出でもある。

この後、応永二十七年（一四二〇）には、光祐が神名帳役者なので上座の人を超えて北座に着いた例が記されているが、文明十年（一四七八）には以下の記述が見られる。

一、英澄得業は、衆一《しゅのいち》たりといへども、(9) 神名帳能読の人たる間、別儀を以て、下七日三ヶ夜、これを読ましめおはんぬ。

文明十年の頃、衆之一は四職に準じて奉読役を免じられていたらしい。しかしこの年、「神名帳能読之人」だったために、衆之一の英澄得業が下七日の三日間、奉読役を勤めた、という。「別儀を以て」と記しているから、それが特別の計らいであったことが明らかである。

これらの事例から、十五世紀の二月堂修二会において、神名帳の「能読」を賞翫《しょうがん》し、能読の人の奉読を期待する気運が横溢していたさまを読み取ることができる。この時期、神名帳の奉読には、奉読の技量への期待が大きく作用していたと考えてよい。京の都では、文化的な追求が著しく、美的探求がさまざまに試みられた時代であ

った。

　同様の記述は十七世紀末から十八世紀に入っても見出すことができる。元禄五年（一六九二）には、堂司が奉読した例が記されているのである。

　一、今年神名帳、練中の所望により、古禄旧例に任せて、堂司晋性、五日・十二日二ヶ夜これを勤めらる、

である。この年、堂司晋性は練行衆の所望によって、上七日では実忠忌のある五日、下七日では水取りのある十二日という物日を選んで奉読したという。晋性は、前年の元禄四年に新堂司になっているから、前年は奉読を免ぜられていたはずであり、当人にとっても久しぶりの奉読役勤仕であったろう。

　また享保七年（一七二二）には、堂司懐賢擬講が奉読した、と記されている。下七日に一日だけ勤仕したらしい。

　一、神名帳の例、先年の通り、堂司一ヶ夜読誦これ有、

とある。

　ただし、これらの記載は、十五世紀のそれと全く同一と考えてはいけないように思う。慶長五年（一六〇〇）の関ヶ原の戦以後の二月堂修二会では参籠数の減少が著しく、役役のやりくりのために、諸事「新法」や「役替」を設ける必要が生じていたし、寛文七年（一六六七）には、二月堂が焼失の憂き目にも遭っている。幸い仮堂での勤修という応急処置の後、寛文十年（一六七〇）には、再興成った新堂で修二会は勤修されたし、以後もその伝統は保たれ続けてきた。

　とは言うものの、貞享五年（一六八八）に、二月堂の修二会は存亡の危機に立たされる。参籠数の不足によって、法会の存続が危ぶまれる事態となったのである。相談を重ねても決着はつかず、最終的に本尊の前で神点を上げ、神意に任せることにしたという。結果的に老僧が一人加わり、十三人が参籠して法会の断絶は免れた。

　このように、修二会の運営をめぐる二月堂周辺の情況は逼迫《ひっぱく》していた。掲出した元禄五年や享保七年の、堂司による神名帳奉読の事例は、まさにその時期に相当する。「練中の所望により」「古禄旧例に任せて」実現したというのはその通りだろうし、五日と十二日という物日を選んだのも、練行衆や聴聞者へのサービスを考慮しての選択であったろう。としても、その背景は変化している。この時期には、十五世紀の事例に見たような、美的追求や技術的巧拙への関心は薄れており、奉読の当役の減少という現実もあった。危機的な事態に対応するために、奉読の義務のない役職者を登用するという計らいが、あり得たのではないかと思う。

　享保十年（一七二五）には、

　一、神名帳、今年新神名帳二人これ有、無人ゆえ、先例に任せて堂司光賢三ヶ夜これを読みおはんぬ。

とあって、この年は、堂司が下七日に三日間奉読したらしい。その理由を「無人ゆへ」と、明確に記している点に、当時の情況がうかがえる。

　その他にも、享保四年（一七一九）には「当年神名帳誦、無人の間」の記述があるし、享保十年（一七二五）には、前記の記述とは別に「今年無人に付」と記されている。神名帳奉読は決して順調な継承ばかりを経てきたわけではない。しかし、学侶が担当すべき役であり続けたことは『修中日記』に明らかであり、代役を立てる際に堂司が担当した例などを考え合わせると、神名帳奉読の役は、

決してなおざりには出来ない重要な役、と認識され続けていた、と考えてよかろうと思う。

長い年月を伝え継がれてきた、その変遷の中で、「能読者」とか「神名帳役者」などと称され評価された練行衆は、当然のことながらその評価に価すべく、自覚と精進を欠かさなかったであろう。第三章の（二）に述べたように、十三世紀半ば過ぎまでは、会中の毎夜、一人の奉読役が勤仕するのが仕来たりだったらしい。この想定が正しいとすれば、奉読役にとって、連夜の奉読は実力発揮の場ともなったはずである。そこに、精進・工夫の土壌があった、と考えてよい。衆目が能読と評し認めた人となれば、なおさらその意識は強かった、と思われる。現在、諸寺の神名帳奉読を比較した場合に、二月堂修二会のそれが際立って起伏や変化に富むのも、その面白さに引かれて聴聞者が群がるのも、奉読の伝統を受け継ぎ、次に伝えてゆく、という営為の中から生まれ形作られたものが、今日にまで影響している結果だと言えるかもしれない。

四　能読の背景

(一)　説経・読経道

前述のような奉読役の自覚や工夫があり、それを評価する僧団の耳目があったとしても、その背景にあったであろう時代相を視野に入れておかなければなるまい。その点に触れておきたい。

諸種の文献に説経（法）に関しては言及も多い。『枕草子』の「説経の講師は顔よき、」の表現はあまりにも有名だが、少なくとも、「説経すといふ所ごとに最初にいきゐる、」（『日本古典文学大系』に拠る）人がいた、ということは、十一世紀初期の、一般社会の側面を知る好例と考えてよかろう。一種の社会現象と言えるほどに、説経という行為は、人人の身近にあったようだ。そのことは、当然講師が説く内容を理解する人がいたことを示しているわけで、両者の距離は想像以上に密なものがあったと考えてよい。また、十二世紀末まで下ると、澄憲[10]・聖覚[11]父子をはじめ、信円[12]・公顕[13]などの説法に対する褒詞が、より具体性を伴って描かれるようになる。

例えば、『玉葉』や『明月記』には、前記の僧侶などの説法について、「能説」と記す以外にも「聞者感嘆[14]」・「感涙難禁[15]」など、大勢の人が感動した様子や、「説法優美[16]」・「説法珍重[17]」など、語り口に言及する記事を見掛けるようになる。単に経（法）義を説くだけではなく、講師は聞く者の感覚に訴える話術を用い、聴聞者側にもまた、それを理解し享受する素地があったことがうかがえる。双方の力量が拮抗《きっこう》し互いを認め、評価する風潮があった。そこに、後世、語り物の一分野として、芸能者が説経を担うに至った下地を見る思いがある。このような風潮を背景に置けば、神名帳奉読の技に言及した記事が『修中日記』に現れるに至ったことも、納得できるように思う。

経典読誦についても記しておきたい。法華経が、わが国で時代を問わず重んじられ流布したことは多くの事例に明らかなことである。二月堂の修二会でも、初夜と後夜の法要の導入部では法華経を唱える。「法華音曲《ほっけおんぎょく》」と称しているが、法華経の経文の抜粋に節をつけ、一夜ごとに一巻を宛て[18]、上七日・下七日でそれぞれ八巻を読み終える形をとっている。何時の頃からこの法会に加えられるようになったのか、明らかではないが、唱誦する者を「持経者」と記し、その所役は堂方が担当したらしい。神名帳の奉読を学侶が、読経は堂方が、と分け持つ制が、互いの技の研鑽に連なったことは想像に難くない。現在でも、法華音曲を唱誦するとき、担当者は、北座の練行衆であっても南座に移動して役を勤め、終ると、目立たぬように自席に戻っている。本来は南座の衆が勤めていた作法を変更して、北座の衆も勤める作法としたという。もともとは臨時的だった処置が、時を経て固定化した結果、現在の形が形成され定着した。その経緯を語る作法と考えてよい。

これまでにも触れたように、二月堂の修二会には、中世以降、学侶と堂方が互いを意識し啓発し合う背景があった。意識し合う相手があったことによって、堂方が担当する法華音曲の読誦法も洗練の度を加え、美しい音楽世界が成立した、という可能性も考えたい。

平安時代の末期から鎌倉時代にかけて、法華経読誦が芸道として形を整えたという考察がある[19]。先に記した、説経への褒詞の多出や多様化に呼応するかのようだが、本来の、経典の意義や仏教の精髄を知るための読経という宗教活動から、読経の技法そのものを味わい賞翫する、いわば芸能化への方向性が生じた。さらには、磨き上げた技法を読経道と認識して専門化する流れがあった、という。その音曲や作法をしたためた秘伝口伝の類も伝承されてきたというが、能読者が単なる能読の意識にとどまることなく、各自の正統性を問い、専門性を明確化すべく修練を重ね、結果的に「読経道」の確立を見た、という説[20]は説得力がある。

後白河天皇が、ことに出家後には、法皇として仏道に励み法華経を尊び、今様に親しんだことは有名だが、『玉葉』に左の記述が見られる。

自㆓今日㆒院供花始、僧俗能読、一時各一人、奉㆑転㆓読法華経㆒、毎年五月九月有㆓此事㆒也、年来之御勤也、（嘉応二年九月十一日条）

右によれば、院政期の末期に当る嘉応二年（一一七〇）には、毎年五月と九月に行われる供花会があり、僧俗から選ばれた能読の人による法華経の転読が行われていたことがわかる。一時ごとに奉読の人は交代した。主催者は後白河法皇である。この時期、法会という場を得て、能読の人は一層経典（ことに法華経）の読誦に励み、研鑽を積んだに違いない。説経といい読経といい、技を磨きその成果を珍重する風潮は、僧俗を問わず時代の傾向としてあった。このような情況が、二月堂の読経あるいは神名帳の奉読に影響しなかったとは考えられないように思う。

（二）　芸能重視

八世紀末まで、「悔過」あるいは「吉祥天悔過」などと記し、法要の内容で表記することの多かった悔過会が変容し、その名も勤修時期を表す「修正(月)会」・「修二(月)会」の名で登場するのは、十世紀後半以降のことである[21]。ことに院政期の十一世紀末から鎌倉時代の十三世紀末まで、六勝寺を中心とする平安京、およびその周辺の大寺では修正会・修二会の勤修が盛んで[22]、具体的な記述も多い。

本稿に関わる事柄に限定してその事例を挙げれば、神名帳の奉読を行った形跡は法勝寺・醍醐寺・十輪寺に残されているが、目下、京都周辺の他寺にはその形跡が見当らない。神降ろしの法要―神分導師作法―を行った例は多い[23]から、一つひとつの神名の奉読は省略されたものの、神降ろしという行為を重要視する意識が薄れたわけではなく、一座の法要として、勤修される形態が生まれ、定着した、と考えられる。かつて一日六時に勤修した悔過作法は、「初夜導師」の名で、初夜のみに勤修される法要となったし、「後夜導師」とも称する大導師作法は、法要形式も変って、祈願を目的としてのみ勤修されている。明らかに悔過作法の苦行性を排して、願望成就の祈願性を明確にしており、本来の悔過会を換骨奪胎して、新たに構成し直した形の悔過会に変容している。しかも、大導師作法の導入部では、仏の姿を褒め讃える声明《しょうみょう》の「三十二相」を、雅楽の伴奏で唱えて、豊かな音楽性を漂わせている。

さらに際立つのが、聴聞者の、芸能を賞翫する姿勢である。たとえば『中右記』には、寛治八年（一〇九四）正月八日のこととして、左の記事がある。

　次参法成寺、殿下、内府以下、公卿七八人参入、御覧呪師、

法成寺の修正会に参じながら、公卿の目的が「呪師御覧」にあったことが明白であり、法要そのものについての言及は、全くない。

時を経て、『勘仲記』の弘安二年（一二七九）正月九日の法勝寺修正会では

　呪師猿楽御見物之間及数剋了、

とあり、同じく十一日の蓮花王院修正会では

　先神分導師昇、次初夜導師昇、次行道両反、次呪師五手、施種々秘曲、猿楽同前、大導師昇之後、給御布施、（中略）竜天、毘沙門、追儺、毎事如例、

と記している。ここでも、呪師や猿楽の見物に多大な時を費す享受者があり、演じ手の呪師・猿楽が、享受者の為に「種々の秘曲を施し」てその技を披露した姿が描かれている。法会の最後は、竜天や毘沙門が悪鬼を追う呪法で締めくくるのが例となっていたらしい。

呪師・猿楽の秘曲を見物するために、毎夜寺寺の修正会や修二会を巡り歩き、未明に帰宅する公卿の姿には、苦行の功徳を思い、その成果によって豊かな年が訪れるように、と念ずる姿勢を読み取ることは全くできない。上卿《しょうけい》が差配する公的な行事ではあり、義務も伴っていたであろう。しかしたまに「窮屈」[24]など、本音とも思える表現はあるものの、行事の在り様に根本的な疑いをさしはさむ例はなく、呪師や猿楽の技芸を楽しむために、一夜の中に諸大寺をあちらこちらと訪れる姿が、圧倒的に多数記されている。芸能の場として、法会の場が利用されている、と言っても過言でない情況だったと言える。

十一世紀末から十三世紀末に至る悔過会盛行の陰には、以上のような背景もあった。祈年という最終目的は変らなくとも、技芸を重視し賞翫する時代色は、本来の法会の形を変えるほどに大きく、人人の意識もまた、流れに逆らうものではなかった、というのが実態である。

㈢　伝承の揺らぎ

以上、二節にわたって述べてきたように、読経や説経（教）は、経典を読み説く域を超えて、その技を磨き、その技に言及し、専門性を加え、正当性を競う時代を迎える。悔過会自体も懺悔の苦行性を省略して、願望を強調し音楽性を加えた。それらは美的法要世界を指向しており、付随する芸能は、より娯楽性を強める傾向を増した。のみならず、付随していたはずの芸能に重点が置かれ、人人の

興味はその芸能に集中するありさまであった。二月堂の修二会もまた、南都に在ってその時代を生き続けた訳だから、影響を被らないはずはないと思う。ことに能説の誉高い僧として第一節に名を挙げた信円は、興福寺の別当であり、関白忠通の子でもあり、しばしば奈良と京都を往復して、多くの法会の大役を勤めている。文治元年（一一八五）の東大寺大仏開眼の供養会に呪願師を勤め、建仁三年（一二〇三）の大仏殿落成供養会には導師を勤めてもいる。平安京を発信源とする文化的諸相が、平城京に残された諸寺に与えたものは大きく、速やかであったろう。信円のような存在を無視するわけにはいくまい。しかし一方では、前代の都だった南都の、中心寺院だったという事実がある。行事の伝統を誇り、その伝承を重んずる意識との葛藤《かっとう》は、決して小さなものではなかったろう。

十二世紀末から十三世紀初めにかけて、時代は貴族文化から武家文化への大きな転換期にあった。二月堂自体も治承四年（一一八〇）の、平氏による南都焼亡の痛手を大きく被《こうむ》りつつ、不退の行法を中絶させまいという強い意志によって継続を果している。学侶と堂衆の階層分化が明確化するのも、院政期のことという[25]。加えて、長らく東大寺尊勝院の支配下にあった二月堂が、文応元年（一二六〇）に東大寺に寄進され、法印貞助の時代にいったん尊勝院に返された後、建武三年（一三三六）には重ねて東大寺に寄付されるなど[26]、その支配経営体勢にも不安定さが拭えない。事実、『修中日記』には、十四世紀以降、二月堂修二会参籠衆（ことに持経者）の減少を嘆く記事が、しばしば記されている[27]。

内外にわたる転換の激しさは、先に記したような葛藤も含みながら、神名帳の奉読にも陰に陽に影響を及ぼしたであろう。「能読」の表記も、そのひとつである。『修中日記』に「能読」の表記が現れる最初が応永二十二年（一四一五）のことだった点については、先に記した（122ページ参照）。「能説」「能読」の人が輩出した、院政期以降の平安京の情況も記した。相互の表記に見る時間的な隔たりは小さくないが、その理由を、現在は以下のように推測している。

まず、平安京を中心に広まった美的傾倒や娯楽性享受の風潮と、平城京における悔過会の苦行性がなじみにくかったこと。次に、十三世紀後半から十四世紀初めにかけて、神名帳の奉読役が、年ごとの固定制から分担制に移行する、制度上の改変があったこと。さらに、二月堂が尊勝院所属になったり総寺（東大寺）所属になったりして、僧団組織が一定しない時期があったであろうこと。これらが絡み合い影響し合って、能読の奉読役という記述の出現が遅れたのではないか、と思う。

蛇足ながら記しておく。二月堂の修二会は、六時ごとに悔過作法を勤修するという、悔過会本来の形態を貫いて今日に至っている。一方、平安京の大寺を中心に広まった形態―初夜に悔過作法を、後夜に祈願の大導師作法を勤修する―は、南都およびその周辺にも伝播して、現在も幾つかの事例を見ることができる。全国的な伝存事例は、圧倒的に後者の勤修形態が多い。その中にあって、二月堂をはじめ、法隆寺や薬師寺など、南都の大寺は前者の勤修形態を維持し続けて来た。恐らく、そこには、祈年の法会として形成されてきた本来の形態への自負と誇りがあったと思われる。苦行性の減少という新時代の法会の特色を、あえて拒み続けた姿勢に、本質を重んじた南都の心意気を指摘しておきたい。

おわりに

　仏教宣布の場である法会に、日本古来の神を勧請する、という、一見不釣合な作法でありながら、東大寺二月堂修二会における神名帳の奉読は全く異和感なく法会に溶け込んできた。これまで三章にわたって述べてきたように、練行衆は研鑚をおこたらず勤修し続けてきたし、聴聞者は聞きどころとして集まるのが常である。ある意味で、法会の彩りともなっている。

　はじめは祈年という目的を媒体として法会に摂取されながら、その長い歴史の中でさまざまに技が磨かれ工夫も加えられて、神名帳の奉読はこの法会に欠くことのできないものとなった、その存在感の大きさがそれを語っている。

　先にも述べたように、悔過会では、練行衆が人人を代表して悔過作法を勤める。本尊を讃美しながら行道し、讃嘆の礼拝を重ねて心身の清浄を獲得するのである。その苦行をみそなわして、本尊は人人に新しい年の除災招福を約束し応えて下さる。この本尊が宰領する場に、わが国の神神「万三千七百余所」をも招じて、より威力を強固にしようとするのが大きな目的であった。

　神仏の力に守られて、以後の法要では、大導師が具体的な願意を次次に述べてゆく。それは、多くの人人が願ってやまない、その年の安穏豊楽・年穀成熟の祈りである。大導師作法と呼ぶそれが終ると、呪師が、改めて浄域結界の修法を行って、悪魔が結界の内に入らぬようにする。法会の手順としては、実に理路整然たるもので、悔過作法から大導師作法、呪師作法と次第する組立て方は、実に行届いているし、挿入される神名帳の奉読にも大きな説得力がある。

　ここでは、神道的な作法の摂取例として神名帳の奉読を取上げた。はじめに記したように、この法会には仏教以外の多彩な要素の反映があって、法会の特色ともなっている。神名帳奉読の他にも、例えば、大中臣祓《おおなかとみのはらえ》や総神所《そうじんじょ》などには神道的な色彩が指摘されるし、一《いっ》徳火《とくび》や水取りなどの行事、荘厳の造花・餅、生命力を増すという楊《よう》枝《じ》などの用具類には、民間習俗との関わりが色濃い。修二会伝説に根ざす実忠忌《じっちゅうき》・走り・小観音《こかんのん》の諸行事、他国の行の影響が考えられる達陀《だったん》など、挙げれば、その広がりの大きさは驚くほどである。

　これらの、どの一つを取ってみても、個個の特色はすべて「お水取り」という大行事の一部として納まっているし、法会全体の展開に心地よいリズムを与えているのが興味深い。その、どの部分を取上げても、法会の進行を邪魔しない側面と、それぞれが固有の特色を維持し続けている側面は、随所に見られる共通点である。

　二月堂修二会の長い歴史の中で磨かれ、興趣を加え、確立したものは大きい。現在のわたくし共は、その残香を享受することで満たされている面も多い。しかし、まだまだ追求すべき事柄を内包している大法会だということを忘れず、衆知を集めてその一つひとつを把握し解明してゆかなければならない、と思っている。

（さとう　みちこ・東京文化財研究所　名誉研究員）

註

（1）良弁の入滅は、宝亀四年（七七三）閏十一月十六日。『続日本紀』では閏十一月二十四日とする。

（2）祓の析物を、大祓二十八種、上祓二十六種、中祓二十二種、下祓二十二種とし、同じ物でも分量を異にする。

（3）一昼夜を六等分した各時を意味する。通常、日中・日没・初夜・半夜・後夜・晨朝の六時を言う。
（4）『続日本紀』天平宝字三年（七五九）六月丙辰条に、文屋真人智努・少僧都慈訓の奏文として「毎年正月悔過」の文言があり、恒例化していたことがわかる。
（5）『続日本紀』神護景雲元年（七六七）正月己未条所載。
（6）基本的には上七日は本節、下七日は引上で奉読するが、上七日でも、以下の場合には引上になる。イ、塔頭の子弟が新入した年の三日。ロ、実忠忌の法要を勤修する五日。ハ、小観音の行事のある七日は、大導師の意向によって決める。引上で奉読することが多い。
（7）『修中日記』では、文保三年（一三一九）以降、学侶方・堂衆方を区別する記載が見られる。すなわち、僧名の右肩に「法（華堂衆）」「中（門堂衆）」と記す。寛永八年以降になると、「三（論宗）」「華（厳宗）」と学侶方の所属も明記されるようになる。
（8）たとえば文保三年（一三一九）上七日には「定忠得業神名帳三ヶ夜」・「顕円得業神名帳四ヶ夜」とある。
（9）平衆の筆頭者。110ページに掲載の表Ⅱ参照。
（10）澄憲（一一二六―一二〇三）。少納言藤原通憲（信西）の息。天台宗の僧で、説法・唱導の名手として名高く、安居院流の始祖となった。
（11）聖覚（一一六七―一二三五）。澄憲の息。比叡山に学んだが、後、源空に学び浄土宗僧となる。父澄憲の跡を継ぎ、説法・唱導の名人と称された。
（12）信円（一一五三―一二二四）。関白藤原忠通の息。法相宗の僧で一乗院の院主。興福寺の別当も勤めた。
（13）公顕（一一一〇―一一九三）。天台寺門宗の僧で、園城寺長吏。天台座主にも任じられた。
（14）『明月記』天福元年七月一日条の「聖覚法印説法、聞者感嘆」など。
（15）『玉葉』建久二年十一月十四日条の「感涙難禁、実非只人歟、」など。
（16）『玉葉』建久二年閏十二月十八日条の「説法優美、更不耄、生年八十二」など。
（17）『玉葉』承安三年五月二十三日条の「証憲説法珍重云々、」など。
（18）三月七日と十四日には、法華経の巻七・巻八の二巻から抜萃した詞章を用いている。
（19）柴佳世乃氏『読経道の研究』（二〇〇四年　風間書房）
（20）以上、前記註(19)参照。
（21）その経緯については、山岸常人氏「悔過から修二会へ—平安時代前期悔過会の変容—」（南都仏教52号）に詳しい。
（22）勤修法要については、拙稿「悔過会 中世への変容」（『悔過会と芸能』二〇〇二年）参照。
（23）『兵範記』『台記』『玉葉』『吉記』『勘仲記』などに記載されている。
（24）『長秋記』天承元年一月十一日条・『勘仲記』弘安二年一月十八日条など。また『中右記』には「予竊《ひそかに》退帰無楽弁呪師、」の記述もある。
（25）永村眞氏「学侶と堂衆」（『東大寺文書を読む』所収。二〇〇一年）参照。
（26）「東大寺尊勝院院主次第」（『大日本仏教全書—東大寺叢書』所収）の、僧正宗性・法印貞助・法印権大僧都定暁の各項参照。
（27）拙稿「東大寺修二会の伝承基盤—伝統芸能の保存組織のあり方の研究」（『悔過会と芸能』二〇〇二年）参照。

全体討論会「東大寺二月堂　修二会の伝統とその思想」

二〇〇九年十二月十九日

司　　会　川村　知行（上越教育大学教授）
パネラー　佐藤　道子（東京文化財研究所　名誉研究員）
　　　　　稲城　信子（㈶元興寺文化財研究所　評議員）
　　　　　守屋　弘斎（東大寺長老）

川村　本日は、寒い中をお集まりいただきまして、まことにありがとうございます。

いつも修二会のときには、お松明の上がるときに大勢の人がお集まりになられます。いろいろなかたがいらっしゃいますが、きょうは、東大寺にご縁のあるかた、特に二月堂の観音さまにご縁のあるかたが大勢お集まりになりました。私自身は、わずかな研究しかしていないのですが、それでも、いろいろな領域、さまざまなご専門で研究される、立場の違うたくさんのかたがたと、二月堂で知り合うことができました。私自身は日本美術史の研究ですが、建築史のかたもいらっしゃるし、日本の古代史のかた、中世史のかた、考古学のかた、古文書・聖教・典籍をずっとお調べになっているかた、芸能史の研究をされているかた、そして民俗学のかたもいらっしゃいます。二月堂に行くと、いろいろな研究者にお会いすることができて、私自身も豊かな視点をもって研究できたことを考えると、その出発点になったのが、東大寺二月堂の魅力であると、いまさらながら思っております。

本日もいろいろなかたがお見えになっていて、それぞれ一人ひとりが、さまざまな関心をお持ちのことと思います。私自身、研究をして、二月堂に関わっている間に、だんだん取り込まれて、深みにはまってきてしまったわけです。さきほど、佐藤道子先生が、神名帳の講演をされましたが、神名帳は入り口であり、二月堂の修二会を聴聞していると、実はわからないことだらけであるということをおっしゃっていました。本当にそのとおりで、今でもわからないことがたくさんあります。ともあれ、観音さまのおかげで、そんなきっかけを作っていただいて、本日のシンポジウムがうまく進みますようにと願っております。

まず最初に、私自身の自己紹介をして、シンポジウムを進めていきたいと思います。現在、私は上越教育大学という新潟県の大学におり、専門は日本美術史でございます。とくに密教の図像を追いかけていますので、その中から、二月堂のこともいくつかわかることがあったので、きょうは、そのおかげでこういう立場でおります。

私たち四人は、たまに偶然、顔を合わせることがあります。どこかというと、二月堂はもちろんですが、むしろ東大寺図書館が多いのです。東大寺図書館は、南大門の向かって右側にあるのですが、みなさんはご存知でしょうか。この図書館の存在をご承知のかたは、東大寺ファンの中でも、かなり奥義を究めるかただと思います。実は、東大寺に関する文献のほとんどがそこにあるのです。古代の東大寺文書、奈良時代のものから、明治以降の最近の記録まで、ほとんどすべて東大寺図書館にはあります。

美術史を研究する者は、主にお寺の中で仏像の調査をしたり、あるいは、仏画の調査をしたり、ということが基本で、全国の博物館やら美術館と関わりを持つのですけれども、そういう世界では会わないかたに東大寺図書館で出会えるのです。国語学の先生、あるいは、国文学の先生、それから、正倉院文書以来の圧倒的な文書がありますから、歴史学の先生もいらっしゃいます。そういうかたがたと、いろいろな情報を交換できるという、そういう場でありました。

私が図書館に通い始めたのは、大学院生のときですから、まだ二十代でしたが、そのときに、大先生たちも、実はそこにいらっしゃったのです。その中でいろいろなご指導をいただくことができました。そのうちに、二月堂にはこんなおもしろいことがありそうだという話を聞くようになりましたが、どこから手をつけたらよいのか、わかりませんでした。

さておき、基本文献をいくつか、ご紹介したいと思います。一つは、佐藤先生による労作である『東大寺修二会の構成と所作』で、これは全四冊あります。そして、もう一つ、きょうも話題になっておりますが、東大寺二月堂の参籠をされていたかたが必ず書き留める『修中練行衆日記』ですが、これは約千年分近くたまっているのです。それを翻刻して、出版してくださったのが、稲城信子先生でいらっしゃいます。

きょうは、まずお一人おひとりから、自己紹介を兼ねて、こういうことで二月堂に関わりました、ということをご披露いただくことから始めたいと思います。

私たちは俗人なのですが、その世俗の私たちを、いつも東大寺のお坊さまたちが、ときに励まし、温かい目で見つめてきてくださいました。私も、東大寺のみなさまがたには、ほんとうに学恩ばかりを頂戴して、きょうは少しでもお寺にご恩をお返しすることができれば、どれほどいいだろうと思っております。私の自己紹介はこれぐらいでとどめまして、お一人おひとりからお話をいただきたく存じます。

まずは、東大寺知足院の長老でいらっしゃいます。いつもの言い方では、長老さんとか、守屋さんなのですが。自己紹介ということでは失礼ですので、インタビューさせていただきます。お生まれは昭和の初めかと思うのですが、修二会で、最初に参籠されたのは、戦後でしょうか。昭和何年でしょう。

守屋　昭和二十八年です。

川村　二十八年から今日までの二月堂をご存知なのですね。

守屋　二十八年というのは、二十七年に祖母が亡くなって参籠が遅れたわけです。

川村　そのあたりから、昭和の二月堂修二会がどのようにして、今日に至ったのか、ちょっとお話をいただきたいと思います。私自身は昭和五十年ぐらいから通い始めています。今日は、ご年配のかたからお若いかたまでいらっしゃいますが、昭和の時代をご存知のかたもたくさんいらっしゃいます。お若いかたは、むしろ平成になってから、昨今の、十二日、十三日、十四日は、一晩に十万人だ、二十万人だと、たくさん人がお集まりになり、二月堂に行っても、人が多すぎて、とても近寄れないというような状態です。まさかあの中で、あのようなことをしているということは、ご存知ないのではないでしょうか。きょうも神名帳の奉読をしていただきましたが、神名帳の隅から隅まで、あんなによく聞こえたのは、私自身も初めてでしたが、昭和二十八年当時は、きょうの奉読と同じくらい聞こえていたのでしょうか。そのあたりからお話しいただければと思います。

守屋　その前に、私は、長野県の生まれで、諏訪大社のそばです。上諏訪という町に生まれたのですが、よもや、この神名帳に諏訪大明神、あるいは洩矢大明神が出てくるとは思いませんでした。親近感というと言葉がおかしいかもしれませんが、「諏訪大明神」とか「杜屋大明神」が出てきて、奉読しながら、私の守屋と字は違うのですが、読みは同じモリヤで、ちょっとやりにくいような感じがしたのですが。（笑）

われわれの年代といいますと、参籠しても、一日から十四日までの間、お水取りの日、あるいは、その日以外は、「珍しい、きょう一人来ていたぞ」というようなことで、お堂の中で夜を過ごすというかたは、ほとんどいなかったわけです。ほんとうに、「ああ、きょう、だれか一人いたぞ」というくらいで、それがなんと、入江泰吉さんが写真を撮っていたというような、そういう状態でした。なので、現在のように、たくさんの人々が、籠っていただくのはいいのですが、もっと静かに参籠して、じっくり聞いていただきたかったなという気持ちは、多分に持っているわけです。私も、参籠しなくなってから随分年月がたちますので、あまり言えませんが、それでも十二日の晩なんかに出仕しますと、ほんとうに、三面をお参りに回るだけでもたいへんです。それが、ガチャガチャやかましくて、せっかくみなさんおいでになっているのに、中の様子も聞けないのです。どういうふうにそれを、規制するかというとおかしいですが、静かに聞いていただけるような状態に、なんとかならないかなというような、今はそういう気持ちでいるわけなのですが。

川村　はい、でも、さきほど佐藤先生のお話にありましたが、参籠する僧侶が不足して、七十八歳で参籠復帰された坊さんもいたらしいのです。

佐藤　私は、今七十九歳なのですが、七十八歳というと同じくらいの年齢で、あの五十何段の登廊を上られたり下りられたりは、たいへんだったろうなと思うのです。けれども、やはり、なんと申しましょうか、観音さまがおいでになるから、そこでお勤めをしようと思う。そして、下って、もう寝るだけでいいのだというふうになる。やはり、そういう観音さまの存在がおありになったから続いたのではないか、と思います。何もなかったら、七十八歳で、あそこを一日何回も上り下りなんかできないでしょう。

川村　稲城先生、そのあたりはいかがでしょうか。通い詰めていらっしゃって。

稲城　はい、私は、最初は、松明だけをみてお水取りと思っているような人間でした。研究員になったのが昭和四十九年なのですが、そのときに、当麻寺の練供養の調査を担当することになりました。研究所もまだ草創の時期で、仏教寺院で行われている行事を、研究テーマの一つにしようと始められたところでした。私より上のかたが何人もいらっしゃったので、私が決めたわけではないのですが、調査の対象が「修正会、修二会、これを順番に行ったらいい。けれど修正会は、お正月でちょっと出にくいから、修二会で行こか、稲城さん。」と簡単に決まってしまったのです。

そのときは、まだ若いですから、できませんとも何とも言えずにいました。それから、東大寺の修二会をいろいろ調べてみると、すでに前から、佐藤先生というかたがいらっしゃって、もう何年も調査をされている、ということがわかったのです。それで、することがないのではないかと思いまして、東大寺図書館に相談に行きました。そのときには、亡くなられた堀池春峰先生と新藤佐保理さんがいらっしゃいました。佐保理さんに、「図書館には修中日記が二十八冊もあり、保安五年から宝暦十四年まで、千四百二十五ページもあるので、それを読んでくれたらどうかな」と言われました。日本自転車振興会から補助金をいただいた仕事で、二年の期限がありました。それで、また図書館に行って、「写真を撮らせていただいて、その写真から研究所で翻刻します」と言うと、「写真代がもったいないから、図書館に来て読んだらいい」と言ってくださり、午前中は研究所の仕事をして、午後からは図書館に行っていました。そのときの図書館長さんが森本長老さんで、森本さんの机の向かい側に席をいただき、仕事で行けない日もありましたが、ほとんど毎日、翻刻に行っていました。おかげで本ができたわけです。毎日お昼の一時ごろに行きました。必ず三時ごろにお茶の時間があり、喜んでお茶をいただいておりました。そのお茶の功徳もあって、全部読むことができたのです。

お水取りの行事には、昭和五十年から三年間入らせていただきました。二月堂に上堂すると、ある程度は見られる部分があるのですけれども、女人禁制ですし、別火のときは、まったく見られません。三十年前は、まだ若かったこともあり、ほんとうに何も知りませんでした。精進でないといけないということも知らなかったので、お見舞いにカステラを持っていき、卵が入っているから駄目だと、突き返されたこともありました。お見舞いはこういうふうにする、というようなことも逐一、東大寺図書館で教えていただいたのです。

川村　そうですか。その昭和五十年ぐらいから、ずっと調査を続けていただいたおかげで、私たちは大いに『修中練行衆日記』の学恩を受けているのです。きょうも佐藤先生のレジュメにあります。

稲城　ええ、使っていただいて、ありがとうございます。

川村　膨大なもので、それは、江戸時代ぐらいまでは、ずっと翻刻していただいたのですか。

稲城　はい、宝暦十四年まで。一冊分の抜けがありますが、四百五十年分ぐらいが収まっていると思います。

川村　そうですね。宝暦ですから、一七六四年ぐらいですね。

稲城　はい、保安から宝暦まで翻刻しました。

川村　ようするに、それまでは、私たちには取っかかりがなかったのです。みなさん、いかが思われますか。何か、お水取りの小冊子だとか、二月堂修二会の案内だとか、二月堂の修二会の全貌はこうですというスケジュール表のようなものがあれば、それを見て初めて、「ああ、こうなっているのだ」ということがわかるのでしょうね。一般のかたは誰も、まさか十四日間もやっているとは、思っていないのです。それで、実際に一度行くと、奥の深いものであることがわかるのです。が、私たちは何もない状態から、しかたなく始めたわけです。いちおう研究者の研究方法ですから、ともかくまず、記録として出ているものは、いったい何があるのだろうかと始めたのです。稲城さんが翻刻してくれた『修中練行衆日記』はとても分厚いものです。活字になっても、こんな分厚いもので、実際の原本は、もうたいへんな、大量な冊子類がずっとあるのです。たぶんそれも、佐藤先生はご覧になっていたでしょう。ともかく、この『修二会の構成と所作』という本、たぶん、これは一九七五年、昭和五十年ぐらいから出されたのだと思いますが、そのあたりを佐藤先生からご苦労話も含めてお聞きします。まず、先生が最初に参籠されたのは何年になりますか。

佐藤　きのう、わかったのですけれど、どうやら昭和四十二年にうかがったのが、第一回目だったと思います。それまでは、たとえば山形県の黒川能だとか、神奈川県藤沢の遊行寺のひとつ火だとか、そういうところの、春迎えの行事を調査させていただきました。そうしたら、私の上司が、「春迎え、二つ大きい行事を調査したけれども、東大寺の二月堂に行かないと、不十分だよ」とおっしゃったのです。それで、さきほどのお話から稲城さんは、ほんとうに研究者として二月堂に通われたというのがわかるのですけれども、私は、ただ拝見しようと思ってきたというだけで、何の目的もなかったし、どういうかたがお籠りになるのか、法会にどんな目的があるのか、まったく知らないでうかがったのです。そんな具合でございました。

川村　はい、そして、調査されて、昭和五十年ぐらいから第一冊目が出て、結局全部出すのに、たぶん十年ぐらいかかったのでしょうか。

佐藤　そうですね。はい。

川村　昭和四十年代の頃、たとえば、今ここにいらっしゃる守屋長老さんは、どんな役だったのですか。

佐藤　そのころ、確かはじめの年が、南二、南の衆之二で、平衆でおいでになったと思います。そのときにお目にかかったのが、たぶん始まりだと思いますが、そのころは、そのお役目もわからないし、お坊さまのお名前もわからない、どこにお住まいかもわからない、ほんとうにただ、すぽんとその場に置かれたという状況でございました。

川村　そのころ大導師はどなただったのでしょう。

佐藤　これも後になってわかったのですが、大導師が清水公照さん、そして、和上が上司海雲さん、それから、堂司が、きょうもおいでくださっています狭川宗玄さんでした。そのころ、参籠宿所というのは、やはり聖域だったのです。宿所の出入り口がありますけれども、そこから中には一歩も入れなかった。やはり、非常に、聖なる空間だと、こちらも意識していましたし、また、そういう雰囲気が漂っていたと思います。それで、申しわけないことでしたが、堂司のかたに、わざわざ出入り口まで来ていただいて、それで、「ここがわからない」とか、「あそこは何をしていらっしゃるのですか」とか質問をぶつけて、そこで教えていただいたという記憶が今も残っています。

川村　私たち研究者は、今でも男のほうが多いのですが、ずいぶん女性も出てきたし、仏教美術に関しては、むしろ女性の研究者のほうが多いぐらいになってきました。しかし、当時、私はまだ学生で、しかも男でしたから、わりとそのへんは平気で、たぶん聖域を越えてしまったのだと思います。そうして、きょうの神名帳もそうでしたし、過去帳もそうですが、なによりも一度見たら忘れられないのです。十二日、十三日、十四日の深夜の、たぶんみなさんがご存知の達陀を見て、われを忘れるというか、いったい何をしているんだろう、これは何なのだろうというところから、私たちはみんな、はまっていくのです。が、ただ、何から調べていいかわからないし、それ以前に何であるのかがわからない。そんなときに、『修中練行衆日記』と『東大寺修二会の構成と所作』の二つ、これが私たちにとっては、研究の出発点での道しるべだったのです。そして、きょうご紹介いただいた「二月堂研究会」というのを作りました。そして昭和五十五年（一九八〇）ころから始めて、成果として実ったのが、きょうも会場の入り口で販売している『南都仏教五十二号』です。出版できたのは、一九八四年、昭和五十九年です。研究レベルで、二月堂のお水取りというものを、いろいろな分野の研究者が初めて論文集に出したものだと思います。

で、いかがでしょう。私たちの専門ですが、私は美術史で、佐藤先生は芸能史、稲城先生は民俗学、というふうに紹介してよろしいでしょうか。

稲城　どう言ったらいいのでしょう。はじめは仏教法会の調査を数年やっていましたけれども、昭和六十年ぐらいからはずっと聖教調査を中心にやっています。いちおう専門を言うときには、仏教文化というふうにごまかしておりますけれども。

川村　研究者の間に何もなかったときに、パイオニアとしていちばん基本的な資料である二つの本を努力して作ってくださったのが、女性だったわけです。なぜ女性だったのか、とても不思議です。私は男の立場ですから、何もわかりません。女性がどれほど行動を制限されていたか、という感覚がないのです。男の場合だと、行ってびっくりして、どうしたらいいのだろう、とても研究なんかできない、という畏れといいますか、それこそ、神聖、ということを、もっともっと肌で感じてしまうのではないでしょうか。だから、とてもこれは研究する対象にはできないのだと思うでしょうし、だいたい、あまりにも大きく、巨象のようなもので、どこから取りかかっていいかさえわからなかったのです。ところが、先生たちは、練行衆のみなさんに、質問をしながら教えていただいたのです。

佐藤　女性だからというのは、あまり意識しなかったのですけれども、たとえば、こんなことがありました。お坊さまではなくて、童子さんのかたが、松明を作っていらっしゃいました。そのそばに行くと、それはそれは見事な手練の技で松明を作っていかれるのです。それで「すごいな」と思って拝見しながら、「私がこれに手を触れたりすると、しかられるでしょうね」と、お聞きしたことがあります。まだ、うかがい始めのころでしたけれども。そうしたら、ほんとうに吐き捨てるように、「いろうてほしくありまへんな」と言われました。それで、ここでは男性と女性ははっきりと区別されているのだ、ということを身にしみて感じました。そういう経験があったので、意識的に、ここからは踏み込むまいとか、この範囲の中でしなければいけないとか、いまKYと言いますが、そういう雰囲気を読み取るように心がけました。私が勤めておりましたのが、文化財保護委員会の研究機関だったわけですね。そうすると、そこで、「けしからん」とか「女性は差別されている」とかということは言えないわけ。そういう中でその範囲で仕事をさせていただこうと、あらためて思ったというのでしょうか。そういう記憶はございます。

川村　稲城先生の場合はどうでしょうか。

稲城　そうですね。やはり女人禁制があるということが、頑張れるきっかけにもなったとは思います。見られないところがあるというのも、神秘的で、よかったような気もします。今となっては昔のことで、そのときどう感じたかはちょっと忘れてしまいました。

川村　見えないものが見えてきましたね。

佐藤　たとえば、形を知ろうと思って、こういうことをこういうときにどなたがなさるかということを記し始めたのですが、そうすると、お坊さまはたいへんご親切なのです。「あなたのところからは見えないと思うけれども、こういうことをしていますよ」というようなことを教えてくださる。しかし、こちらとしては、まとめるためには、自分で確認しなければ文字にできない。それで、いつか見えるだろうと思って、一生懸命、一生懸命見るわけです。そう、と、見えるときというのがあるのです。こく開かれたとか。そこ言

川村　そして、それをすべて記録として作ってくださった。

佐藤　はい。私の目で確認したことしか書きませんでした。

川村　みなさん、お帰りに手に取って中を見ていただければわかりますが、ほとんど全部手書きなのです。

今度は調査される側の、練行衆のみなさまは、どのような感じだったのしょうか。われわれは、調査と研究の立場でおりますが、調査される側、記録される側としては、守屋さん、どんな感じでいらっしゃいましたか。

守屋　初め、佐藤さんがいらっしゃっているのは知っていました。内陣で、時間帯によっていろいろ違いますが、たとえば、後夜なら後夜とか、晨朝とかに、やはり、まだ佐藤先生が、後堂とか北正面、南正面なんかにおられて、そして、動くときには必ず小さいライトをつけたり、ものを書くときにライトを使ったり、そして、歩くときは、真っ暗で危ないですから、そおーっと動くのですね。われわれは一生懸命に拝んで、＊たら、部屋に帰って寝られるわけなら街へ下りていくからたいへていましたし、ご苦労という忘れることはありません。そ思います。やはり女性ですろな人間がいますから心配ほしいということを二月堂む部屋を用意してくれたが私は、学者ではありませたところまでいっている」とか、そんなことはよう聞かんかったのです。ただ、一生懸命記録をとっておられるのを

見て、私はなんとかして佐藤さんのお役に立とうと思っていました。お堂の中へ入ってもらうわけにはいきませんから、外から取材しておられる様子を中から見ていて、「こういうときはこうしたほうがいいな」とか、そのような話もたびたびはさせてもらいました。むろん私ひとりではなくて、その年に籠った練行衆の人たち全員が、そういう気持ちでいたのではないかと思うのですが。

川村 そういう調査が何年続いたのでしょうか。

佐藤 この本を書き始めたのは、七年たって、だいたいこれでまちがいないなと思ってからです。だから、七年間の調査の結果が四冊の本になったというふうに自分では考えておりますけれども、やはり、行のすごさみたいなものが傑出していて影響されました。そのころは、私の体の中で、三月のはじめになると、もう二月堂に行かないと、体のほうが承知しないという感じがございまして、それで、そのあとも何日かずつ、うかがうということを続けておりましたけれども。たいへん幸せだったのは、身辺に不幸がなかったのです。不幸があると、どんなにその気持ちがあってもうかがうことできなくなります。やはり穢れがあるからなのです。ですから、御遠慮しなければならないのですが、その不幸がなかったわけです。おかげで、七年間、毎年うかがうことができたし、そして、その間に、いま守屋さんがおっしゃいましたように、みなさま、いろいろ親切にしてくださいまして、それで、「そこからはわからないだろうけれども」、「あなたは、まだ把握していないけれども」という具合で、教えてくださるということがたくさんありました。

それから、さきほどもちょっと話に出たのですけれども、お坊さまだけではなくて、三役の堂童子というお役の方がいらっしゃいますが、別火のときから、別火坊に籠られているのです。その別火坊では、女性は式台に上がることもできないわけ。それで、私が玄関先をうろうろしておりましたら、堂童子さんが、「あなたは、上がることができないから、じゃあ、ここで私がする仕事を見せてあげましょう」とおっしゃって、窓際までお仕事の材料を持ってきてくださったりしました。そういうわけで、実際は把握できないところを拝見できたということは、ずいぶん、たくさんございました。

川村 はあ、すごいなあ。私ら男たちは、質問のしかたが悪いのか、あるいは全然、関心を持たれないのか、放っておかれていましたが。それは、研究者としては、ありがたいことなのですよね。だから、男のほうは、漫然とただ眺めているだけということが多かったようなな、そんな気がいたします。だから、気づくのがずいぶん遅くなってしまうのかもしれません。稲城さん、どうでしょう。

稲城 私が聞いた話では、男のかたは、終わってから、湯屋にいっしょに練行衆のかたと入って、いろいろなお話を聞かせていただいたというので、「男の人、得やなあ」と思いましたが。

川村 そうですか。

守屋 練行衆と一般のかたとがいっしょにお風呂、いうことは、ありません。おそらく、出てから、焚き火にあたりながらながら話しをしたとか、そういうことではないでしょうかね。

川村 そうですね。きょう、べつに男女共同参画社会のシンポジウムではないので（笑）、きょうは、「修二会の伝統と思想」というのがテーマなので、少し軌道を修正していきたいと思います。

佐藤先生は、きょうは、なぜ神名帳にテーマを絞られたのでしょうか。それが、きょう、私がいちばんおうかがいしたかったことです。みなさん、きょうの基調講演は、なぜ修二会で、神名帳なのでしょう。みなさんの中には、お水取りオタクのかたもいらっしゃると思うのですが、仏事のはずなのに、神事の話を、きょうはずいぶん強調されてお話しになられました。きょうは、なぜ神名帳だったのでしょうか。

佐藤 神名帳を取り上げようとしたとき、これは、ちょっと基調講演には向かないのではないかという思いは、かなりありました。ただ、二月堂のお水取りのはば広さ、そういうものをわかっていただくためには、仏事以外の面でも、細部に至るまで、これだけ気を使って法会が組み立てられているのだよと、やはりそういうことをわかっていただく必要があるのではないかと思ったのです。

それからもう一つは、私事になりますけれども、私が論文らしきものを初めて書いたのが、神名帳でした。少し神名帳の調査をしたという経緯がありましたので、これを締めくくっておかなければならないと思ったわけです。私はいついなくなるかわからないのだからという思いもあって、それで、はば広くなり得るテーマとして、最終的に神名帳に決めたという経緯がございました。

川村 それから、きょうはまた、上司永照さんの立派な奉読がありましたけれども、守屋大明神（笑）、ついこのあいだまで、ずっと、ということはないと思いますが、神名帳の、ご苦労といいますか、エピソードとかがありましたら、お聞かせいただきたいのですが。

守屋 そうですね。今は、幸か不幸か、教えるほうの立場になっているのですが、神名帳を、あれだけ速く読んでいくというのは、たいへんなのです。私は口下手ですから遅いです。そして、ある程度いきますと、回数を数えておくと同時に、いちいち見なくても、頭を見ただけで、ずっと読めるくらいの慣れというのでしょうか、ある意味、暗記で読めます。もっとも全部暗記はできませんが、ちょっとやっただけでずっと続くような、私はそういう読み方をしたわけです。それは、やはり、稽古することによって、そういうことができるようになり、比較的、神名帳は読みやすかったのですが。

川村 守屋さんのお師匠さんは、どなただったのですか。

守屋 当時、無量院というお寺が水門町にありましたが、そこの人が教えてくださったのです。

川村 きょうの上司さんの奉読は、とても速かったです。最近になって速くなったとか、昭和の時代はまだゆっくりだったとか、戦後まもなくはけっこうゆっくりだったとか、そういうことはないのですか。

守屋 いや、そうではなく、彼の例をとってみますと、私が教えたのですが、非常に覚えが早かったのです。そうすると、こちら側も「もうちょっと速く」と要求するようになっていきました。それで、だんだんと速さというものが出てきたのではないかと思うのです。こちらがなかなか上手に回りますから、それで正確に読んでもらえるかは、こちらの気持ちをくんでもらっている。そんなことで、きょうも聞いていて、「ああ、いい神名帳だな」と思って、ほんとうに、よくあれだけ稽古をしたなというふうに思っているわけです。

川村 声明のお稽古は常日頃からだと思いますが、修二会が近くなりますと、お師匠さんもお忙しくなってくるのかもしれませんが、基本的には、どんなお稽古があるのでしょうか。称揚、あるいは、普通の六時の…？

守屋 六時の行法が、初夜、半夜、後夜、晨朝、それで、日中、日没と、極端なことを言うと、六時みな違うものもあるわけです。ですから、それを暗記していくというのはたいへんなのですが、修二会の声明というのは、大半が暗記ですから、努力して、理屈でなく頭から覚えていかないといけません。この歳になっても、声明を聞いたりしていると、比較的ついていけるような、やはり、暗記というのは、努力してこそできるものだ、というふうに思うわけですが、暗記も多いのです。

川村　昭和二十八年に最初に参籠されますが、それまで、参籠すると、だいたいどのぐらいお稽古をされるのですか。

守屋　はじめは、初夜の本節一回だけでいいのです。

川村　いちばん基本を。

守屋　はい、これがまたたいへんなのです。十二月に発表があると、すぐお師匠さんに「教えてください」とお願いします。それから、別火へ入るまで、一生懸命通うのです。いまの若い人たちというと、テープレコーダーとか、いろいろ機械がありますから、師匠が言ったのを録って、それを聞きながら、稽古ができるのです。どちらがいいかわかりませんが、私は基本的には、師匠にじかに声を出してもらって、自分も教えてもらって声を出し、そして、自分ができたものを聞いていただいて訂正してもらう、そういうのが、暗記のいちばんの基になるのではないかと思います。ほとんどの人は、そういうこともしませんし、また、今の若い人がいけないとか、そんなことも思いませんが、結局、努力せんといかん。そういうことです。

稲城　親子で師弟関係になって、声明を教えるということはあるのですか。

守屋　あります。もし、親子ということで教えにくかったら、「申しわけないが、ちょっと教えてやってくれ」と、代わってもらう事もあります。引き受けた以上はやはり責任がありますから、ちゃんとできるようになるまで、教えるほうも頑張って、やりますが。

川村　すると、つい三日ほど前に、来年の修二会の交名が発表されたわけですが、新入のかたや、初めて神名帳を読むとかそういう役割のかたは、きょうあたり、このシンポジウムが終わったら、またお稽古をされるのでしょうか。

守屋　十六日、新入というのか、本節やるのがいますので、「ぜひ頼む」とか言われていますが。

川村　はあ、そうでしたか。十四日間の、別火坊まで入れれば、約一か月近くですが、このようなご苦労とお稽古が重なって、ああいうスケールの大きい、いくつかの法要と合わせ全体としての一つの法会ということになっていると思うのです。あまりにも巨大な法会ですが、きょう、佐藤先生から、「御本人である練行衆のみなさんもきっと楽しいのではないか」という遠慮がちなご指摘がありましたが、長老さん、いかがでしょう。好き嫌いもあるかとは思うのですが。（笑）

守屋　ええ、難しいことです。やさしそうで、難しいです。

川村　そうですね。私らが外野から聞いていると、練行衆のみなさん、きょうは、えらく乗っているなどと聞くことがあります。だいたい何年も通っているかたたちは、評論家風になってくるのです。「ことしのあの新入は楽しみだな」とか、「きょうは、うまくできたな」とか、「きょうは、ちょっと疲れたな」とか、外で勝手なことばかり言っているような、そういう聴聞客もいるのですけれども。佐藤先生は、ずっとうかがってこられて、そのへんはいかがでしたでしょうか。

佐藤　時代の流れというのはあると思います。私がうかがい始めたころは、まだ、明治生まれのかたがお籠りの時代だったわけです。そういう時代の空気を吸って生きてこられたかたのお籠りがある一方、いまや昭和二桁、平成生まれのおかたが籠っておられる。どう経験しなさいと言ったって、昭和・平成の方が明治の時代を経験するわけにはいかないわけです。ですから、私は変化していくというのは、自然なことだというふうに考えております。ただ、なんと言いますか、精神性から芸術性に移ってきたという表現をしたりするのですけれども、その失われた精神性というものを懐かしむ気持ちというのが、私の側にないとは言えないのです。けれども、この行法をお勤めになるかたが、それぞれの時代の空気の中で育たれて、お勤めをなさるということを考えると、変わっていくのは当然なのだというふうに思います。

川村　そうですね。イメージを懐かしがっても、天平勝宝まで持っていくことは到底できないわけですから、そのあたりをどう考えたらいいのでしょうね。では、江戸時代はどうだったのかとか、鎌倉時代まではどうだったとか、このあたりは、きょうの修二会の伝統と思想ということで、ちょっと歴史的なことになるのですが、どう考えたらいいのでしょうか。

守屋　まあ、実際問題として、私がお経を教えてもらったというのは、昭和二十年中ごろですね。それからもずっと、たとえば大導師の祈りとか、咒師の役にあたると、咒師の四王勧請を習うとか、そういうことで、ほとんど同じかたにお願いして、稽古をつけてもらうわけです。が、それが、江戸時代はこうだったということは残っていませんから、ただ古い本に節が書いてあって、「ああ、おもしろい節がついているな」というのと、「あの節はこういう節かな」というような、そういう感覚なのです。ですから、今はまあ、お師匠さんに教えていただいたことを忠実に、次のかたに覚えていっていただくというのが、私の基本方針なのです。

川村　芸能史の佐藤先生におうかがいします。たとえば、節ということがわかるということは、お能の世界だったり、あるいは、長唄、三味線のことまで含めてしまいますが、歌舞伎だったり、文楽だったりという、ああいう節付けを、いま継承されていて、それこそ芸能ということで考えると、ある意味で芸術性とかドラマ性とかいうことも含めて考えなければいけないわけですが、そのあたりはどう考えたらよろしいでしょうか。

佐藤　それはもう、とやかく言うよりも、流れに任せて、それを受け入れるほうが、無駄がなくていいなあというふうに今は思っております。ただ、たとえば歌舞伎を拝見していて、昔のかたを考えると、今のかたの演技に「これ歌舞伎じゃないよ」と思ったりするわけです。確かに、すごくお上手だなとは思うのだけれども、やはり、「これ歌舞伎じゃないよね」と。私なんかは、そう言いたくなるのですが、でも、やはり歌舞伎というものは、「歌、舞、伎」なので、時代に合わせて変わっていくのが、その芸能の本質だと思います。ですから、やはり、法会というものも、だんだん変わっていくというのが、時代の趨勢ではないかというふうに考えます。

ただ、法会というものは、法の精神というものが基本になくては、法会にならないのだと思います。そこだけは残したいなという思いはたいへん強うございます。形だけ完璧であっても、それは法会じゃないよと言いたい。そういう思いはございます。

川村　はい。長老さん、どう考えましょう。修二会自体、東大寺の中で、奈良時代から、もう千年以上ずっと受け継がれてきています。どう変わったかというのは、私たち研究者にとっては、むしろいちばん興味のあることです。歴史の人もそうですが、私たち美術史や建築史の人間も、それぞれの立場で、「では、修二会は、いつ始まったのでしょう」とか、「どう変わっていまに至ったのでしょうか」というのを、研究者が考えなければいけないテーマだと思っているのです。が、お寺のお立場では、当然そうではなくて、何も変わってはいけないものが…？

守屋　いま言われたように、基本的には精神かもしれません。稽古の合間合間の休憩のときにいろいろな話を、いままでに古い長老さんからも聞いてきており、「ああ、こういう教え方というのが、ほんとうの師弟としてお経を教える一つの道かな」ということは、勉強しました。そのことで、自分なりの方法で、お経を習いたいと言ってきましたが、できるかぎり、そういう面でのつきあいもしたいなというふうに心がけていますが、難しいです。

稲城　難しいですか。

守屋　難しいですが、やはりその間に、雑談をするにしても、「いまの東大寺の人には、もうちょっとがんばってもらわなければならない」とか、そのようなことを言ったり、つい平素、思っていることが出るのですが、これも一つの勉強だと思います。

川村　私は聴聞する側ですから、そのときの、セレモニーとしての法事、それから儀式を見ているわけです。美しいし、『枕草子』なんかでも出てきますが、声明では、お坊さんというのは、見目うるわしくて、声がいいほうがいいとか、そういう目で見ているわけです。人間に関すれば、法会というのは、お寺の世界へ入っていく入り口みたいなもので、でも、たぶんお寺の立場からすれば、法事、法要の出来上がりというのも大事ですが、法の精神ということを考えたら、むしろ、日常的な稽古のほうがもっと大事だということですね。ここばかりは、俗人には、まったくわからない世界で、そこでたぶん法が伝わっていく、ということになるのでしょうか。

守屋　法という、大きなことのなると、なかなか難しい問題です。ただ、自分のしてきたこととか、いろいろ、今あることとかをしゃべっていますと、つい、その子がいかに大きく、どういう成長をするかというのを見届けているようなことだと思います。中には、いい子もいます、ひどいのもいます（笑）。ですから、こういうところでそういう事実を言うのはと、いけないかもしれません。みなさんも、いまも、この四人がしゃべっているのを聞いていただいて、「あいつ、子どもが来ているのにもうひとつだし、こっちは、女性のことのほうがすばらしいな」とか思われているかもしれません。なるべくそういうことは、自分の経てきた気持ちを聞かせて、そして、その子がどういうふうに育っていくか、それを楽しみに生きているような、そういうのが現在の立場です。

川村　私自身も大学の人間ですから、大学の教育においても、こうやって講義としての授業も、一方的に話す授業もあります。けれども、いちばん大事なのは、演習のゼミという時間です。発表を聞いて交互にやりとりをしながら、それこそお茶を飲んでいる合間に、昔の大学はこうだったとか、私を教えてくれたお師匠さんはこんなふうに考えていたとか、私の仲間のこんな研究者がどんなことを考えていたとか、いろいろなことが総合的に伝わっていく機会というのは、大学の場合であればゼミという形です。講義を受けて、いろいろ知識を得るよりも、むしろゼミのほうが大事で、大学の教育の中では、気持ちが伝わっていくような形が、たぶんいちばん大切なことではないか、と最近この歳になって気がつき始めたのです。お寺も師資相承という中で、もちろん変化はありますが、何かがかならず伝わっていく、その媒介になっているのが、修二会という巨大な形なのでしょうか。

それと、所作のほうでおうかがいしたいのですが、そうすると、たとえば達陀の松明は、こう持ってこうやる、というようなこと、これはどこかで、お稽古はあるのでしょう。

守屋　本番にやっているのを見て、たとえば変な持ち方をしている者がいるとしますと、あとで、終わってから、「きみの持ち方は、間違っているから、こうしなさいよ」などと、それは注意します。歳いった者が、そういうことを若い人に注意して、正確に伝えていくという気持ちを持たんといかんと思いますから、そういうことでは、なるべく努力をしているつもりです。

川村　はい、そうですか。きょうは、とても本質的な話になってきたのですが、稲城先生にも佐藤先生にもおうかがいしたいのは、お稽古のときのほうが、もっとお互いにとっては大事だろうなということ、いま勝手に世俗の人間からそう思いましたけれども、そのあたりで、何か思い当たるようなことはございませんですか。

佐藤　やはり、音で残すとか、映像で残すとか、残しておくことは、たいへん重要なことだと思います。ですから、記録係のようなものを必要とする時代になっているのかもしれないと思うし、そういうことを考えなければ、本質的なものがだんだん消えていってしまうのではないかという思いは持っております。けれども、基本的には、周りがとやこう言う問題ではないと思います。人間というのは、やはり、自覚するということがいちばん大切なことで、それがないかぎりは、変わってもいかないし、正しいものが伝わっていかないし、と私は考えます。自覚するための教育ということ、たとえば、声明のお稽古にしても、お作法の稽古にしても、それはその形だけの問題ではない、旋律だけの問題ではないんだ、ということをわかってほしい、そういう教育があってほしい、という願いはございます。

川村　ずっとそれが続いていってくれて、現代人の私たちも、どこかそのベースのところが、なんというか、ほんとうにいっしょのところがああいうように整う。たいへん興味深く感じました。

佐藤　やはり、その基本のところを、自分で「ああ、こうか」と思ったときから、事柄が始まるような気がするのです。

川村　稲城先生、いかがですか。

稲城　お坊さんたちの声明のお稽古とか所作とか、それが基本になって、お水取りが行われるわけですけれども、それを支えている人たちがたくさんいるということ、それを忘れてはいけないのではないかと思います。童子のかたもそうですし、毎日の御飯をたいている大炊さんとか、小綱さんとか、堂童子さん、いろんな方がいて総合的に運営されているのです。それに、講社の人が、修二会で用いるものを寄進されています。私が昭和五十年に調査したときに、三十七か所で二月堂の観音講が行われていたのですけれども、その中で二か所、行われていないところがありました。この話をいただいたときに、いまの観音講がどのくらい続いているか知りたくて、図書館から現在の観音講一覧をファックスで送ってもらいました。今は三十五か所の観音講があり、そのうち四か所だけが不明という、この残り方に驚きました。以前に調査したときは、老齢化して世襲してくれる人がいないので、もうつぶれる寸前だという話をずいぶん聞いていたのです。それがまだ延々と三十年以上たったのに、三十五か所のうちの四か所のみが不明というだけで、かなりがんばっているということがわかって、お水取りは、まだこれからも万々歳だなと思いました。

川村　いわゆる観音講ですけれども、

稲城　ええ、まあ、観音講というのではないらしいのですけれども、

川村　一つ、一つの講が、

稲城　有名なのが、一ノ井の観音講。

川村　あの松明寄進されている、

稲城　はい、松明。それから、河内仲組というところは、牛玉杖でしたか、柳の木を六十本、奉納されていて、それから、あとは、藤蔓とかでした。確かまだ、そういう物品で奉納されるところが、五か所ぐらい残っていると思います。

川村　神名帳に対してもう一つは、五日と十二日の過去帳がありますが、それは、もう代々、聖武天皇からのものですけれども、途中では、畳施入とか、沓も出てくるらしい。それが、ずっとつながって、今日にまでまだ至っているということです。あそこに、三十七、減らないというのは…？

稲城　いえ、いま三十五か所のうちの四か所が不明なので、三十一か所がまだ現在も講活動をされています。

川村　江戸時代から続いているところはありますか。

稲城　江戸時代から続いているのは、数か所あります。

川村　その前からは…？

稲城　一ノ井がそうです。一ノ井には、講箱や記録が残っています。一ノ井の場合、講箱に江戸時代の初めの天和の銘があります。

守屋　確かに、寺を維持していくということは、ほんとうにたくさんのかたの力があってこそできることです。そのことを基本的に忘れたら絶対いかんのですが、ややもすると、それがおろそかになったりするということもなくはないです。ただ、二月堂に限って言いますと、稲城さんが言われたように、講社が、たとえば、私の寺に来ていた講は、藤蔓を毎年寄進してくれる。そういうふうに、藤蔓はこの講社、柳の杖はことというように、そういう伝統があって、誇りを持ってそれを寄進してくださる。そういうたくさんのかたがおられるからこそ、修二会も毎年毎年続けていけるのです。それは思います。

稲城　藤蔓は、達陀のときに使われるのでしたか。

守屋　普通の松明のとき、あるいは達陀の松明もそうです。

川村　主に天然の素材なのですね。だから、いまどきの各地の法会を見ておりますと、かつては絶対使っていないプラスチックのバケツとかが置いてあることがあります。それが普通かなとも思うのですが、二月堂へ行くとそうではありません。いまだに昔の桶を使っている。最近つくったものもすべて、昔のままの天然素材を使っていて、いまどきの材料を使っていないことにとても感動をするのですが。

稲城　観音講のかたは、奉納することに誇りを持っておられるからだと思います。お水取りに参加しているような気持ちになっていら

っしゃると思います。

佐藤　講のかたは、もちろんそうだろうけれども、たとえば、お水取りに籠っておられるお坊さまだけではなくて、その周辺のかたがたにも言えると思います。たとえば童子さんにしても、松明がまず重要なお仕事で、ご自分の松明はご自分でつくって、火をつけて上げられます。ところが、ある年、全部上がるのを拝見していたら、すごく風格のある松明が上がってきたのです。そして、振り回されて、南に行かれた。で、こう数を数えてみますと、その松明をつくられた、振り回された童子さんは、もう何十回もの経験のあるかただったのです。毎年していることに誇りを持ってお務めになるのかならないのか、やはり、それはたいへんな分岐点だと思います。それから、本来のものを使うか、もうそれではやっていけなくなったから新しいものを使うか、それは時代の変化で、仕方のない面は出てくると思うのですけれども、やはり、実際に携わられるかたが、どういう誇りを持って、そのことに携わっておられるか、誇りを失っておられるか、それから、誇りを知らずにその仕事をしておられるか、それは、もう大きな分かれ目になるような気がいたします。

もちろん、お坊さまがなさることというのは、たいへん重要なことなのですが、その周りでその法会を助けるかたがた、そのかたがたの組織とか、お気持ちとか、それもとても大切だし、私どももそれをきちっと把握して、認識することができるような、そういう心を持ちたいと思うのです。

守屋　確かに、修二会でも、練行衆は十一人で、もうわずかです。それから、三役がいますから、十四人ですが、総勢で三十数名、四十人近い人がいます。松明は人目につきますから、松明が出ていったら、みな拍手されたりしますので、喜んでやってくれたりします。それ以外でも、御飯をたいたり、部屋の掃除してくれたり、いろいろしてくれる人がたくさんいるのですから、そういう人がおられてこそ成り立っているのですから、さきほどからおっしゃっているように、そういう人にも十分感謝の気持ちを持って接していかなければいけないなということ、それは十分理解しております。

佐藤　それは大切なことですね。

川村　はい、奈良時代からずっと、たぶん形は変わっても、同じような構造で支える人たちが必ずいた。でなければできなかったわけですから、逆に、今のすがたを見ていると、ああ、きっと、じゃあ鎌倉時代はこうもあっただろうし、奈良時代なら、たぶん、こういうものが絶対必要だったろうなということが、見えてくるのだと思うのです。

稲城　やはり、講がさかんになったのは、江戸時代からでしょうから。江戸時代というのは、寺院が普遍化したというか、仏教が身近になってきた時代だと思うのです。その一端を担っていたのが、たとえば、お水取りの行事で用いた仏具等を、江戸とか大阪の寺社に出開帳をして、寺院と親しむ機会になったといえます。講のあり方には、大別して村落内で行われる地域の講と三十三か所のような広範囲にまたがる講の二種類があるわけですけれども、そういうものがあって、お水取りも、お水取りの講社のかたも、自然と入っていけるような状況が時代の中にあったのではないかなと思います。

川村　そうですね。お寺のほうも、それから俗のほうも、いろいろな関係でずっと来ていると思います。

そろそろ時間が来てしまいましたが、きょうは、奈良教育大学のご協力もいただきながら、こういうことができました。お寺は、ずっとがんばって努力をしてくださっていると思うのですが、考えてみると、最近ようやく国立大学も苦労するようになりました。実は私が気がついたのは、ほんの五、六年前なのですが、ようするに、国立大学はみんな国立大学法人という法人になって、今日に至っているのですが、法人になってから確かにサービスはよくなったのです。でも、それはよく考えてみたら、もともと国立寺院であった、つまり官立寺院の東大寺が、国立でなくなったのは、もういまから千年も前の話で、そのことに関しては、東大寺というお寺は、法人化されたし、それから分割民営化もあったわけです。荘園の経営になったというのは完全に分割民営化です。そして、明治維新もあったし、どんなに時代が変わっても、東大寺だけは、どうして、いつも残っていることができるのかなと思います。私たち、いま大学の人間はみな、国からの援助がなくなって、最近は仕分けられてしまいまして、財源がなくなって苦労をしています。私は同僚たちを励ましながら、千年前にそういうことを乗り越えて、今日に至るエネルギーも、それからノウハウも持っている東大寺に学ぼうと、最近では言うようになりました。

守屋　ああ、そうですか。

川村　ますます東大寺のみなさんが、いろいろな励ましといいますか、エネルギーだとか、それこそ精神的な支えとか癒しとか、私たち俗人たちにも提供いただけたら、こんな幸せなことはないと思います。

きょうは、これで終わらせていただきますが、あしたのシンポジウムは、もう少し専門的な立場に入ったことになります。また、三月一日から修二会、お水取りで、十四日間ありますので、ぜひそのときにまた、みなさんとお目にかかれればいいなと、そう思っております。

きょうは、もっとお話をしたいと思いますし、みなさんからのご意見やご質問も紹介したいのですが、時間の関係で、このあたりでお開きにさせていただきますが、よろしゅうございましょうか。

ありがとうございました。

橋村ＧＢＳ事務局長　四人の先生ありがとうございました。本日は、日ごろの研究発表や、また、いろいろな書物の研究の中では、あまり聞くことができない話を、聞かせていただいたように思います。私も学生時分に、お水取りのころになりますと、みなさんから来る祈禱簿を帳面に写して、内陣の練行衆に届けるというのに、毎日二月堂に通っていたころがございます。そのころちょうど、佐藤先生が毎晩来ておられたのを懐かしく思い出すようなことでございます。

東大寺の修二会も歴史やあるいはまた多くの人々の力に支えられて、今まで伝わってきたということ、また、これからもどういうふうにそれが続いていくべきかということについても、お話しいただけたようにも思います。先生がた、ありがとうございました。またどうぞよろしくお願いいたします。

これをもちまして、ザ・グレイトブッダ・シンポジウムのきょう第一日目のシンポジウムを終わらせていただきます。あしたは、九時半からの開会となっております。また、あしたもいろいろな各論についての先生がたの発表がございますので、またご来場いただけたら、ありがたく存じます。

Rites on the Repentance of Crimes (Ch., *Chanhui fa*) and the Repentance of Crimes to Others (Ch., *Huiguo fa*) in China

Kōshō Tada

Regarding the term *chanhui* (J., *sange*; "repentence"), Yijin (635-713) explained, "Since it consists of the first character *chan*, which is a transliteration of *kṣa*, and the second *hui*, which is a Chinese rendition meaning 'repentance,' it is neither equivalent to 'asking for forgiveness' nor 'confessing one's crime.' Thus, it has no real base." In general, *chanhui* refers to repenting one's past crimes and is understood as apologizing to the Buddha (or buddhas or to someone) and having one's sins or discretions thus erased. This paper explores the origin of this understanding. Yijin's senior Daoxuan (596-667) wrote, "The character *chan* does not appear in the official lexicons of the Han dynasty. This character has only been transmitted by commoners." Apparently, the character was created not long after Buddhism was introduced to China. Although initially adopted as the character to express *ksa* in *kṣama*, we can imagine that *chan* almost immediately took on a certain degree of religious meaning among the Chinese. However, I believe, the terms *chanhui* and *huiguo* (J., *kaika*, repenting one's crimes to others) have been left unexamined and research concerning these Buddhist ceremonies and traditions have not advanced. This paper offers an interpretation from this vantage.

Examining the Relationship between the Shuni-e Ritual and the Nigatsu-dō Hall

Tsuneto Yamagishi

This paper focuses on the significance of preserving the ritualistic conduct by the *rengyōshū*, the eleven monks who participate in the Shuni-e (the ceremony of the second month; popularly known as the water-drawing ceremony) in examining the connection between Tōdai-ji's Nigatsu-dō (hall of the second month) and the Shuni-e ritual that is performed there. In order to effectively carry out the ritual by preserving and observing the conduct and order of the Shuni-e, the *rengyōshū* as a temporary monk's organization, have held meetings when necessary to evaluate their autonomous, decision-making body. There have also been times when the *rengyōshū*, including past experienced members (previous participants of the Shuni-e who do not undergo the ritual purification to be part of the current year's *rengyōshū*), have expressed their will as a priests' group.

Within the background of autonomous operations carried out by this priests' group, the inner sanctuary, the inner and outer prayer halls, and other spaces in the Nigatsu-dō have been used accordingly during the actual Shuni-e ritual. On this occasion, the characteristics of the respective space and formative process are reflected in their use. The close interrelationship between the ritual and the sacred structure is especially striking in the case of Tōdai-ji's Nigatsu-dō. The fact that a hall built in the eighth century continues to be used perhaps can be attributed to the unbroken and continuous normative consciousness of the Shuni-e coupled with a close interrelationship that continues to be preserved. Regulated by various standards and institutions, while operating autonomously, the Nigatsu-dō appears to signify the omnipresence of the medieval Buddhist temple.

The Iconography on the Aureole of the Main Image of Worship in the Nigatsu-dō Hall and the Miracles of Kannon

Yasuo Inamoto

The bronze Eleven-Headed Kannon statues (also known as the Large Kannon), which was cast in the late Nara period (710-794) and which is the main object of worship in the Nigatsu-dō, acts as the principal image during the first half of the two weeks of Shuni-e ritual. This nearly life-sized statue is a secret Buddha (J., *hibutsu*), which even the *rengyōshū*, the group of eleven monks who participate in the main Shuni-e ritual, cannot view. The boat-shaped aureole that originally belonged to this image, however, was preserved and stored separately, hence, a study of it has been possible.

The section of the aureole surrounding the body of the statue has various line-engraved motifs completely covering the front and back. Previously, I attempted a comprehensive study of the complex iconography on this aureole and presented the following findings (2003-2004). In the middle of the front side is a large depiction of a Thousand-Armed Kannon. The iconography on front and back sides are all organically related to the miracles of Kannon as explained in the *Sutra of the Thousand-Armed [Kannon]* (J., *Senju kyō*). The iconography of Kannon endowed with a thousand arms and a thousand eyes through the power of the Dharani of the Great Compassionate Mind (J., *daihishin darani*), Kannon's light (Kannon's salvation) shining upon the entire world, and the appearance of all the buddhas and bodhisattvas within this light all correspond to the descriptions in this sutra. Here, it can be said that one who performs the ritual repentance in front of the Large Kannon creates a miraculous iconography through the wish to see Kannon before one's own eyes. Moreover, the Thousand-Armed Kannon, who appears through divine miracle, symbolizes none other than the latent potential hidden away in the image of the Eleven-Headed (or Large) Kannon.

However, after further investigation, I found that a number of important revisions needed to be added to the iconographic interpretations given in my previous study. This paper attempts to reexamine the iconography of the Nigatsu-dō aureole primarily from the view that the understanding of the training system for a bodhisattva in the Indian cult of Mahesvara (J., *Makeishuraten* or *Daijizaiten*; one of the names of Siva) and East Asian Buddhism influenced on Nara-period iconography de-

picting Kannon manifestations (J., *henge Kannon*, transformations in which Kannon appears to save sentient beings) and the heavenly realm. Here, the drawings of the world on the front and back of the aureole express the heavenly realm in twenty-two layers. The heavenly deities in the sixteen lower layers have transformed buddhas on their heads, while those in the six upper levels do not. In this paper, I show that the presence or absence of the transformed buddhas expressed the difference between "one who has spiritually awakened or not" and that the iconography of the aureole came from the discourse of Chinese Faxiang (J., Hossō) patriarchs.

The Iconography of the Small Kannon in the Nigatsu-dō Hall

Tomoyuki Kawamura

The Nigatsu-dō Hall has two statues of the Eleven-Headed Kannon (*J., Jūichimen Kannon*)—a large and small one—which are enshrined as the main objects of worship. Both are thought to date to the Nara period (710–794), though their forms are unknown because they are "secret Buddha images" (J., *hibutsu*) that are kept completely from public view. For the Shuni-e ritual, which is conducted from the first through the fourteenth day of the second month of the lunar calendar, the Large Kannon (J., *Ookannon*) is made the principal image during the first seven days (first half), while the Small Kannon (J., *Kogannon*) acts as the principal image during the second half of the week. This paper examines the worship of the Small Kannon during the Shuni-e ritual in an attempt to solve the mystery of why the principal image is changed during this time. Through my research, I found that the Small Kannon was not initially enshrined in the Nigatsu-dō Hall throughout the year and was made the principal image only during the Shuni-e ceremony, while the Large Kannon was kept in the hall.

In the Heian period (794–1185), the Small Kannon was enshrined in the important treasure house at Tōdai-ji Temple known as the Inzō (literally, "seal repository"). On the eighth day of the Shuni-e, the image was transported to the Nigatsu-dō. Further, I found an illustration of the treasure house's Small Kannon in *Jūichimen shō* (Iconographic Illustrations of Eleven-Headed Kannon Images), which was compiled in Hōan 4 (1123), hence, revealing the form and iconography of this hidden image. Finally, according to a Tōdai-ji document, it appears that the statue was permanently enshrined in the Nigatsu-dō Hall in Taiji 4 (1129).

The Term *Omizutori* (Water-Drawing Ceremony) in Japanese Literature

Hideshi Chimoto

The term *omizutori* (the water-drawing ceremony) that is popularly used today is a relatively new expression, whose usage in Japanese literature prior to World War II has not been found. At Tōdai-ji, the rite was referred to as *otaimatsu* (the torch ceremony) and the use of the word *omizutori* is known to have met with resistance. By the end of the Meiji period (1868-1912), the term was established in Japanese newspapers. The media of the time appears to have made it prevalent, though *mizutori* (without the honorific *o* at the beginning) first came to be widely used in the late seventeenth-century haiku of Matsuo Basho (1644-1694). Thereafter, the term *mizutori* came to be frequently used as a seasonal theme and gradually incorporated into haiku. The term *omizutori* with the honorific *o* cannot be found until the 1960s in literary examples such as almanacs of seasonal words used in haiku.

Neither *mizutori* nor *omizutori*, much less the term *Nigatsudō shuni-e* (literally, the ceremony of the second month in the hall of the second month, or commonly *omizutori*) could be found in literary works prior to the Edo period (1600-1868). The essence of the Nigatsudō Shuni-e (also known as *jūichimen keka* (the repentance performed in front of the Jūichimen (Eleven-Headed) Kannon, the main object of worship in the Nigatsudō) lies in the repentance of transgressions (J., *keka*), however, the concept of repentance also appears to have changed over time.

The word *keka* itself, which appears numerously in *Nihon ryōiki* (Miraculous Stories from the Japanese Buddhist Tradition) from the early ninth century, was interchanged with different expressions in later literary sources such as *Sanbō-e* (Illustrated Tale of the Three [Buddhist] Treasures) and *Konjaku monogatari shū* (Anthology of Tales from the Past). The scholar of Japanese literature Satake Akihiro (1927-2008) explained that the word "punishment" or "retribution" (J., *batsu*) was introduced from China to Japan and that this concept likely did not exist in Japan as a fixed term prior to its introduction from the continent. It appears the term for "punishment" came to be recognized in itself as "sin" (J., *tsumi*). In this paper, I attempt to confirm that the geist of the "repentance for transgressions" was originally based in such understanding and ambiguous view.

The Destruction by Fire and Reconstruction of the Nigatsu-dō Hall: The First Step Towards the Edo-period Revival of Tōdai-ji

Toshihiko Bandō

In the second month of Kanbun 7 (1667), the Nigatsu-dō Hall was destroyed in a fire. In a mere two years, the Edo bakufu had the hall rebuilt. This reconstruction under the bafuku's direct management was an extremely rare case for the Edo government, which did not permit the construction of new buildings. Two reasons can be attributed for the Nigatsu-dō reconstruction by the government. The first is that repair on the hall had been deemed necessary due to frequent earthquakes the year before the fire destroyed the structure, thus the materials had already been gathered accordingly. The second is that a portion of hall was under reconstruction with Tōdai-ji as the main constituent immediately after the fire. Thus, this enterprise can be understood as an extension of the restoration rather than the Edo government's construction of a new structure. This undertaking later connects to the revival of temple buildings at Tōdai-ji such as the restoration of the Great Buddha and reconstruction of the Great Buddha Hall.

The Reading of Deity Names at Tōdai-ji's Shuni-e Ceremony

Michiko Sato

Shuni-e, or the ceremony of the second month, observed in the Nigatsu-dō Hall at Tōdai-ji is held annually from March 1 to 14 (technically to the 15th since it is conducted all through the night). The repentance ritual, called *keka sahō*, which is repeated six times a day during this time, is a special feature of the Shuni-e. This service is conducted at the beginning of each year to pray for prosperity and expel calamities in that year by priests who undergo ritual purification (called *rengyōshū*). This ancient ritual appears to have been established as a practice around the middle of the eighth century in Japan. The Shuni-e of the Nigatsu-dō is among these rites, and while fundamentally being a Buddhist event, it is extremely a diverse practice that reflects the influence of Shinto, folk customs, as well as traditional and foreign aesthetic practices. Moreover, this diversity adds a sense of depth to the overall ceremony.

This paper highlights the non-Buddhist ritual of reading the names of Shinto deities. I discuss the sense of refinement given to the reading by combining chanting, the rites performed before and after the reading, and the particularities of writing the list of deity names. I also touch upon the historic changes and background of the reading. Through this, I trace the details of this ritual, which embraces non-Buddhist elements while being based in a Buddhist event, from its beginnings to this day and show how this background has been significant to the ritual itself.

第8回 ザ・グレイトブッダ・シンポジウム

平成21年12月19日（土）

開会挨拶：上野道善（華厳宗管長・東大寺別当）
基調講演：佐藤道子（東京文化財研究所）「東大寺二月堂修二会の神名帳奉読について」
　　　　　神名帳奉読（上司永照）

全体討論会「東大寺二月堂—修二会の伝統とその思想」
進　　行：川村知行（上越教育大学）
パネラー：佐藤道子（東京文化財研究所）
　　　　　稲城信子（元㈶元興寺文化財研究所）
　　　　　守屋弘斎（東大寺長老）

12月20日（日）

《個別報告》

多田孝正（大正大学）「中国の悔過法と懺悔法について」
山岸常人（京都大学）「東大寺二月堂—建築と法会」
稲本泰生（奈良国立博物館）「二月堂本尊光背図像と観音の神変」
川村知行（上越教育大学）「二月堂小観音の図像」
千本英史（奈良女子大学）「中古から中世文学に見る東大寺」
坂東俊彦（東大寺史研究所）「二月堂の炎上と再建」

《質疑応答》

進　　行：小林圓照（元花園大学）

Tracing Traditions and Thoughts of the Shuni-e Ceremony
at Tōdai-ji's Nigatsu-dō Hall:
Papers from the Great Buddha Symposium No.8

ザ・グレイトブッダ・シンポジウム論集第八号
論集 東大寺二月堂―修二会の伝統とその思想

二〇一〇年十二月十八日　初版第一刷発行

編　集　GBS実行委員会

発　行　東大寺
〒六三〇―八五八七
奈良市雑司町四〇六―一
電　話　〇七四二―二二―五五一一
ＦＡＸ　〇七四二―二二―〇八〇八

制作・発売　株式会社　法藏館
〒六〇〇―八一五三
京都市下京区正面通烏丸東入
電　話　〇七五―三四三―五六五六
ＦＡＸ　〇七五―三七一―〇四五八

論集 東大寺の歴史と教学	ザ・グレイトブッダ・シンポジウム論集第一号	品切
論集 東大寺創建前後	ザ・グレイトブッダ・シンポジウム論集第二号	二〇〇〇円
論集 カミとほとけ―宗教文化とその歴史的基盤	ザ・グレイトブッダ・シンポジウム論集第三号	二〇〇〇円
論集 近世の奈良・東大寺	ザ・グレイトブッダ・シンポジウム論集第四号	二〇〇〇円
論集 鎌倉期の東大寺復興―重源上人とその周辺	ザ・グレイトブッダ・シンポジウム論集第五号	二〇〇〇円
論集 日本仏教史における東大寺戒壇院	ザ・グレイトブッダ・シンポジウム論集第六号	二〇〇〇円
論集 東大寺法華堂の創建と教学	ザ・グレイトブッダ・シンポジウム論集第七号	二〇〇〇円
南都仏教史の研究 上 東大寺篇	堀池春峰著	一三〇〇〇円
南都仏教史の研究 下 諸寺篇	堀池春峰著	一五〇〇〇円
南都仏教史の研究 遺芳篇	堀池春峰著	九八〇〇円
東大寺修二会の構成と所作 全四冊	東京文化財研究所芸能部編	上中下各一四〇〇〇円 別巻一六〇〇〇円
悔過会と芸能	佐藤道子著	一四〇〇〇円
儀礼にみる日本の仏教 東大寺・興福寺・薬師寺	奈良女子大学古代学学術研究センター設立準備室編	二六〇〇〇円

法藏館

価格税別

定価：本体2000円（税別）

ISSN 1348-89

論集 日本仏教史における東大寺戒壇院

ザ・グレイトブッダ・シンポジウム論集第六号

東大寺

定価：本体2000円（税別）

ISSN 1348-8937

論集

東大寺法華堂の創建と教学

ザ・グレイトブッダ・シンポジウム論集第七号

東大寺